Les ENFANTS-ADULTES du DIVORCE

ELIZABETH S. THAYER, PH.D.   JEFFREY ZIMMERMAN, PH.D.

Les ENFANTS-ADULTES du DIVORCE

COMMENT TRIOMPHER
DE L'HÉRITAGE DE LA RUPTURE
DE VOS PARENTS

Traduit par Renée Thivierge

SCIENCES ET *CULTURE*
Montréal, Canada

L'édition originale de cet ouvrage a été publiée sous le titre
ADULT CHILDREN OF DIVORCE
© 2003 Jeffrey Zimmerman et Elizabeth S. Thayer,
avec l'autorisation de New Harbinger Publications, Inc.

Conception et réalisation de la couverture : Alexandre Béliveau

Tous droits réservés pour l'édition française en Amérique du Nord
© 2006, *Éditions Sciences et Culture Inc.*

Dépôt légal : 1er trimestre 2006
Bibliothèque nationale du Québec
Bibliothèque nationale du Canada

ISBN 2-89092-360-6

Éditions Sciences et Culture
5090, rue de Bellechasse
Montréal (QUÉBEC) Canada H1T 2A2
(514) 253-0403 - Téléc. : (514) 256-5078
Internet : www.sciences-culture.qc.ca
Courriel : admin@sciences-culture.qc.ca

Nous reconnaissons l'aide financière du gouvernement du Canada par l'entremise du Programme d'Aide au Développement de l'Industrie de l'Édition pour nos activités d'édition.

IMPRIMÉ AU CANADA

TABLE DES MATIÈRES

REMERCIEMENTS

Nous remercions les enfants du divorce, de tout âge, qui nous ont aidés à enrichir notre compréhension des différents aspects du divorce et qui ont contribué dans une large mesure à cet ouvrage. Votre ouverture d'esprit et votre confiance ont été d'une aide inestimable pour d'autres personnes, comme nous-mêmes avons appris de vous. Vous avez partagé avec nous les dilemmes auxquels vous êtes confrontés, de même que les conséquences du divorce dans votre vie. Les parents du divorce avec lesquels nous avons travaillé nous ont aussi exprimé leur douleur et ont alimenté notre désir de rehausser la sensibilité de notre culture et de notre système aux besoins de l'enfant du divorce. Nos collègues et notre personnel méritent nos remerciements pour leurs observations et leurs travaux, étant donné que nous avons tous un impact sur la vie des adultes et des enfants du divorce. Nous voudrions aussi remercier Catharine Sutker et ses collègues chez New Harbinger Publications qui nous ont accordé leur confiance, et qui ont grandement œuvré à la matérialisation d'une idée originale. Finalement, nous remercions nos familles (Laura, Jonathan, Alison, Jack, John et Rachel) pour leur soutien et leur amour. Nous vous sommes hautement reconnaissants de votre contribution à cet ouvrage.

INTRODUCTION

Divorce. Ce mot déclenche-t-il des pensées et des sentiments liés à l'affection, la chaleur, la tristesse et la compassion? Ou évoque-t-il la colère, le conflit, l'hostilité et le danger? Il est possible que les souvenirs associés au divorce de vos parents affectent vos sentiments vis-à-vis de vous-même, ainsi que ceux à l'égard de relations importantes qui peuvent susciter chez vous de la crainte. Ces sentiments peuvent être vraiment intenses et vous toucher au plus profond de vous-même.

Cet ouvrage est écrit pour les enfants du divorce qui sont maintenant des adultes, et que l'on nomme parfois « enfants-adultes du divorce ». Il est destiné à vous aider à examiner la rupture et ses impacts, et à vous permettre de prendre en main votre vie et vos relations clés. Vous n'avez pas à vous sentir continuellement la victime des décisions et des gestes de vos parents, qui ont pu se produire il y a longtemps. Vous n'avez pas à entretenir de l'hostilité envers vos parents, à vous haïr vous-même ni à craindre les relations intimes. Il n'est pas trop tard pour guérir les blessures. Nous avons rédigé cet ouvrage pour vous aider à reprendre le contrôle de votre vie, et à vivre et à aimer à l'intérieur de relations saines et enrichissantes.

En tant que psychologues, nous avons passé une grande partie de notre carrière à aider les familles à se prémunir contre la dévastation du divorce. Nous avons observé la culpabilité, la douleur, la colère et la dépression des enfants du divorce. Nous avons constaté que ces enfants faisaient face à une faible estime d'eux-mêmes. Et nous avons vu les « enfants » devenus adultes luttant contre l'impact persistant du divorce de leurs parents, alors que, des années plus tard, ils désiraient ardemment établir leurs propres relations saines et cherchaient à se sentir bien dans leur peau.

La plupart des gens portent une attention spéciale à la famille éprouvée pendant la période de la rupture, mais peu se préoccupent d'aider l'adulte dont les parents ont divorcé il y a des années. À l'époque du divorce de vos parents, la compréhension de nombreux concepts accessibles de nos jours pour aider les familles qui divorcent était probablement inexistante. Au moment où nous avons songé à écrire cet ouvrage, nous avons constaté qu'il existait quantité de livres destinés aux époux en instance de divorce de même qu'aux enfants dont les parents sont en train de divorcer. Il existe aussi de nombreux ouvrages qui traitent des conséquences négatives du divorce. Mais peu de publications sont écrites spécialement pour les adultes dont les parents ont divorcé durant leur enfance.

Ce livre est écrit pour vous aider :

- à comprendre les erreurs importantes commises par les parents et par le système lors du divorce des familles ;
- à reconnaître que vous n'avez pas à être une victime des décisions et des gestes de vos parents ;
- à élaborer des stratégies concrètes pour briser les anciens modèles que vous avez mis au point durant votre enfance ;
- à prendre conscience des avantages positifs du fait d'être un enfant du divorce ;
- à garder espoir et apprendre à bâtir vos propres relations adultes saines ;

- à apprendre à effectuer des changements positifs en prenant le contrôle de votre vie.

Les enfants-adultes du divorce est le fruit de près de quarante années d'expérience combinée à travailler avec des enfants, des adultes et des familles du divorce. Nous explorons certaines des dernières théories professionnelles à propos du divorce et de ses impacts, points de vue qui jusqu'à tout récemment étaient encore mal connus. Nous utilisons des exemples de cas réels, des récits ou des vignettes que nous avons modifiés pour protéger la confidentialité des individus et des familles auxquels ils se réfèrent. Bref, nous avons écrit ce livre pour *vous*, l'adulte, peu importe le moment où vos parents ont divorcé, votre propre situation familiale, et si vous avez ou non suivi une thérapie ou lu un autre livre d'aide personnelle.

COMMENT UTILISER CET OUVRAGE

Dans la première partie, nous discutons de certains des motifs et des facteurs concernant le divorce de vos parents, qui ont un impact persistant sur vous, même à l'âge adulte. Nous examinons les raisons pour lesquelles le divorce peut être aussi angoissant et aussi difficile, les émotions vécues par les enfants et les parents, et le drame et le traumatisme qui ont pu vous affecter pendant votre enfance. Nous poursuivons avec les choix difficiles et les stress qu'il vous a fallu affronter si l'un de vos parents (ou les deux) s'est engagé dans une nouvelle relation. Cette section, qui doit être lue en premier, établit les bases de la deuxième partie.

La deuxième partie de l'ouvrage est centrée sur les moyens à prendre pour s'en sortir. Ici, vous verrez comment prendre soin de vous-même sur le plan émotionnel, soigner vos relations avec vos parents, construire d'autres relations saines, bâtir des relations intimes engagées et élever des enfants dans un cadre adulte sain et chaleureux.

Tout au long de cet ouvrage, vous trouverez de brefs exercices ou des questionnaires. Il serait utile que vous gardiez un petit carnet à portée de la main pour noter vos réponses et vos réflexions. Il n'existe pas de bonnes ou de mauvaises réponses, ni de notes de passage ou d'échec. Nous vous donnons plutôt l'occasion d'examiner d'anciennes conceptions et de les réviser.

Nous avons aussi inclus de petites histoires ou vignettes dans plusieurs chapitres pour vous aider à comprendre ce que les autres enfants-adultes du divorce ont vécu. Les situations et les sentiments qu'ils dépeignent sont basés sur des situations réelles.

À certains égards, nous voyons ce livre comme un guide pratique pour vous aider à combler les lacunes dans votre compréhension de ce que vous avez vécu ou appris dans votre enfance. Il n'est pas nécessaire que cette précieuse connaissance soit perdue à jamais. Vous êtes sur le point d'entreprendre un voyage conçu pour vous aider à vous sentir mieux dans votre peau et à mieux comprendre vos choix dans vos relations présentes. En cours de route, il se peut que vous ayez à affronter certaines vérités, émotions et prises de conscience inconfortables. Mais, finalement, nous espérons que vous vous servirez de ce livre pour vous permettre d'acquérir les habiletés nécessaires qui vous aideront à dépasser les expériences et les blessures de votre enfance, et à entrer dans une vie adulte joyeuse et remplie que vous vous serez vous-même façonnée.

Partie I

L'impact du divorce

1

QUE M'EST-IL ARRIVÉ?

- « Je m'occupais de mes propres affaires quand mes parents sont venus à moi et m'ont annoncé qu'ils divorçaient. Ma vie n'a plus jamais été la même. »

- « Mes parents ont divorcé il y a bien des années; il semble pourtant que la guerre continue. Je suis encore obligé de choisir qui j'irai voir à chaque visite. »

- « Mes relations ne fonctionnent jamais. Je crois que je ne pourrai jamais vraiment me confier à quelqu'un d'autre. On finira toujours par me blesser à un moment ou à un autre. »

- « En vérité, je ne respecte aucun de mes parents. J'ai honte d'être leur enfant. Je sais qu'ils ne peuvent s'empêcher d'être ce qu'ils sont. »

- « Je fais tout ce que je peux pour faire fonctionner la relation. Je m'investis jusqu'à la limite, mais ça ne sert à rien. Personne ne reste. »

- « Pourquoi ne suis-je pas capable d'être assez bon? À la maison, au travail, dans mes relations, j'ai l'impression de ne pas avoir ce qu'il faut. »

Les déclarations qui précèdent vous semblent-elles familières? Nous avons souvent entendu des enfants-adultes du divorce, troublés par les problèmes qui affectent leur vie depuis des années, exprimer de tels sentiments en thérapie. Lorsque ces enfants grandissent et fondent leur propre famille, la peur de vivre l'intimité et l'engagement, de prendre des décisions et de poser les mauvais gestes est chose courante et même prévisible. Les enfants-adultes réagissent de différentes façons au divorce de leurs parents et à leurs relations subséquentes. Les enfants-adultes sont pourtant les grands oubliés, puisque notre culture est axée sur la diminution de l'impact du divorce sur les parents et leurs jeunes enfants pendant le processus. Malheureusement, les effets se font souvent sentir bien des années après la rupture.

Les dynamiques auxquelles font face les enfants du divorce ne se terminent pas lorsqu'ils atteignent dix-huit ans. Dans nombre de familles, ces dynamiques se prolongent bien au-delà de l'entrée dans l'âge adulte. Certaines familles divorcées rejouent continuellement le même scénario du divorce au temps des Fêtes, dans les occasions spéciales, et même dans des moments ordinaires lorsque l'enfant (maintenant grand) parle d'un parent en présence de l'autre. Ces dynamiques font des ravages en raison de l'influence continue qu'elles exercent sur vous.

Les conséquences du divorce peuvent affecter de nombreux événements de votre vie, de même que vos relations. Même si vous avez amplement cherché à comprendre l'impact de ces événements de votre vie en suivant une thérapie ou en communiquant ouvertement avec vos parents, vos frères et sœurs, et d'autres personnes, votre expérience du divorce de vos parents est encore susceptible de modeler vos décisions dans tous les aspects de la vie. Cette situation est due en partie à l'influence importante de votre famille sur votre opinion de vous-même.

Lorsque vous étiez enfant, vous avez appris à vous voir et à voir vos relations à travers vos expériences, vos observations et les propos qu'on vous a tenus. Dans une large mesure, cette conception découle des messages reçus de vos parents et d'autres personnes influentes de votre vie. Qu'ils aient été clairs ou subtils, sains ou malsains, il est possible que ces messages se perpétuent dans la vie adulte et qu'ils influencent sérieusement notre manière de vivre et d'aimer, et notre perception de nous-même. Les croyances formées à partir de ces messages reçus dans l'enfance finissent par devenir vôtres, et peuvent sembler former la fibre de votre être. À moins de remettre en question ce qui paraît être si fondamental, vous demeurez captif des illusions issues des expériences d'apprentissage de l'enfance.

QU'EST-CE QUI PEUT AGGRAVER L'IMPACT D'UN DIVORCE?

Même dans les familles les plus saines, le divorce est un agent stressant majeur pour les parents et leurs enfants. Il est donc important de comprendre certains des éléments communs qui sont susceptibles d'intensifier les aspects négatifs de l'expérience.

Faire face à d'innombrables choix

Par exemple, il faut déterminer où vous vivrez, comment montrer à vos parents que vous les aimez, comment vous occuperez vos temps libres, comment demeurer loyal à l'un ou à l'autre parent et quoi dire lorsqu'un parent pose des questions sur l'autre. Vous pouvez aussi vous retrouver devant le dilemme de savoir dans quelle mesure vous pouvez afficher vos sentiments envers un beau-père et une belle-mère dans une nouvelle famille reconstituée.

Lorsque vous étiez enfant, on vous a peut-être souvent demandé : « Qu'est-ce que *tu* veux faire? » Même si, à ce moment-là, cette liberté peut avoir semblé un bon choix pour les adultes autour de vous, il est possible qu'elle vous ait causé un grand stress si dans les faits ce choix n'était pas aussi simple que lorsque votre famille était intacte. Vous ne pouviez probablement pas prendre librement une décision comme individu, car vous vous inquiétiez des conséquences de cette décision sur les deux nouvelles sphères de votre monde maintenant divisé — celle de maman et celle de papa. Chacune de vos décisions devenait le reflet de votre loyauté à l'un ou à l'autre parent.

Souvent, nous croyons que le sentiment de contrôle dépend de l'habileté à choisir. Nous pouvons contrôler notre voiture si nous avons la possibilité de choisir la vitesse à laquelle elle roulera. Si ce choix nous est retiré, nous estimons que nous n'avons aucun contrôle sur elle et nous vivons alors un degré d'anxiété plus élevé. Par contre, les enfants du divorce peuvent avoir l'impression de perdre le contrôle lorsqu'ils sont placés devant trop de choix, puisque ces choix s'accompagnent souvent de conséquences négatives pour l'un ou l'autre parent. Avez-vous déjà fait face à certains de ces choix difficiles ? Voici quelques exemples :

- Dois-je faire une activité avec maman, ou est-ce que cela aura comme conséquence que papa s'ennuiera de moi et se sentira mal ?
- Dois-je faire un choix qu'un parent n'approuve pas ?
- Dois-je choisir de faire quelque chose avec un parent, alors que je sais que l'autre ne sera pas d'accord ?

Tout à coup, un choix normalement facile pour l'enfant d'une famille intacte devient compliqué pour l'enfant du divorce. Cette perception peut avoir comme conséquence que les enfants se sentent responsables du bien-être de leurs parents, et qu'ils ont l'impression que, de toute manière, tout le monde y perd. C'est comme si vous saviez que, peu importe la vitesse de votre voiture, un accident se produira et une personne sera blessée.

❖ ❖ *Les choix de Jill*

Jill est une femme de vingt-trois ans dont les parents ont divorcé lorsqu'elle avait douze ans. Ce divorce n'a pas été facile. Sa mère s'est rapidement remariée à un homme qui avait trois filles, et son père est demeuré célibataire. Ce divorce a été pour Jill une période pénible, et elle s'est souvent retrouvée déchirée entre ses parents. Pourtant, des années ont passé et elle était maintenant diplômée de l'école de droit. Ses deux parents s'apprêtaient à faire un trajet d'environ sept cents kilomètres pour être à ses côtés lors de la cérémonie de remise des diplômes.

Jill faisait maintenant face à un dilemme semblable à celui qu'elle avait vécu enfant. Depuis leur divorce, ses parents avaient à peine communiqué entre eux. Elle ne les avait jamais vus ensemble au même endroit. Les congés et les vacances étaient toujours pris à part. La planification de ses visites à la maison était en quelque sorte un véritable cauchemar, même après toutes ces années. Maintenant, ils venaient tous assister à sa remise de diplôme. Sa mère, son beau-père et ses enfants seraient présents; son père, ses grands-parents paternels ainsi que sa tante se joindraient aussi à la cérémonie. Elle voulait célébrer comme dans une famille normale. Au lieu de cela, Jill s'est tourmentée au sujet de la planification de l'événement pendant des semaines (même au milieu des examens de fin d'année). Avec qui serait-elle et quand? Ferait-elle des réservations au même hôtel situé tout près, ou ses parents (et leur tribu respective) séjourneraient-ils dans deux hôtels différents à des kilomètres de distance? Comment les repas et les activités de célébration de chaque côté de la famille seraient-ils aménagés? Jill a opté pour organiser les repas séparément dans chaque famille. En fin de compte, elle s'est sentie plus à l'aise d'éviter les problèmes et les possibilités de conflit ouvert entre ses parents et les autres personnes présentes en adoptant une philosophie « séparée, mais égale ».

Mais Jill a-t-elle réellement évité le conflit? Pas vraiment. De fait, elle a carrément revécu les années de luttes et de désengagement parental en rejouant les dynamiques de son enfance pendant son week-end de remise de diplôme. Elle a été privée de la joie de célébrer cette réussite spéciale, et l'aménagement du week-end a en fait été focalisé sur le divorce de ses parents plutôt que sur ses propres réalisations. Sa remise de diplôme de *l'école de droit est devenue un exercice de choix qui finirait de toute manière par bouleverser quelqu'un, incluant elle-même. Son anxiété au sujet des mauvaises relations et interactions mutuelles de ses parents a relégué sa remise de diplôme au second plan.*

❖   ❖

Une certitude menaçante

Les enfants perçoivent leur vie familiale à peu près de la même manière que leurs parents quand ils ont décidé de se marier. « Pour le meilleur et pour le pire, dans la richesse ou la pauvreté, dans la maladie et dans la santé, jusqu'à ce que la mort nous sépare. » Généralement, les enfants ne grandissent pas en croyant que leurs parents avaient en tête : « Peut-être que oui, peut-être que non ». La télévision, les magazines et les médias en général perpétuent cette vision idéalisée de la famille. Lorsque vous étiez enfant, il est possible que vous ayez eu la certitude que vos parents s'aimaient et que la vie serait toujours la même. Ou bien vous avez fait l'expérience de la situation de conflit ou de guerre pure et simple entre vos parents. Même si c'était le cas, il est possible que vous ayez pris douloureusement conscience de l'effritement potentiel de la famille, tout en vous accrochant à la croyance qu'il était impossible qu'ils se séparent réellement. Peut-être avez-vous même cru que vous pouviez avoir une influence sur la stabilité du mariage de vos parents. Vous avez peut-être cru que vous étiez assez habile pour réparer les fondations endommagées de votre famille et que, en jouant le rôle de l'enfant parfait, vous pourriez maintenir cette stabilité dont vous aviez besoin.

Élever un enfant requiert de la cohérence et de la constance. Le divorce ébranle la structure du monde de l'enfant, quel que soit son âge. Cet événement engendre une foule d'incertitudes. Combien de ces incertitudes avez-vous vécues?

- Où habiterai-je?
- Où irai-je à l'école?

- Quand verrai-je ma mère et mon père, mes sœurs, mes frères, mes grands-parents, mes tantes et mes oncles ?
- Aurons-nous assez d'argent ?
- Mes deux parents devront-ils travailler ?
- Où passerai-je mes vacances et mes congés scolaires ?
- Mes parents sortiront-ils avec d'autres personnes, et peut-être se remarieront-ils ?
- Aurai-je de nouveaux frères ou de nouvelles sœurs que je détesterai ?
- Les autres enfants riront-ils de moi parce que mes parents sont divorcés ?

Ce ne sont que quelques-unes des questions que vous avez dû vous poser lorsque la vague d'incertitude s'est élevée à la suite de la décision de vos parents de divorcer. Beaucoup d'enfants nourrissent aussi des inquiétudes au sujet de la structure de leur vie et de la manière de maintenir des relations avec leurs deux parents. Leur avenir n'est ni clair ni prévisible. Il peut être déterminé par des changements financiers significatifs, par un nouvel arrangement concernant la garde des enfants, ou même par un relogement. Si la vie était jadis mondaine, elle peut être maintenant tout à fait différente. Tout est possible lorsque les parents prennent de nouvelles décisions avec l'aide d'étrangers (comme les avocats, les comptables, les thérapeutes et les « amis de cœur »), qui sont nouveaux dans la famille mais qui exercent maintenant une énorme influence sur la vie de vos parents et sur la vôtre.

Finalement, il est possible que l'incertitude ait été le seul élément stable de cette situation. Vous avez peut-être vécu le parcours agité des bons et des mauvais moments de vos parents. Ce trajet était-il ponctué de disputes, suivies d'une merveilleuse période de retour à la vie familiale et de nombreuses tentatives de s'amender ? Ou avez-vous vécu dans l'illusion d'une famille qui fonctionnait bien jusqu'à ce jour J qui vous a soudainement propulsé dans un autre monde ? Dans ces deux cas, les enfants doivent s'adapter à de nouvelles normes. L'annonce d'un divorce chambarde les relations familiales et peut avoir pour conséquence plus tard, dans votre vie adulte, d'ébranler votre propre jugement concernant la qualité de vos relations.

Grandir trop vite

Les enfants du divorce sont souvent projetés dans un monde rempli de préoccupations d'adultes et exposés à des problèmes d'adultes d'une façon que les enfants de famille intacte ne vivent pas systématiquement. Peu importe à quel point vos parents ont essayé de vous protéger, vous étiez probablement assez familier avec les conflits des adultes. Les parents célibataires qui sont en grande difficulté peuvent alors se tourner vers leurs enfants pour obtenir un soutien comportemental et émotionnel, une dynamique souvent désignée sous le nom de « parentification ». Ce renversement des rôles peut voler aux enfants une partie de leur enfance, période où ils sont habituellement écartés des problèmes adultes d'ordre financier, relationnel, professionnel et sexuel. Parfois, les enfants deviennent même les gardiens de leurs parents, lorsque les effets du divorce dévastent leur famille et rendent un parent ou les deux parents incapables de leur procurer sécurité, protection et soins. Pour les aînés de la famille, ce rôle peut aller jusqu'à devenir le gardien de ses frères et sœurs plus jeunes. Ces deux situations exigent des enfants qu'ils sautent ou sacrifient certaines étapes ludiques de leur enfance pour entreprendre un voyage accéléré dans le monde des adultes.

Dans une famille divorcée, les enfants pourraient être appelés à contribuer aux tâches quotidiennes, à l'entretien de la maison et aux autres tâches routinières. Ce n'est pas nécessairement une mauvaise chose. Si ces tâches sont appropriées au stade de développement de l'enfant, elles peuvent lui inculquer le sens des responsabilités comme membre d'une équipe. D'un autre côté, des attentes invraisemblablement élevées peuvent devenir accablantes à tout âge. La perte de l'innocence et de la liberté de l'enfance est susceptible d'entraîner plusieurs conséquences, comme un sens exagéré des responsabilités ou, au contraire, le besoin de passer à l'acte et d'éviter à tout prix les responsabilités et l'engagement. Les enfants-adultes du divorce peuvent devenir les gardiens de tout un chacun. Ils travaillent fort et font preuve d'un sérieux don de soi dans leur travail, mais il est possible qu'il leur soit difficile de trouver le bon équilibre dans leur vie personnelle. Ils sont enclins à devenir des bourreaux de travail, des individus dévoués à l'extrême et surmenés à force d'essayer de trop en faire.

Lorsque l'enfant-adulte du divorce supporte mal les attentes des autres, on peut s'attendre au résultat opposé. Peut-être a-t-on beaucoup exigé de vous lorsque vous étiez enfant, ce qui vous pousse maintenant à vous détacher tant des demandes continuelles de votre famille d'origine ou de votre belle-famille, que des nouvelles exigences de votre propre unité familiale. Il est aussi possible que vous ignoriez comment traverser les périodes stressantes sans avoir l'impression de n'être pas assez bon. Les phases de passage à l'acte vous procurent un soulagement bienvenu par rapport aux épreuves et aux tribulations de la vie, spécialement si vous essayez de retrouver certains des sentiments que vous n'avez pu vivre durant l'enfance ou l'adolescence.

Dans ces deux perspectives, il est possible que les enfants-adultes du divorce puissent éprouver du ressentiment et de l'anxiété. Comme enfants, ils sont à la merci de parents qui n'ont ni l'habileté ni l'énergie nécessaires pour leur procurer ce dont ils ont besoin. On pourrait supposer que ces enfants croient que leurs parents devraient être en mesure « de le faire » — mais hélas, ceux-ci en sont incapables. Lorsqu'ils atteignent l'âge adulte, ces enfants du divorce doivent chercher longtemps pour trouver un partenaire de vie qui comprend leurs forces tout en reconnaissant leur besoin de vivre une relation sécuritaire, une relation qui permet à chacun de réellement compter sur l'autre.

La parentification peut aussi avoir comme conséquence que les enfants-adultes se sentent inadéquats. Ils ont hérité de problèmes liés à leur estime personnelle qui peuvent refaire surface à différents moments de la vie. Par exemple, des changements d'emploi, le mariage, la maternité et la paternité, le vieillissement et la maladie peuvent tous éveiller de vives préoccupations sur le plan de l'estime de soi, ou engendrer la dépression ou l'anxiété.

❖ ❖ Super Sally

Lorsque les parents de Sally ont divorcé, sa mère a recommencé sa vie. Elle est devenue une femme d'affaires prospère, a rencontré un nouvel ami et, en peu de temps, s'est remariée. Elle a aussi conservé la maison familiale et la plupart des biens du ménage. Le père de Sally a loué une modeste copropriété et menait une vie plutôt terne comme vendeur pour un magasin local. Il n'était pas très actif dans sa communauté. Lorsqu'elle était adolescente, Sally allait chez son père les mercredis et un week-end sur deux. Il était seul et déprimé, et elle l'aidait à nettoyer la maison et cuisinait souvent ses repas avec lui pour la semaine de manière à ce qu'il n'ait pas à s'en préoccuper. À l'occasion, il l'emmenait faire des emplettes et elle l'aidait à trouver de nouveaux vêtements pour le travail. Le père de Sally était gentil et chaleureux et il appréciait beaucoup ce qu'elle faisait pour lui. Ils faisaient de longues promenades dans les bois et parlaient pendant des heures sur tous les sujets. C'était un homme doux, un homme de cœur.

Sally est allée à l'université et a assez bien réussi. Elle était intelligente et très motivée, elle étudiait très fort et excellait. Après avoir obtenu son diplôme, elle s'est inscrite à la faculté de médecine. Elle est devenue pédiatre et a trouvé du travail dans un hôpital pour enfants affilié à une école de médecine reconnue.

Lorsqu'elle fréquentait la faculté de médecine, Sally sortait rarement. Son horaire était rigoureux et elle se consacrait à ses études. Mais au cours de son internat, elle a rencontré un technicien en radiologie nommé Mark qui travaillait à l'hôpital. C'était un gentil garçon qui était, comme elle l'a décrit, « toujours là pour moi ». Il attendait patiemment qu'elle ter-

mine son quart de travail et ne se plaignait jamais lorsqu'on appelait Sally pour une urgence lorsqu'ils étaient ensemble. Elle disait à ses amis : « Ce n'est pas grave si Mark est moins instruit et gagne moins d'argent. Ce n'est pas le plus important. Vous ne comprenez pas ce qu'est réellement l'amour. » Sally a épousé Mark à peu près au moment où elle a commencé à travailler à l'hôpital pour enfants.

À mesure que les années ont passé, Sally et Mark ont eu deux enfants. La carrière de Sally a continué à progresser, et elle était très occupée avec ses patients, les politiques de l'hôpital, et ses recherches sur une maladie d'enfant très rare dont elle est rapidement devenue une spécialiste. Mark était toujours là pour prendre soin des enfants. Sally parlait souvent de leur mariage comme d'une union « intelligente » et non « enlisée dans les rôles stéréotypés hommes/femmes ». Pourtant, quelque chose la rongeait à l'intérieur.

Progressivement, Sally est devenue encore plus absorbée dans son travail et de moins en moins engagée dans son mariage. Mark et elle passaient moins de temps ensemble puisque Sally réservait aux enfants son temps limité à la maison. L'hôpital et ses autres fonctions médicales constituaient toute leur vie sociale. Sally a commencé à ressentir un « vide » à l'intérieur. Elle regardait Mark et se demandait ce qu'elle avait pu lui trouver. Il semblait qu'ils étaient à des « kilomètres de distance ». C'était un homme bon qui prenait soin de leurs enfants, mais une personne avec laquelle il lui était impossible de se lier d'une manière significative. Elle était incapable de se voir vieillir avec lui et était confuse, surmenée au travail et déprimée.

❖ ❖

AVEZ-VOUS VÉCU UN DIVORCE MALSAIN ?

Il est possible qu'un divorce tienne compte à la fois des besoins des enfants et de ceux des parents, mais il peut aussi s'agir d'une situation gagnant-perdant. Dans les divorces malsains, les enfants souffrent énormément des conflits entre leurs parents, même jusque dans leur vie adulte. Un divorce sain permet aux parents de se guérir de leurs propres blessures et de continuer à collaborer dans le meilleur intérêt des enfants. Un divorce malsain demeure centré sur les anciens problèmes, rejouant sans cesse les vieux conflits conjugaux. Ces conflits et ces dynamiques peuvent vous affecter de manière répétitive, depuis le tout début jusqu'à maintenant — spécialement si vous avez souvent été témoin au cours des années d'expressions de colère, de blâme, de culpabilité et de tristesse.

La dépendance au conflit

Dans les divorces malsains, les parents ont souvent une dépendance au conflit (Thayer et Zimmerman, 2001). Vos parents divorcés avaient-ils tellement l'habitude des interactions hostiles, des remarques désobligeantes, des échanges explosifs, des insinuations et des déclarations condescendantes qu'ils semblaient incapables de s'en départir, même des années après le divorce? Certains parents continuent à se battre devant les tribunaux bien au-delà de la date de l'accord de divorce, déposant une requête après l'autre. Plutôt qu'une entente fondée sur l'éducation des enfants, le conflit devient le lien qui unit ces parents. Dans les divorces malsains, les enfants grandissent dans un monde difficile. Ils sont constamment piégés dans des conflits de loyauté. Ils deviennent les messagers des communications entre leurs parents et rapportent involontairement les flèches empoisonnées que comportent ces messages, ce qui exacerbe et réanime le conflit entre les deux parents en guerre.

Si vos parents ont vécu un divorce malsain, vous avez appris que le conflit ne se termine jamais et que le fait de choisir le changement ne signifie pas que l'on peut refaire sa vie. Vos parents se sont-ils conduits comme des adolescents qui passaient constamment à l'acte plutôt que de servir de modèles dans la résolution de conflit? Tout comme les adultes, les enfants du divorce de familles très conflictuelles sont bien versés dans la manière de se battre inefficacement et ne possèdent pas l'habileté nécessaire pour négocier leurs relations de manière constructive. Les enfants-adultes du divorce encore coincés dans le conflit, la guerre froide ou le silence de leurs parents demeurent prisonniers de leur lutte acharnée. On peut encore vous demander de choisir entre vos parents ; votre partenaire et vos enfants peuvent aussi l'exiger. Les fêtes et les événements spéciaux se transforment-ils pour vous en un cauchemar quasi total alors que vous essayez de plaire à tout le monde, d'aller partout, de négocier les terrains minés de la communication, tout en tentant de préserver vos propres traditions familiales et vos souvenirs ? Certains enfants-adultes du divorce finissent par abandonner leurs tentatives, et tout le monde finit par se perdre de vue. Parfois, le calme et la distance semblent être les meilleures solutions pour ces enfants-adultes.

Des parents dévastés

Un autre exemple d'un divorce malsain surgit lorsque la situation résultante compromet sérieusement l'un ou les deux parents. Il peut s'agir de circonstances économiques ou des effets psychologiques de la rupture. Dans les deux cas, les enfants subissent les conséquences de l'échec d'un parent à se rebâtir un avenir et à gérer sa nouvelle vie. Après le divorce, il devient difficile pour ces parents de focaliser leur attention sur leurs enfants et sur leurs besoins. Non seulement ces enfants voient-ils le concept initial de la famille s'évanouir à cause du divorce, mais ils sont également privés des chances de former de nouvelles unités familiales. Il est possible que leurs besoins physiques soient comblés, mais leurs besoins émotionnels peuvent passer inaperçus. Les parents dans ces divorces malsains souffrent souvent eux-mêmes de dépression ou d'autres conditions cliniques similaires. Ils sont incapables d'envisager leur avenir avec optimisme, de se créer un système de soutien fiable, et ils peuvent être dépourvus des habiletés nécessaires pour restructurer leur vie autrement. Si vous avez eu un parent qui ne travaillait pas et qui est retourné sur le marché du travail uniquement pour des raisons économiques, vous pouvez avoir fait l'expérience de vivre avec un parent rempli de ressentiment, épuisé et désorganisé, qui était présent tout en étant à la fois absent.

Si les parents demeurent mariés au conflit qui existait durant leur union et durant leur divorce, ils consacrent d'énormes quantités de temps et d'énergie à l'ancienne situation, et non aux besoins, aux peurs et aux rêves de leurs enfants. Si vous avez grandi dans ce type de famille postdivorce, il est possible que vous ayez hérité du pessimisme de vos parents. Vous pouvez ne percevoir que des situations perdant-perdant et avoir de la difficulté à décoder les effets négatifs d'un divorce malsain sur une relation malsaine dans laquelle vous êtes engagé dans votre vie adulte. Il est possible que votre habileté à faire confiance en votre propre jugement pour évaluer qualitativement les relations soit sérieusement compromise, rendant certains choix difficiles : demeurer ou partir, dire oui ou non, ou vous engager ou pas. Les adultes qui entretiennent des relations ambivalentes demeurent souvent en périphérie. Leurs proches, leur époux et leurs enfants souffrent de ne jamais vraiment pouvoir les connaître de façon intime. L'autoprotection devient un mode de vie, et même plus important qu'un lien de tendresse. Comme les conséquences passées ont toujours été beaucoup trop négatives et douloureuses, ils ont fini par craindre démesurément toute forme d'intimité.

❖ ❖ *Carol était invisible*

Carol était la plus jeune des quatre enfants de ses parents. Elle a grandi dans une famille où maman était une mère au foyer et papa travaillait à l'usine locale. Papa faisait souvent des heures supplémentaires, car l'argent gagné était rarement suffisant. Maman faisait de son mieux pour arrondir les fins de mois et élever les quatre enfants. Le désordre régnait souvent dans leur ménage, et lorsque papa était à la maison, il y avait beaucoup de disputes entre les deux parents. Nombre de travaux autour de la maison étaient négligés.

La sœur de Carol, Ellen, était l'aînée des quatre enfants et avait quitté la maison alors que Carol avait huit ans. Les frères de Carol jouaient dans l'équipe de football du collège. Papa manquait rarement une de leurs parties, car il était très fier de leur réussite. Carol aimait lire et se plongeait pendant des heures dans la lecture de tout ce qui lui tombait sous la main. Elle adorait les romans d'aventures et s'imaginait en être l'héroïne, lancée dans une quête excitante au bout du monde. Carol était une bonne enfant qui excellait à l'école, mais ses parents la louangeaient peu pour ses réalisations. C'était particulièrement vrai à partir de la sixième année, au moment où ses frères jouaient au football et où les disputes entre ses parents se sont envenimées.

Les parents de Carol ont fini par obtenir un divorce très amer. Ils ont passé la majorité de leurs épargnes à en éponger les frais, et Carol se faisait constamment répéter à quel point l'autre parent avait été horrible durant cette période et même des années après. Elle pouvait à peine mentionner le nom de l'un d'eux à l'autre sans causer de problème.

Au tout début de sa thérapie, Carol s'est carrément décrite comme une personne « invisible ». Elle a expliqué qu'elle avait l'impression de n'être importante pour personne et se demandait même pourquoi elle était venue au monde. Elle n'avait pas de tendances suicidaires, mais elle estimait que son existence n'avait aucun sens ni aucune valeur. Sur le plan social, elle était assez isolée. Au cours des années, elle avait eu deux petits amis qui l'avaient maltraitée. Elle n'avait presque pas d'amis, ne parlait pas à ses frères, et très rarement à sa sœur ou à ses parents. Elle faisait bien son travail comme assistante de recherche à l'université locale et adorait faire de longues promenades avec son labrador.

❖   ❖

Y A-T-IL DES DIVORCES VRAIMENT SAINS?

Il peut sembler étrange de juxtaposer les mots *divorce* et *sain*. Que veut-on dire au juste? Dans un divorce sain, vivez-vous un sentiment de tristesse et de perte? Vivez-vous de la colère et du ressentiment? Vous sentez-vous accablé et perdu? Dans un divorce sain, remettez-vous en question votre jugement ou vous-même? À toutes ces questions, la réponse est oui! Mais la différence réside dans le fait que, durant et après le divorce, les parents équilibrent efficacement leurs besoins avec ceux de leurs enfants. Les parents se débrouillent en dehors du mariage pour se construire une nouvelle vie pour eux et pour leurs enfants, devenant des parents qui collaborent pour le bien de leurs enfants et, en fin de compte, pour leur propre bien.

Les parents qui collaborent bien sont ceux qui peuvent continuer à communiquer efficacement et à prendre des décisions ensemble d'une manière efficace. Ils deviennent des parents partenaires dans une relation d'affaires consacrée à l'éducation de leurs enfants dans de nouvelles unités familiales. Ils n'essaient pas de fonctionner de façon unilatérale, mais cherchent à se consulter mutuellement, car ils savent que c'est la meilleure manière d'aider leurs enfants à négocier la vie après le divorce. Ils constituent un système de soutien l'un pour l'autre et contrôlent le réseau de la famille élargie, des amis et autres qui pourraient tenter de ranimer les flammes de l'ancien conflit. Ils s'arrangent pour que leurs enfants soient en sécurité et en paix, voyant à ce que le fardeau logistique du divorce leur occasionne le moins de heurts possible. Ils se soignent eux-mêmes afin d'aider leurs enfants à se remettre de l'épreuve.

Les enfants-adultes du divorce qui grandissent dans ces familles saines, dans un contexte de coparentalité, voient leurs parents se comporter d'une façon intègre. Lorsqu'ils avisent leurs enfants d'un divorce, de nombreux parents les rassurent, leur expliquant que les enfants ne sont pas responsables de la rupture et qu'eux-mêmes continueront à être leurs deux parents quoiqu'il arrive. D'un autre côté, malheureusement, beaucoup de parents agissent de manière tout à fait contraire. Les parents xxok

collaborateurs joignent le geste à la parole. Ils font ce qu'ils ont dit — même si c'est difficile. Ils comprennent que leurs enfants n'ont pas demandé le divorce et que ce sont eux qui doivent faire la navette entre deux maisons et traiter avec chaque parent sur une base permanente. Ils reconnaissent que leurs enfants doivent s'adapter à une nouvelle situation qu'ils peuvent ne pas avoir vue venir, et ils savent que leurs enfants ont besoin d'aimer les deux parents et d'être aimés par les deux. Ils ne demandent pas à leurs enfants de choisir. Ces enfants-adultes du divorce ont ainsi une meilleure chance de traverser les eaux troubles des familles postdivorcées. De fait, ils peuvent comprendre que parfois une décision difficile relative à un changement peut finalement s'avérer positive, et qu'il est possible de faire confiance à leur propre jugement et, suivant l'exemple de leurs parents, de pardonner. Si le divorce de vos parents comportait certains de ces éléments sains, vous avez probablement aussi appris la vraie signification de l'amour parental véritable. Les comportements sains de vos parents divorcés auront renforcé votre propre habileté à être un bon parent pour vos propres enfants.

SEREZ-VOUS TOUJOURS UNE VICTIME DU DIVORCE?

Les sentiments intenses résultant d'un divorce, les expériences générales que nous avons décrites plus haut, et votre propre et unique expérience peuvent vous amener à vous demander :

- Comment se fait-il qu'ils ont divorcé?
- À quoi pensaient-ils?
- N'y avait-il pas un autre moyen?
- N'auraient-ils pas pu arranger les choses?
- Qu'est-ce qui serait arrivé s'ils avaient fait plus d'efforts?
- Pourquoi ne pouvaient-ils pas se pardonner l'un l'autre?

Il est très normal de penser que quelque chose aurait pu sauver vos parents et vous-même de l'angoisse du divorce. Quelqu'un aurait peut-être pu poser un geste, n'est-ce pas? Il est facile de présumer que le divorce était un mauvais choix puisqu'il a engendré des bouleversements, de la peine, de même qu'une série de retombées négatives. Les institutions religieuses, les médias, les amis et la famille font souvent écho à cette conception en disant : « Ça n'aurait pas dû arriver. » Pourtant, peut-être y avait-il finalement quelques aspects positifs à ce divorce. Peut-être n'êtes-vous pas simplement une victime des événements de votre enfance. Peut-être que le divorce était le meilleur choix.

La controverse concernant la question de savoir si le divorce constitue ou non le meilleur choix continue à faire rage (Wallerstein, Lewis et Blakeslee, 2000, contre Hetherington et Kelly, 2002). Malheureusement, ces vues divergentes ont créé des conflits additionnels pour les parents qui doivent effectuer ces choix très difficiles et pour les enfants-adultes du divorce qui passent leur vie en revue des années plus tard. Dans votre réflexion à propos du divorce de vos parents, déterminez si l'un des éléments mentionnés plus bas a finalement été affecté par leur décision.

La sécurité

Dans les mariages très explosifs, qui impliquent des abus physiques ou de la violence verbale, le divorce peut apporter protection, sécurité et paix. La famille n'a plus à vivre dans un état constant d'alerte élevée. Les enfants peuvent revenir à leur rôle d'être des enfants et ne plus devoir se comporter en parents. Ils peuvent se recentrer sur leur vie scolaire et sociale, aussi longtemps que le rétablissement de leurs parents n'entrave pas ces activités. Comme adulte, vous pouvez finalement percevoir la décision de divorcer comme une action courageuse et nécessaire née du besoin de vous protéger. Cet exemple peut vous donner la force nécessaire pour prendre des décisions difficiles dans votre propre vie.

De meilleures relations familiales

Le divorce peut aussi mener à la création de deux nouvelles unités familiales en quelque sorte similaires, mais très différentes de celle d'avant. Il peut susciter le développement de nouvelles, et parfois meilleures, relations entre vos parents, et entre vous et chacun des parents. Dans les ménages traditionnels où les pères n'ont peut-être pas été des parents très présents, des plans partagés de parentage sont susceptibles de leur donner une nouvelle occasion de tenir le rôle de parent d'une manière plus concrète. Les enfants apprennent qu'ils peuvent se sentir en sécurité et aimés des deux parents. Ils développent leur adaptabilité à travers les transitions entre les deux maisons et se tournent vers leurs deux parents pour combler leurs besoins lorsqu'ils sont malades, blessés, affamés, fatigués et ainsi de suite. Dans l'horrible possibilité de la mort d'un parent, les enfants se sentiront protégés sous les soins donnés par le parent survivant. Les enfants masculins du divorce peuvent être plus en mesure de comprendre l'art d'être des parents collaborateurs et l'importance que les pères soient plus activement engagés dans la vie de leurs enfants. Les enfants féminins du divorce apprendront que leurs partenaires masculins dans la vie peuvent être des gardiens égaux, sans qu'elles aient besoin de les amener par la force, par la cajolerie, par les supplications, par la négociation et par la plaidoirie à être les parents (non les « baby-sitters ») de leurs enfants. Une fois devenus adultes, les enfants de ce type de divorce ont plus de chance de modeler leur comportement sur celui de leurs parents et de procurer les mêmes normes élevées de soins et de responsabilité dans leur propre famille.

Des parents plus heureux

Les parents éprouvés par le tumulte émotionnel de leur mariage peuvent trouver du soulagement en optant pour le divorce. Après la période initiale d'adaptation, il est possible qu'ils deviennent carrément plus forts et plus déterminés. Les enfants peuvent profiter de la présence d'un parent intact qui n'est pas affaibli par la dépression, l'anxiété, la peur, la solitude, ou une faible estime de soi. Avec un peu de chance, ce nouveau parent est plus indépendant, autosuffisant et capable de s'exprimer librement. Les parents qui divorcent d'une manière saine se sentent plus complets en tant qu'individu qu'en couple avec leur ancien partenaire. Un sentiment renouvelé de force et d'énergie permet à ce parent de donner plus, de jouer plus, de mieux prendre soin et d'être davantage à l'écoute des besoins de leurs enfants.

Les enfants qui ont la chance de grandir dans des familles qui ont divorcé sainement s'aperçoivent que les individus doivent parfois effectuer des changements très difficiles dans leur vie, mais que ceux-ci peuvent apporter des résultats positifs. Ils grandissent non pas dans la crainte du changement, mais plutôt avec l'habileté à l'intégrer. Dans le livre *For Better or for Worse : Divorce Reconsidered* (2002), Mavis Hetherington et John Kelly ont découvert que les enfants féminins du divorce sont susceptibles de retirer un avantage supplémentaire de leur parent maternel. Ces enfants ont appris à être des femmes indépendantes, compétentes, satisfaites d'elles-mêmes. Elles ont vu qu'elles pouvaient se faire confiance. Leurs modèles d'identification féminins étaient des *survivantes* du divorce, non des *victimes* de ses conséquences. Il semblerait donc que leur choix de partenaires masculins dans la vie puisse être inspiré par leur propre sentiment de sécurité personnelle et non par le besoin de dépendre des hommes pour leur propre valeur financière ou émotionnelle. Vous choisissez plus sainement un partenaire qui peut vous aimer et prendre soin de vous si vous savez dans votre for intérieur que vous êtes capable d'affronter seule les changements et de prendre soin de vous-même, mais qu'il est possible de le faire à deux.

Les frères et sœurs et les liens familiaux

Le divorce peut aussi favoriser le développement des relations entre les frères et sœurs et la famille élargie. Le lien entre les sœurs et les frères peut se solidifier passablement lorsqu'ils font la navette entre des maisons distinctes, où ils doivent négocier leur nouveau mode vie et leurs nouvelles relations. Personne d'autre qu'un frère ou qu'une sœur ne connaît mieux la véritable réalité d'une famille avant et après le divorce. Dans une famille intacte, les frères et les sœurs passent souvent du temps séparément avec chaque parent. Les familles vivent leur vie en se partageant les responsabilités, s'occupant d'un ou de deux enfants ensemble, mais rarement de tous à la fois. De nombreux plans de parentage prévoient qu'un parent ou l'autre a la garde de l'ensemble des enfants pendant une période donnée. Par conséquent, ces frères et sœurs ont l'occasion de passer plus de temps ensemble que dans leur famille intacte d'avant le divorce. Ils apprennent à se fier les uns aux autres, à prendre soin les uns des autres, à se confier les uns aux autres, et à avoir besoin les uns des autres d'une manière plus intime que jamais auparavant. Cet avantage supplémentaire du divorce leur sera des plus utiles dans la vie adulte advenant qu'ils aient de nouveau besoin de se soutenir mutuellement pour combler leurs besoins adultes dans leur propre vie, dans celle de leurs partenaires, de leurs enfants, et de leurs parents adultes et beaux-parents.

Une famille plus nombreuse

Maints enfants du divorce forment aussi des relations plus intimes avec les membres de leur famille élargie, comme les grands-parents, les tantes et les oncles. Dans certains cas, ces individus procurent des soins directs quand les parents retournent au travail. À d'autres moments, le parent et l'enfant reviennent vivre avec la famille élargie pour bénéficier d'une aide financière ou émotionnelle. Ces familles peuvent avoir l'impression de ressembler davantage aux unités familiales traditionnelles élargies, où les grands-parents et autres membres cohabitaient intimement et fournissaient secours, aide, soutien, de même que toute autre assistance nécessaire. Un engagement quotidien dans la vie des enfants constituait la norme, et non l'exception. Les enfants se développaient en sachant qu'il existait plusieurs adultes significatifs dans leur vie qui pouvaient prendre soin d'eux et qui le feraient. Comme adultes, les enfants du divorce ont peut-être la chance de connaître leur famille élargie d'une manière qui n'aurait jamais été possible si leurs parents étaient demeurés ensemble. Ils constatent que les familles sont soudées et s'aident mutuellement sans questions et sans jugement. Ce n'est certes pas le cas de toutes les familles élargies des enfants du divorce. Certains entretiennent de l'animosité, supportent mal l'intrusion dans leur vie et blâment leurs propres enfants pour l'échec de leur mariage. En d'autres mots, certaines familles élargies sont trop centrées sur elles-mêmes pour voir ou pour agir dans le meilleur intérêt de leurs petits-enfants, nièces, neveux et ainsi de suite. Si vous avez eu la chance de vivre l'expérience opposée, vous pouvez tirer profit dans toute votre vie de cette occasion exceptionnelle de sentir que vous faites partie de la communauté d'une plus grande famille. À votre tour, vous pouvez mettre en œuvre un type similaire de relation avec vos propres parents divorcés, sachant que vos enfants bénéficieront grandement d'un engagement plus intime. La famille élargie et les amis peuvent devenir des bouées de sauvetage indispensables aux enfants du divorce. Et cette occasion qui permet en outre de mieux les connaître peut devenir un prodigieux avantage du divorce de leurs parents.

L'avantage des beaux-parents

Un autre aspect d'un divorce sain peut être la formation d'une nouvelle belle-famille. Les beaux-parents procurent une nouvelle cohésion et peut-être une manière de se libérer des anciens conflits. Dans un divorce sain, les beaux-parents feront partie de la solution et non du problème. De bons beaux-parents apprennent aux enfants ce que sont l'amour, la beauté, la discipline, mais plus important encore qu'il *existe* des mariages qui réussissent. Les enfants de belles-familles saines finissent par se rendre compte que si leurs parents sont heureux et aimés et se sentent à nouveau valorisés, alors peut-être qu'ils y arriveront eux aussi. Pour l'enfant-adulte du divorce, il s'agit d'une leçon cruciale pour l'avenir. Lorsque les parents apprennent à aimer et à vivre avec de nouvelles personnes, leur vie peut s'enrichir comme ils n'auraient jamais pu le faire si leur famille était restée intacte. Les nouveaux beaux-parents introduisent parfois de nouveaux beaux-frères et belles-sœurs issus de leurs anciennes relations et même de l'union avec le parent de l'enfant. Cette situation peut parfois provoquer des complications supplémentaires, mais elle peut aussi procurer une nouvelle unité familiale constituée d'autres personnes ayant vécu les pertes et les changements associés au divorce. Cette famille reconstituée peut devenir une preuve tangible de la valeur positive du changement et renouveler la confiance dans les relations et dans l'institution du mariage.

L'autonomie

Finalement, les enfants du divorce peuvent eux-mêmes apprendre à être plus autonomes et plus indépendants. Les valises à faire, l'organisation, la planification, la réflexion anticipée et l'autogestion qu'implique le fait de faire la navette entre deux résidences obligent l'enfant à développer un niveau d'autonomie souvent non nécessaire dans une famille intacte. Le matériel pour les devoirs, les vêtements, les jouets et autres possessions se promènent régulièrement entre les deux maisons. Les enfants du divorce doivent apprendre à négocier leur double monde avec efficacité et une importante somme de planification. Ce sont des habiletés importantes à développer pour les enfants afin qu'ils soient préparés à affronter les demandes du monde du travail et de leurs propres familles. Les enfants du divorce grandiront en devenant des adultes résilients, capables de s'adapter à des mondes différents et de négocier plus aisément leurs environnements physique et social. Certains enfants-adultes du divorce ont même voyagé si loin ou si fréquemment qu'ils sont devenus de vieux pros pour trouver leur chemin dans les aéroports, sur les autoroutes, et ailleurs. Le fait qu'ils soient exposés à de nombreuses réalités peut contribuer à leur développement social et à leur éducation. Les enfants-adultes se plaignent souvent que, dans le meilleur des divorces, il devenait fastidieux et lourd de se promener entre deux maisons (Blau, 1993). Personne n'aimait faire fréquemment ses valises ou n'appréciait la partie nomade de ce type d'existence. Pourtant, leur habileté à se déplacer entre leurs parents, la garderie, la famille élargie, les belles-familles et autres leur enseigne des aptitudes qui auront des répercussions dans le futur, qu'il s'agisse de leur vie professionnelle, maritale, sociale ou communautaire.

Bref, vous n'avez pas à vous considérer la victime du divorce de vos parents. Malheureusement, les stress provoqués par leur rupture l'ont probablement emporté sur ses avantages. Il est possible que ces stress aient été accentués si vos parents n'ont pas trouvé le moyen de s'occuper de vos besoins et d'assumer leur rôle conjoint comme parents au moment où ils mettaient fin à leur mariage.

UN ESPOIR POUR L'AVENIR

Les effets considérables du divorce sur les enfants à mesure qu'ils s'acheminent vers leur vie adulte sont encore peu explorés dans la littérature. De la controverse existante émerge la constatation que ces circonstances exigent des enfants une bonne dose d'adaptation. Les nouvelles ne sont pas toutes mauvaises (Hetherington et Kelly, 2002), puisqu'il semble exister des « facteurs protecteurs » qui, d'après les chercheurs, sont susceptibles d'aider les enfants du divorce à mener des vies adultes saines. Il est difficile de vraiment prévoir l'issue dans chaque unité familiale particulière. En d'autres mots, maints éléments peuvent avoir une influence sur l'histoire de chaque enfant-adulte. Il serait injuste de condamner au désespoir tous les enfants-adultes du divorce au monde, puisque nombre d'entre eux découvrent des façons très saines de traverser leur vie adulte.

Si vous lisez ce livre, il se peut que plusieurs effets du divorce de vos parents soient encore présents et semblent inhibiteurs et négatifs. Pourtant, de nos jours, les ressources offertes aux parents et aux enfants surpassent largement ce qui existait il y a vingt ou trente ans. Le système judiciaire axé dans de nombreux États sur une bonne collaboration entre les parents contribue grandement à enseigner aux parents et aux enfants la meilleure manière de réussir un divorce. L'avènement de la médiation, la loi familiale prônant la collaboration et le recours aux avocats pour représenter l'enfant mineur (qui défendent ce que l'enfant souhaite) et aux tuteurs à l'instance (qui défendent les meilleurs intérêts de l'enfant) sont tous des moyens par lesquels les parents peuvent recevoir des conseils sur la collaboration parentale après le divorce. Les États sont nombreux à exiger la participation à des cours de renforcement des compétences parentales, qui offrent un excellent survol des multiples problèmes que les parents en instance de divorce sont susceptibles de rencontrer. Par ailleurs, des programmes d'intervention privés (Thayer et Zimmerman, 2001) ont été créés pour aider les familles qui requièrent une aide plus individualisée, ou celles dont les parents vivent des conflits majeurs et où les enfants sont potentiellement plus à risque. Des psychothérapeutes spécialisés dans ce domaine fournissent une expertise clinique, des conseils et du soutien aux parents, aux beaux-parents, à la famille élargie et aux enfants. De plus, il existe une multitude de groupes de soutien qui procurent un environnement aux parents divorcés où ils peuvent trouver de l'information, apprendre des autres, et même socialiser. Toutefois, les enfants du divorce ont quand même besoin d'un type d'interventions conçues spécifiquement à leur intention, et ce livre constitue un bon endroit pour commencer à trouver ce dont vous avez besoin.

Les prochains chapitres vous présenteront un portrait plus en profondeur des principaux domaines affectant les enfants-adultes du divorce. Alors que les aspects juridiques du divorce peuvent être réglés depuis un bon moment, non parfois sans batailles importantes, vous admettez probablement que les aspects émotionnels du divorce puissent subsister. Plus les parents et les enfants-adultes du divorce reconnaissent ces facteurs de risque potentiels et interviennent, moins la souffrance est susceptible de se perpétuer. Une grande partie des premières publications sur les effets du divorce pourraient susciter un sentiment de dépression et d'échec chez n'importe quel individu. Permettez-nous de réécrire cet héritage et votre avenir à vous, l'enfant-adulte du divorce.

2

LES ÉMOTIONS DU DIVORCE

On parle souvent du divorce comme d'une balade en montagnes russes. Il est souvent difficile de prévoir les multiples émotions que vivent les adultes tout comme les enfants. Les sentiments peuvent varier d'un moment à l'autre, et certainement d'un jour à l'autre. La vaste gamme des émotions que suscite un divorce peut passer du soulagement et de la paix à une colère intense et une grande tristesse. Vous avez eu et avez encore vos propres réactions, compliquées par le fait d'effectuer ce parcours aux côtés de parents qui ont probablement de la difficulté à stabiliser les leurs. Quand le processus judiciaire battait son plein, le système faisait tanguer l'expérience suivant le rythme et l'orientation des décisions de la cour et des avocats. Les émotions associées au divorce sont souvent mal maîtrisées et peuvent en quelque sorte avoir une vie propre.

Dressons la liste de certaines des émotions caractéristiques qu'éprouvent les adultes en instance de divorce et leurs enfants. Voyez si vous pouvez repérer une émotion que vous vous souvenez d'avoir vous-même vécu, ou que vous reconnaissez chez vos parents :

- *Colère :* incluant hostilité, haine, esprit de vengeance, agressivité;

- *Culpabilité :* incluant honte, auto-reproche ;
- *Peur :* incluant inquiétude, panique, insécurité ;
- *Tristesse :* incluant souffrance, déception, perte, dépression, chagrin ;
- *Solitude :* incluant isolement, rejet, négativisme, pessimisme ;
- *Soulagement :* incluant calme, tranquillité.

Comme enfant du divorce, il est possible que vous éprouviez encore certains de ces mêmes sentiments dans votre vie adulte. Ces émotions peuvent être liées à d'anciens problèmes qui remontent à la période où vos parents ont mis fin à leur mariage, plutôt que de dépendre des simples événements de votre vie présente.

Prenez un moment pour examiner la liste de mots énumérés plus bas. Portez alors attention aux sentiments ou aux émotions qui surgissent instantanément. Vous voudrez peut-être noter ces sentiments (seulement un mot ou deux) dans votre journal ou sur une feuille de papier.

Argent	Intimité
Choix	Désapprobation
Confiance	Séparation
Loyauté	Mensonges

Lorsque vous avez lu ces mots, vos émotions vous rappelaient-elles celles que vous avez éprouvées au cours du processus de divorce de vos parents ? Si oui, des mots et des concepts similaires dans votre expérience présente peuvent avoir pour effet de déclencher et d'intensifier vos émotions actuelles. Les émotions du divorce peuvent laisser une telle marque indélébile sur les enfants que, une fois devenus adultes, ils ont beaucoup de difficulté à séparer les réactions émotionnelles rattachées au passé de celles en lien avec le présent.

LES ÉMOTIONS DES PARENTS

Il peut être profitable de jeter un regard plus approfondi sur les émotions liées au divorce. Nous croyons qu'il est primordial de se pencher un moment sur la réaction parentale face au divorce. Cette réaction a probablement influé sur votre expérience et votre compréhension autant de vous-même que de la rupture. Essayons de découvrir les sources de ces sentiments de même que leur contrepartie comportementale et leur impact possible sur vous-même. Ces sentiments sont d'importants indices de votre propre développement psychologique et de votre propre façon de négocier vos relations dans votre vie adulte. Les enfants-adultes du divorce ont dû affronter le désarroi et les batailles subséquentes qu'ont vécus les parents, mais, au cours des années, ils ont peut-être aussi connu une croissance personnelle importante et même une reconstruction positive. Rappelez-vous que les émotions ne sont pas toujours négatives. Comme toute phase de développement, le divorce peut s'avérer tumultueux — mais souvent le résultat peut être inspirant.

Le chat en colère riposte

Dans le contexte d'une discussion sur le divorce, la colère est souvent l'émotion la plus forte et la plus facilement associée à cet événement, car le divorce dérive souvent des querelles et des conflits conjugaux. Souvent, la colère est explosive et prend la forme d'abus directs, qu'ils soient physiques ou verbaux; parfois, la colère est plus passive, s'exprimant par des omissions, de l'indifférence ou du mépris. Dans les deux cas, le message est clair que les relations peuvent être blessantes. Avant et après le divorce, les principales expressions de colère sont souvent motivées par un désir de représailles. Chaque parent fait tout pour écraser l'autre avec des mots, des comportements, des lettres d'avocat et des requêtes devant la cour. La situation peut devenir très instable, et est souvent enflammée par le processus même du divorce.

La colère peut prendre une allure vindicative lorsqu'elle vise à blesser l'autre parent, sans considération pour ses effets sur les enfants qui se trouvent pris entre deux feux. Les parents qui ont désespérément besoin de se venger de l'autre parent exposent leurs enfants à des modèles d'expression incontrôlée d'hostilité. Ils enseignent à leurs enfants comment utiliser les mots et les gestes pour agresser les autres, au lieu de s'en servir pour apaiser. Malheureusement, les enfants apprennent aussi rapidement à imiter ces expressions de colère et reproduisent souvent le même type de réactions dans leurs propres interactions avec leurs parents ou dans leur entourage. Ils s'habituent à ces expressions émotionnelles plus théâtrales et n'apprennent pas à s'exprimer d'une manière plus constructive et assurée. La famille entière demeure prisonnière de l'hostilité, et les enfants ont souvent la fausse impression qu'ils réagissent de manière appropriée en devenant eux-mêmes aussi instables que leurs parents dans leurs propres échanges. Pour l'enfant-adulte du divorce, cette situation peut rapidement déclencher le désir impulsif de riposter lorsqu'il se trouve dans un contexte hostile. On n'a pas montré à l'enfant à contrôler sa colère, et par conséquent il n'a pas pu l'apprendre. L'autoprotection prime par-dessus tout, et les réactions de colère impromptues imprègnent tout différend sans égard aux sentiments des autres. Lorsque la colère frappe, on sort les griffes !

❖ ❖ *La colère de Steve*

Steve a grandi dans une famille divorcée de cinq garçons. Il décrit sa famille comme très occupée et dynamique. « Il fallait crier pour être entendu dans ma maison, a-t-il confié. Par exemple, nous prenions tous notre repas du soir ensemble. Si on voulait quelque chose, il fallait parler vraiment fort sinon il fallait s'en passer. Un constant tourbillon d'activités nous entourait. Nos parents nous adoraient, mais ils en avaient cinq à contrôler ; du plus vieux au plus jeune, il y avait neuf ans de différence. Comme monoparent, maman en avait plein les bras et criait souvent après l'un de nous, ou même après nous tous. Si nous agissions mal, elle téléphonait à papa même à son travail, et il fallait alors faire attention! Papa ne nous a jamais frappés, mais bon sang, nous savions à quoi nous attendre avec lui. C'était un homme imposant à la voix profonde et forte, et il n'avait pas peur de s'en servir. Lui et maman ne cessaient de se disputer et de jeter la responsabilité de notre comportement sur l'autre, tout comme pendant leur mariage. »

Steve nous a été envoyé pour une formation sur la maîtrise de la colère par le directeur des ressources humaines de sa compagnie, après que des employés sous sa charge, qui craignaient sa colère, se sont plaints. Lors du premier rendez-vous, Steve a dit : « Je ne comprends vraiment pas ce qui arrive. Je ne me sens vraiment pas en colère. C'est seulement ma façon de m'exprimer. Je pense que tout le monde est trop sensible. Je veux dire, parfois le travail peut être stressant et vous devez vous imposer. Autrement les gens ne comprennent pas que vous ne plaisantez pas. »

Comment croyez-vous que le comportement adulte de Steve a pu être modelé par les expériences de son enfance? Même son opinion de lui-même et sa manière d'être en relation avec les autres semblent refléter les expériences de son enfance. Malheureusement, il travaillait dans une entreprise où la culture était très différente. Il s'ensuivait que, lorsque Steve prenait légèrement la mouche et s'exprimait de manière vigoureuse, les autres étaient très intimidés.

❖   ❖

Aurais-je dû ou n'aurais-je pas dû?

C'est la question! Le divorce est rarement quelque chose de prévisible. Lorsqu'un couple se marie, les deux conjoints n'ont pas le divorce en tête; non plus qu'ils ne s'attendent à élever leurs enfants dans deux maisons différentes. La plupart des couples font de longs et pénibles efforts avant de prendre la décision de divorcer, et ils sont déchirés par la culpabilité que soulève cette décision. Lorsque les parents voient ensuite leurs enfants se disputer à propos de leur plan de parentage ou de leur relation avec un ou les deux parents, ils sont encore confrontés aux effets culpabilisants de leur décision. Ce sentiment de culpabilité peut même s'étendre bien au-delà de l'enfance. Lorsque les parents constatent que leurs enfants-adultes sont aux prises avec des relations tendues, ambivalentes ou conflictuelles, il est possible qu'ils se sentent alors coupables d'avoir créé une famille divorcée et de ne pas être demeurés ensemble pour le bien des enfants. Le sentiment des parents d'être responsables du bonheur de leurs enfants est une force puissante et peut périodiquement rouvrir le dilemme : auraient-ils dû ou non divorcer? Dans un divorce, la culpabilité peut être présente pour un certain nombre de raisons, toutes liées aux perceptions ou aux croyances de vos parents (non à vous personnellement, ni à vos actions, ni à votre inaction). Voyez si l'une (ou plusieurs) des raisons suivantes peut s'appliquer à vos parents.

Ils croient qu'ils n'ont pas fait assez d'efforts pour sauver le mariage. Ces parents se posent des questions : n'auraient-ils pas dû entreprendre une thérapie; auraient-ils dû dire ou faire certaines choses selon les volontés de leur ex-conjoint? Des vacances « en couple » ou plus de temps passé à la maison plutôt qu'au travail n'auraient-ils pas amélioré la situation?

Ils croient qu'ils ont attendu trop tard pour tenter de sauver leur mariage. Ces parents se demandent s'ils auraient pu remarquer plus tôt les signes annonciateurs d'une relation perturbée. Ils s'interrogent quant à la possibilité qu'ils aient joué le jeu de l'autruche, jusqu'à ce qu'il soit trop tard.

Ils croient qu'ils n'étaient pas un assez bon mari ou une bonne épouse. Ces parents doutent d'eux-mêmes. Ils craignent qu'ils n'ont peut-être pas agi de manière à plaire à leur ex-époux (épouse). Par conséquent, il est possible qu'ils éprouvent des problèmes d'estime de soi ou qu'ils souffrent de dépression.

Ils croient que la cause de leur divorce résidait dans leur comportement. Ces parents peuvent avoir perturbé la relation par leurs propres comportements, incluant une aventure, l'abus de drogues, le jeu ou autre errement financier, une maladie mentale non soignée, ou même un changement d'emploi ou une mutation dans une autre ville.

Le parent qui se sent coupable peut éprouver des difficultés à affronter la vie après son divorce. Pendant une période où tout est des plus complexes, et où il faut des forces et de l'énergie supplémentaires pour aller de l'avant, la culpabilité peut tout saper, même chez les individus les plus forts. Les parents en difficulté sont susceptibles d'engendrer le stress chez leurs enfants. Si vos parents ont eu beaucoup de peine à se défaire de la culpabilité associée à leur divorce, il est possible que vous vous sentiez très accablé. Avez-vous ressenti leur ambivalence et vous êtes-vous posé des questions sur la pertinence de ce divorce ? Vous êtes-vous demandé : « Si mes parents m'ont dit que le divorce était la meilleure solution à leurs disputes conjugales, alors pourquoi sont-ils tellement angoissés à leur propre sujet et à propos de l'autre conjoint ? »

La réaction des enfants devant la culpabilité de leurs parents peut prendre deux formes différentes. D'une part, il est possible qu'ils aient l'impression de devoir assumer le rôle de parent avec leurs parents et veiller à leur bien-être. Dans ce cas, leurs besoins sont souvent ignorés dans le processus, et ils finissent par éprouver de la colère contre le parent qui se sent coupable, et même par le rejeter. Cette situation est encore pire dans les cas de divorces très conflictuels, où un parent entretient cette culpabilité et où la colère des enfants est constamment exacerbée. D'autre part, l'enfant peut ressentir le besoin de devoir maintenir une certaine distance émotionnelle par rapport au parent rongé par la culpabilité, ce qui lui permet de continuer à fonctionner sans trop se sentir responsable du bien-être de ses parents. Cette situation peut mener à des relations polies mais indifférentes avec le parent (et dans le contexte d'autres relations clés de sa vie adulte). Ces enfants apprennent à retenir leur souffle jusqu'au moment de leur départ de la maison d'une façon ou d'une autre. Lorsque des parents qui se sentent coupables et qui divorcent sont incapables de faire face à leurs propres sentiments, leurs enfants se retrouvent devant un dilemme, même lorsqu'ils sont parvenus à l'âge adulte. Ils peuvent avoir de la difficulté à déterminer le degré de leur responsabilité en ce qui a trait à leur propre comportement. Ils se demandent : « Est-ce vraiment ma faute, ou bien n'est-ce pas le sentiment de culpabilité qui me donne une excuse pour perpétuer mes sentiments négatifs et ne pas aller de l'avant dans ma propre vie? » Il arrive à tout le monde d'agir d'une manière qui éveille la culpabilité, mais l'examen de conscience interminable ne doit pas constituer un héritage sans fin. N'oublions pas que la culpabilité peut nous emprisonner dans de vieux problèmes et d'anciens rapports familiaux. C'est le temps d'avancer.

Des soucis, des soucis, et encore plus de soucis

L'anxiété constitue une autre réaction émotionnelle au divorce, et elle est susceptible d'avoir des effets sur les plans cognitif et comportemental. L'anxiété se manifeste souvent par une inquiétude névrotique. Lors d'un divorce, il faut certainement penser à beaucoup de choses! Si vos parents étaient très anxieux, ils étaient probablement experts à penser à eux-mêmes, à leurs enfants, à leurs finances, à l'orientation de leur vie, et à leur passé. Il est possible qu'ils aient choisi de s'inquiéter de tout. Si c'était le cas, ils souffraient alors probablement de troubles du sommeil, étaient gagnés par l'épuisement, et n'étaient vraiment utiles à personne, incluant vous-même. Les soucis sapent aussi l'énergie des gens autour de soi. L'anxiété peut devenir une expérience toxique où les parents transmettent leurs préoccupations aux enfants et les exposent à des problèmes parentaux bien au-delà de l'âge de l'enfant. Les enfants ont besoin de parents qui les délivrent de leurs soucis, non qui les partagent avec eux sans restrictions.

C'est ainsi que ces enfants du divorce finissent par grandir en croyant que leur inquiétude et leur anxiété névrotiques constituent un mode de vie qui les protège contre un mal potentiel. Eux aussi peuvent devenir anxieux, perdre le sommeil et souffrir d'anxiété chronique, avec peut-être de nombreux symptômes physiques. Si vos parents étaient anxieux, ils ont probablement été vos meilleurs maîtres.

De manière réaliste, il faut considérer beaucoup de choses après un divorce. Une nouvelle vie commence, avec une nouvelle maison, de nouvelles écoles, de nouveaux amis, un nouvel emploi ou du travail supplémentaire, et certainement un nouvel horaire. Il est même possible qu'un parent soit victime d'attaques de panique à la seule idée de revoir un ex-époux. Les enfants ont besoin d'une certaine protection contre les inquiétudes des adultes, afin qu'ils ne soient pas obligés d'endosser leurs soucis. De plus, l'anxiété ampute les ressources d'un parent et le prive de certaines de ses compétences parentales pour prendre soin de ses enfants et les accompagner adéquatement. Si vos parents étaient plutôt anxieux, il est possible que vous perceviez le monde comme un endroit menaçant, un lieu angoissant où vous devez constamment demeurer sur vos gardes devant des catastrophes hypothétiques. Cette perception peut conduire à des ruminations afin de parer à toute éventualité et à la difficulté d'éprouver de la joie dans le présent.

Le voile de la tristesse

Les hommes et les femmes ne se marient habituellement pas en pensant à un inévitable divorce. Ils ont leurs rêves, leurs espoirs, leurs attentes et leurs désirs, et ont en tête d'innombrables visions d'avenir et des projets pour mener une vie merveilleuse. Ceux qui sont issus de familles intactes ont encore moins à l'esprit la possibilité que le mariage puisse se terminer par un divorce. Ils ne croient pas que cela leur arrivera. Les enfants issus de familles divorcées voient les choses différemment. Mais en fin de compte, ce qui unit ces deux types d'enfants, c'est qu'ils vivent un sentiment profond de perte au moment où ils reconnaissent que leur mariage et leur famille tels qu'ils les ont connus se terminent. Cette révélation provoque chez eux des sentiments de désespoir et de dépression. La tristesse devient un mode de vie, et tout ce qui les entoure leur rappelle ce qui aurait pu être mais ne sera jamais.

Les hommes et les femmes qui rompent décrivent souvent leurs sentiments à peu près dans les mêmes termes que ceux qui souffrent d'une dépression clinique. Ils peuvent vivre une période dépressive plus sérieuse, qui requerra une intervention clinique ou la prise de médicaments. Ces parents sont incapables de gérer eux-mêmes leurs réactions et ont besoin de beaucoup plus que du soutien de leurs amis et de leur famille, ou même de groupes d'entraide destinés aux personnes aux prises avec un divorce. D'autres peuvent sombrer dans une dépression situationnelle déclenchée par la rupture, et par les implications et batailles juridiques qui s'ensuivent. En d'autres mots, les symptômes de la dépression peuvent être plus ou moins sérieux. Ils viennent et repartent pendant une longue période. Cela est particulièrement vrai pour les personnes qui vivent des divorces compliqués et pour celles qui sont plongées dans les sables mouvants d'un conflit majeur. Dans ces cas, le divorce semble ne jamais aboutir. Même des années après la rupture, le traumatisme persiste. Spécialement dans le cas des parents, il est essentiel de contrôler les symptômes dépressifs si l'on veut pouvoir négocier un divorce de manière constructive. Les parents déprimés ont beaucoup de difficulté à bien prendre soin de leurs enfants avec spontanéité, sourires et enthousiasme.

Les signes d'une dépression parentale peuvent inclure :

• *Humeur triste et tendance à pleurer :* cet état peut être persistant ou épisodique ;

• *Augmentation ou diminution de l'appétit :* cela peut résulter en une perte ou un gain de poids ;

• *Gestion déficiente de sa santé :* exercices physiques insuffisants, soins personnels inadéquats, et ainsi de suite ;

• *Insomnie ou hypersomnie :* ne pas dormir assez ou trop dormir ;

• *Faible motivation :* il est difficile de trouver l'énergie pour se façonner un nouveau mode de vie ;

- *Désespoir :* l'avenir est incertain et les rêves sont difficilement accessibles;
- *Problèmes d'attention ou de concentration :* l'esprit s'égare, la concentration pendant de longues périodes est ardue, on observe des trous de mémoire, et le traitement des informations est plus lent;
- *Culpabilité ou sentiment de dévalorisation :* l'autoreproche abonde et il est difficile d'avoir une bonne opinion de soi;
- *Consommation de drogue et d'alcool :* elle peut augmenter de manière significative, au point de devenir destructrice pour soi-même, pour les autres, et dans ses relations;
- *Idées de suicide :* elles peuvent être passagères ou persistantes.

Les symptômes énumérés plus haut font tous partie de la vaste gamme des sentiments et des comportements vécus avant ou après le divorce. Il peut être très rassurant d'obtenir le soutien d'individus qui ont traversé le même genre d'épreuve, ou qui vivent simultanément les mêmes problèmes, et d'échanger avec eux. Chez les adultes en instance de divorce, un sentiment d'isolement peut mener à une aggravation de ces symptômes, et rendre les interventions plus difficiles et moins efficaces. Même si on situe le taux de divorce autour de 50 %, ces adultes se sentent encore souvent seuls et différents, ce qui peut les plonger dans une dépression qui se perpétue des années après la rupture.

En bref, les parents qui vivent un divorce sont quelque peu affaiblis et éprouvent de grands besoins émotionnels, durant le divorce lui-même et parfois pendant de longues périodes par la suite. Le degré d'atteinte dépend d'un certain nombre de facteurs, incluant ceux-ci :

- *Réseau de soutien :* Les parents privés d'un soutien adéquat ont de la difficulté à répondre aux exigences de la monoparentalité. La logistique devient trop compliquée, spécialement s'il faut coordonner plusieurs enfants; l'horaire et la vie quotidienne des enfants finissent par souffrir du chaos. Les travaux scolaires ne sont pas faits, les retards se multiplient, l'heure du coucher et les repas sont très irréguliers, et on rate certaines activités.

• *Conflit parental :* Lorsque le conflit parental est élevé, les enfants du divorce en subissent inévitablement les conséquences. Les parents sont trop occupés à se disputer, à se préparer pour le tribunal, à consulter des avocats, à discuter des querelles avec d'autres et à réagir à l'autre parent pour pouvoir prendre soin efficacement de leurs enfants. Les parents qui vivent de grands conflits sont physiquement fatigués, en colère, déprimés, et trop épuisés sur le plan émotionnel pour pouvoir donner à leurs enfants tout ce dont ils ont besoin durant cette période tumultueuse. Souvent, les parents se leurrent en croyant faussement qu'ils se battent pour le bien de leurs enfants, mais cette bataille engendre au contraire presque toujours une perte pour eux.

• *Finances :* Les parents qui se retrouvent en position financière incertaine durant et après un divorce doivent lutter férocement pour boucler les fins de mois. La vie peut changer de manière radicale par rapport à la vie d'avant, où l'on disposait d'un environnement confortable, on prenait des vacances, on pratiquait des activités et on bénéficiait d'autres agréments, et se transformer en une existence de plus grand dénuement. Les parents qui ne travaillaient pas ou qui ne travaillaient pas à temps plein peuvent se voir obligés de trouver du travail ou de travailler plus, de manière à pouvoir soutenir leur famille. Ce qui peut avoir pour conséquence que les enfants du divorce se retrouvent en garderie ou plus souvent seuls. Quelle que soit la situation, des problèmes financiers transforment radicalement la vie des enfants du divorce et celle de leurs parents. Encore une fois, une collaboration parentale et un bon réseau de soutien peuvent aider à les soulager quelque peu de ce stress.

• *Nouvelles relations :* Les parents qui introduisent trop rapidement et trop tôt de nouvelles relations compromettent aussi l'adaptation de leurs enfants. Les nouvelles relations peuvent ressembler à des systèmes de soutien, mais pour les enfants elles apportent de nouveaux défis parfois trop difficiles à intégrer quand la famille nouvellement divorcée n'est pas encore bien solidifiée. Les nouvelles relations peuvent raviver le conflit entre les parents divorcés, projetant ainsi les enfants au beau milieu d'anciens problèmes. Il est possible que, pour les parents divorcés, les nouvelles relations précoces les soulagent de leur sentiment de solitude et favorisent une précieuse estime de soi, mais elles laissent souvent les enfants du divorce avec l'impression d'avoir de nouveau perdu leur parent.

La dépression est une maladie qui se traite. La psychothérapie et les médicaments permettent de réduire les symptômes et aident la personne atteinte à fonctionner de nouveau. Malheureusement, certains parents se tournent vers la drogue ou l'alcool pour régler le problème. L'histoire génétique et la disponibilité de ces substances se combinent pour en faire un choix facile et familier, mais souvent très malsain. De toute évidence, les parents qui abusent de l'alcool ou des drogues peuvent être gravement atteints et laisser leurs enfants dans une situation où ceux-ci doivent jouer des rôles d'adultes, ou dans celle où ils sont négligés ou abusés, ou ne reçoivent qu'un minimum de soins de la part de leurs parents. Une fois devenus adultes, ces enfants du divorce ont développé une prédisposition génétique. Ils ont grandi au milieu des ravages de l'abus de substances, et peuvent souvent choisir des partenaires présentant des caractéristiques semblables ou, face à des difficultés, s'engager eux-mêmes dans le même type de comportement. Cet héritage parental nécessite définitivement une intervention professionnelle.

❖ ❖ *S'il vous plaît, réveillez-vous*

Les parents de Cindy ont divorcé lorsqu'elle avait dix ans. Elle se souvient que son père était probablement déprimé depuis des années. Elle se souvient que c'est sa mère qui s'en occupait le plus fréquemment, et lorsque ses parents ont divorcé, l'état de son père n'a fait qu'empirer. Quand elle se rendait chez lui, il était gentil et attentionné, mais de toute évidence le ton de sa voix et son niveau d'énergie avaient baissé. La sœur aînée de Cindy s'était mise à souffrir de palpitations cardiaques et d'un manque de souffle, mais son père refusait de reconnaître ce qui aurait confirmé la condition de sa sœur.

Cindy passait un week-end sur deux, les mercredis et les jeudis avec son père. Il se couchait très tôt et se levait tard quand il le pouvait. Si elle avait planifié une activité pendant la période où elle était avec son père, elle n'était jamais certaine de pouvoir s'y rendre. Elle se fiait à sa mère pour qu'elle informe son père de ses projets et de ses rendez-vous, et pour qu'elle en assure le suivi. Malheureusement, cela ne fonctionnait pas toujours. Un week-end, Cindy ne se sentait pas bien et sa condition durait depuis le jeudi, après un séjour de cinq journées d'affilée chez son père. Sa mère avait parlé avec lui pour qu'il l'emmène chez le médecin, mais il ne l'a pas fait. Cindy a aussi manqué son rendez-vous de tutorat le samedi parce que son père avait oublié et avait trop dormi. Lorsque sa mère est venue la chercher le jour suivant, elle a emmené Cindy directement chez le médecin qui a découvert qu'elle souffrait d'un sérieux cas de bronchite. Autant sa mère que le médecin étaient d'avis que le père de Cindy aurait dû réagir beaucoup plus tôt face à ses symptômes.

Cindy a grandi sans pouvoir compter sur son père pour qu'il prenne soin d'elle efficacement avec conscience et énergie. Il était à peine capable de s'occuper de lui. Sa dépression compromettait sérieusement ses relations avec sa fille. À cause de ce lien avec un parent déprimé, Cindy a développé une volonté acharnée à prendre soin d'elle-même et à ne se fier à personne, surtout pas aux hommes. Elle affichait une féroce indépendance et une grande intolérance envers la passivité et l'indigence des autres. Elle s'était promis très tôt de ne jamais se retrouver coincée dans les mailles du filet.

❖ ❖

Le silence assourdissant

Après un divorce, il est possible que le monde se transforme de manière draconienne, et un de ces changements est que vous êtes encore plus seul. La maison est calme et parfois les enfants sont absents pendant de longues périodes de temps. Périodiquement, le silence remplace le vacarme habituel d'un ménage animé, et il n'y a personne avec qui interagir ou parler, à qui raconter votre journée ou une histoire drôle, ou simplement avec qui regarder la télévision. Beaucoup d'individus supportent très mal cette tranquillité qui éveille chez eux un sentiment de solitude.

Certains parents cherchent à contrer la solitude en s'affairant — peut-être même trop. Ils s'inscrivent à toutes sortes d'activités et s'arrangent pour être le plus possible à l'extérieur de la maison. Certains s'organisent pour travailler plus. Ils justifieront ce choix en prétextant qu'ils ont besoin de revenus supplémentaires, et qu'ils doivent compenser le temps passé au tribunal ou consacré aux soins des enfants. Mais la véritable raison en est souvent le silence assourdissant de la solitude.

D'autres battent tout simplement en retraite et ne s'engagent dans rien. Ils rejettent les invitations et demeurent à la maison. Ils disent qu'ils ne sont pas prêts à sortir, mais c'est aussi parce qu'ils ont peur. La solitude peut sembler rassurante après un moment. C'est probablement plus facile que de prendre le risque de construire une nouvelle vie. L'investissement de leur entourage est habituellement nécessaire pour les sortir de leur retranchement à la maison et au travail.

Certains deviennent plus dépendants de leurs enfants, de leur famille élargie et de leurs amis intimes. Ils peuvent même faire peser sur les enfants le poids de leur solitude. Ils donnent peut-être l'impression qu'ils sont des parents merveilleusement engagés puisqu'ils ne manquent jamais un événement, une pratique, ou presque tout ce qui implique leurs enfants, mais ils sont souvent toujours incapables de commencer à penser à se bâtir une nouvelle vie. Vous pouvez imaginer qu'un seul enfant peut signifier une certaine quantité d'activités, mais des familles de deux, trois enfants ou plus peuvent occuper un parent presque à temps plein, même s'ils ne sont pas censés être avec les enfants. Les familles élargies procurent aussi un filet sécuritaire et commode contre la solitude de l'après-divorce. Ceux qui sont assez chanceux pour habiter près de la famille se sentent probablement plus tranquilles avec les familles de leurs frères et sœurs, et même avec leurs parents âgés.

Tant de choses peuvent nous distraire du silence, mais une importante dimension du divorce consiste à s'habituer à vivre seul. C'est malheureusement un élément très peu prévu dans le processus d'après-divorce. Pour bien des raisons, les gens ne se sentent pas tellement à l'aise de demeurer seuls et ont besoin des autres pour les distraire de cette anxiété, du silence et de la solitude.

Bon sang, que je suis content que tout soit fini !

Après le divorce, les parents peuvent se sentir vraiment soulagés quand le mariage et le processus du divorce prennent fin. C'est particulièrement vrai lorsque les parents vivent un divorce plus conflictuel, qui fait l'objet d'un litige et qui implique un désaccord important. Certains parents ont aussi l'impression qu'eux et leurs enfants se sentiront mieux après le divorce, et s'efforcent de conclure le processus aussi rapidement que possible.

Certains ont l'impression que ces parents sont froids et insensibles, mais il est possible qu'ils aient commencé depuis un bon moment à se détacher de leur mariage. La relation était peut-être agonisante longtemps avant le début des procédures judiciaires, un peu comme s'ils avaient vécu avec une personne atteinte d'une maladie terminale. D'un autre côté, vous êtes reconnaissant pour les moments que vous passez avec elle, mais vous vous sentirez peut-être soulagé au moment de son décès, qui aura pour effet de mettre un terme à sa souffrance et à votre attente que tout soit enfin fini. Votre situation ne sera plus la même, et vous avez le loisir d'aller où vous avez besoin d'aller. De la même manière, le divorce est l'aboutissement d'un chapitre de notre vie, et devient un point de départ pour un nouveau commencement.

On ressent fréquemment un sentiment de soulagement, ce qui ne devrait pas susciter la honte ou la confusion chez les gens en instance de divorce. Il est parfaitement raisonnable et acceptable de ressentir du soulagement en même temps que de la tristesse à la fin d'un mariage.

LES ÉMOTIONS DE L'ENFANT

Bien sûr, les sentiments de vos parents ne constituaient qu'une seule composante des conséquences émotionnelles du divorce. Le divorce a aussi eu un impact sur *vos* sentiments. De fait, cet ensemble de conséquences émotionnelles peut avoir des effets des plus durables et des plus profonds sur vous, même comme adulte. Certains de ces sentiments peuvent différer de ceux de vos parents, alors que d'autres peuvent leur ressembler.

Le miroir

Comme enfant du divorce, il est possible que vous viviez les mêmes sentiments que vos parents, peut-être même plus difficilement si ceux-ci sont sérieusement atteints par leurs propres réactions émotionnelles. Il est donc essentiel de déterminer la nature de votre propre traumatisme d'avant et d'après le divorce. Il sera plus facile de vous aider si vos symptômes sont traités tôt et si vous connaissez la gamme des émotions avivées par le processus du divorce. Mais les enfants sont souvent influencés par leurs parents, et si votre parent affecté était trop résolu pour chercher de l'aide, vous pouvez avoir retenu la mauvaise leçon. Par exemple, il est possible que vous ayez appris à cacher vos sentiments et à masquer le fait que vous étiez seul pour faire face à la situation. Vous vous dites peut-être : « Pourquoi demanderais-je de l'aide? Cela ne changera rien de toute façon. » Ou vous pouvez avoir compris que non seulement le divorce est final et transforme votre vie, mais qu'il est aussi insurmontable. Les parents qui reconnaissent l'interférence de leurs propres symptômes et qui réussissent à trouver l'aide qui leur convient ouvrent à leurs enfants l'accès à de nouveaux espoirs et à de nouveaux rêves pour un avenir différent — peut-être même un avenir meilleur. Les parents en difficulté peuvent nuire à leurs enfants et limiter ou même néantiser leur capacité de surmonter le divorce de leurs parents.

L'héritage de la perte

Pour vous aider à mieux comprendre la fin du mariage de vos parents, on peut faire une analogie avec la mort. C'est la fin de ce qui était censé être, la fin des traditions, la fin des projets tant chéris, et la fin de l'unité familiale dans son ensemble. Les réactions d'un enfant peuvent s'apparenter à celles que peut provoquer la mort d'un parent ou une fin traumatisante. Comme dans tout processus de deuil, on traverse les mêmes émotions, incluant le déni et l'incrédulité, la colère, la tristesse, et finalement (mais pas toujours) l'acceptation.

Les enfants qui vivent la perte d'un parent ou d'un être cher sont exposés au concept adulte de la perte plus tôt que leurs pairs. Ils sont parfaitement conscients que la fin réside dans tout. Ils se familiarisent avec des problèmes et des événements que leurs amis du même âge ne peuvent même pas saisir. Ils connaissent la maladie, la soudaineté des changements dans la vie et les dures réalités du monde adulte. Ils sont forcés de grandir rapidement, assumant souvent de plus en plus de rôles et de positions adultes, dans leur propre famille et parfois avec d'autres dans le monde extérieur. Ils sont catapultés dans un nouvel avenir et doivent abandonner nombre de leurs vieux rêves et de leurs anciens idéaux. Ils mûrissent plus rapidement, et leur exposition au monde des adultes se situe bien au-delà de ce qu'on pourrait s'attendre ou certainement souhaiter à leur égard.

Les enfants du divorce ne sont pas très différents. Ils sont aussi poussés à grandir trop vite et trop tôt. Ils font face à la perte des rêves familiaux et des espoirs pour l'avenir. Leurs propres rêves sont anéantis aussi bien que ceux dont leur parlaient leurs parents lorsqu'ils étaient encore ensemble. Leur monde est retourné sens dessus dessous, et ils ont besoin de direction et d'orientation pour mettre en place les morceaux du nouveau casse-tête de leur famille. Ils ne sont pas protégés contre la perte de leur idéalisme et de leur foi que leurs parents pourront toujours arranger les choses. Peu importe la réalité, vos parents ne pouvaient tout simplement pas recréer le monde d'avant ni celui qu'il était censé être. Ils ne pouvaient probablement pas éviter de vous exposer à leur propre vulnérabilité et à leur inhabileté à restaurer votre ancien monde. Vos parents savaient probablement que votre souffrance était incontournable, une situation que les parents n'infligent habituellement pas à leurs enfants de manière consciente. Si vos parents ont traversé l'épreuve en s'appuyant sur l'évitement et le déni, ils ne vous ont probablement pas permis d'exprimer et de résoudre vos sentiments des plus complexes. Cela signifie qu'il est possible que vous ressentiez encore maintenant d'intenses sentiments de perte.

La bonne manière

Les enfants du divorce peuvent apprendre beaucoup sur l'expression des émotions par l'exemple de parents qui s'efforcent de gérer les leurs de la bonne manière. Personne ne s'attend des parents qu'ils agissent correctement cent pour cent du temps, et c'est la même chose pour leurs enfants. Après tout, les enfants voient leurs parents réagir à divers événements de différentes façons qui sont loin d'être parfaites. D'un autre côté, les parents peuvent enseigner à leurs enfants de formidables leçons s'ils sont capables d'exprimer clairement leurs sentiments, sans le faire de manière accablante. Les parents ont aussi besoin de comprendre le niveau de développement de leurs enfants de sorte que l'information et l'émotion soient trans-mises d'une manière appropriée à l'âge de l'enfant. Trop sou-vent, les parents présentent une information trop détaillée, trop complexe, trop dramatique, trop obscure ou trop hypothétique. Si c'est le cas pour votre famille, il est possible que vous éprou-viez de la confusion à force d'avoir essayé d'interpréter ce que vous avez entendu, ou vous pouvez avoir été en proie à une anxiété inutile au sujet de situations hypothétiques qui ne se sont jamais réalisées.

Il est important que les enfants comprennent la gamme des émotions vécues par les parents durant et après un divorce. Les parents rendent un mauvais service à leurs enfants s'ils les empêchent de percevoir l'éventail normal des sentiments et ne donnent pas à chaque enfant l'occasion de s'exprimer sur les motifs qui provoquent ces sentiments et sur la manière de les vivre efficacement. Le silence à propos de la rupture peut être assourdissant, faisant en sorte que les enfants du divorce sont portés à croire que leurs sentiments sont erronés ou trop inten-ses pour que les parents soient en mesure d'y faire face. Plus tard, ces enfants sont susceptibles d'éprouver de la difficulté à exprimer des émotions de manière appropriée avec d'autres per-sonnes dans leurs propres relations futures. D'un autre côté, lorsque les parents sont capables de partager leurs réactions émotionnelles sans avoir besoin que l'enfant prenne soin d'eux, cela peut donner une excellente impulsion à la fois aux parents et aux enfants du divorce pour qu'ils guérissent et reprennent le cours de leur propre vie de manière productive et efficace. Il peut être vraiment réconfortant de reconnaître que la plupart des sentiments vécus dans le contexte sont tout à fait normaux et qu'ils peuvent être partagés par l'ensemble de la famille.

En résumé, comme enfant du divorce, vous avez probable-ment été affecté de manière significative par la vie émotionnelle de vos parents, autant avant qu'après le divorce. Il est possible que vous ayez vécu ce que vos parents avaient de pire à offrir. Comme adulte, vous pouvez vous centrer sur les pertes, ou acquérir plutôt de la force et du courage à mesure que vous vous défaites des fausses croyances que vous avez développées comme enfant, pour ensuite intégrer les changements et le savoir expérientiel que vous aurez acquis. Si vos parents ont présenté le divorce comme un événement horrible et générateur de circonstances dévastatrices, vous vous sentez probablement apeuré et sans protection. Par contre, si vos parents vous ont présenté le divorce comme un événement triste, mais comme une partie nécessaire de la vie, et s'ils ont démontré qu'ils étaient capables de bien s'en sortir, ils vous ont transmis un cadeau extraordinaire. Les parents en instance de divorce peuvent enseigner à leurs enfants à faire face à des sentiments difficiles et à les utiliser de manière constructive pour vivre une vie meilleure et plus heureuse. La bonne manière enseigne la compassion, la responsabilité, la détermination, la créativité et l'attention aux autres. L'autre façon retarde le rétablissement de la famille et vous emprisonne dans la mire de leur divorce. Comme adulte, il est possible et important pour vous de commencer à vous extirper du piège de ces émotions anciennes et de construire une vie en harmonie avec vos propres visées. Cette nouvelle vie pourrait et devrait même inclure des relations engagées et saines, et même un mariage durable. Comme première étape, vous devriez savoir qu'il est bien de vous laisser aller et d'éprouver des sentiments. Le divorce apporte son propre assortiment d'émotions indéniables. Il est impossible de les éviter, mais elles ne doivent pas non plus constituer une entrave à la mise en place d'un avenir positif et de relations positives.

3

DRAME OU TRAUMATISME?

Les enfants découvrent que leurs parents divorcent suivant différents modèles. Certains enfants relativement inconscients des préoccupations de leurs parents sont surpris lors de la fin peu houleuse d'un mariage. Par contre, l'annonce de la nouvelle peut frapper comme un orage en plein été — subit et violent. Ces enfants n'étaient pas non plus vraiment au courant des problèmes de leurs parents jusqu'à ce que, un jour, on lance le mot « divorce » et que, à partir de ce moment, leurs parents sont sur le pied de guerre. Pour d'autres enfants, le divorce est la conclusion normale de mois ou d'années de disputes et de bagarres entre les parents. Il est alors possible que ces enfants en soient venus au point où ils espèrent que leurs parents rompent simplement pour que cesse la violence verbale (et parfois physique).

Il existe aussi de nombreuses façons par lesquelles les enfants découvrent les détails du divorce et le sort qui les attend. Dans certaines familles, les parents ont de la difficulté à trouver une façon de révéler la vérité aux enfants. Ensemble, ils décident ce qui sera dit, qui prendra la parole et quand ils le feront. Ces parents sont généralement prêts à s'asseoir avec les enfants et à répondre aux questions escomptées. Les parents prédéterminent certaines réponses pour parer aux excès d'anxiété liée à l'inconnu. Ces questions peuvent toucher le lieu où vivront les enfants et le temps qu'ils passeront avec chacun des parents, de même que les motifs de la rupture.

Mais, dans d'autres familles, les parents sont tellement obnubilés par leurs émotions négatives qu'ils sont loin d'être en mesure de détecter les sentiments des enfants. Leur relation conjugale s'est dégradée, et ils ne sont pas prêts à collaborer. Dans ces cas, les enfants peuvent apprendre certains éléments du divorce de la bouche d'un seul parent à la fois. Ces enfants obtiennent des points de vue différents sur le « pourquoi » de la situation. Nombre d'incertitudes continuent à les hanter et souvent, dans une trop grande mesure, c'est le blâme et la colère d'un parent contre l'autre qui parviennent à leurs oreilles.

Lorsque les parents éprouvent des sentiments extrêmement déchirants, certaines ruptures peuvent même prendre une tournure encore plus dramatique que ce qu'on pourrait imaginer. Réfléchissez au divorce de vos parents pour un moment.

- Dans quelle mesure aviez-vous conscience des problèmes émotionnels de vos parents?
- À quelle fréquence étiez-vous témoin de manifestations de colère?
- Dans quelle mesure étiez-vous exposé à leurs souffrances?
- Jusqu'à quel point aviez-vous conscience des opinions de vos parents à l'égard de l'autre (spécialement lorsqu'elles étaient négatives)?
- Les gestes posés par un parent envers l'autre reflétaient-ils ses perceptions négatives à son sujet?
- Étiez-vous au courant de retards dans le paiement de la pension alimentaire?
- Avez-vous été témoin de disputes?

Au cours de notre pratique, nous avons vu des enfants qui avaient été témoins de l'arrivée de la police qui emmenait leurs parents lorsque les disputes devenaient violentes. Certains enfants ont entendu leur père traiter leur mère de « prostituée ». D'autres ont été informés par leur mère que leur père ne payait pas une pension alimentaire suffisante, ce qui démontrait, disait-elle, à quel point il se souciait peu d'eux. Certains enfants apprennent que leurs parents ont planifié leurs vacances en même temps, laissant les enfants choisir le parent avec qui ils veulent les passer. D'autres entendent un parent raconter avec jubilation comment il a enregistré l'autre parent sur vidéo pour utiliser cette preuve dans leur bataille pour obtenir la garde.

Vous pouvez constater à quel point chacune de ces façons d'agir est susceptible d'exacerber encore plus une situation déjà incroyablement intense et angoissante. Dans la réalité, il ne semble y avoir aucune limite à l'ampleur des drames auxquels sont soumis les enfants dans leur vie à cause du divorce de leurs parents. Comme professionnels de cette discipline, nous sommes constamment étonnés de constater que, chaque fois que nous croyons avoir entendu l'histoire la plus dramatique jamais vue, il y en a toujours une autre pour la surpasser.

Qui plus est, le drame ne se termine pas seulement au moment du divorce légal de maman et de papa, mais continue souvent par la suite. De fait, il est possible qu'il persiste toujours, même dans votre vie adulte. Les parents se disputent pour savoir qui conduira leur enfant à l'université. Ils décident de s'y rendre ensemble dans deux voitures, puis entreprennent une dispute importante à l'arrêt. Un parent divorcé menace de boycotter le mariage de son enfant si le nouveau conjoint de l'autre parent y assiste. Les enfants du divorce nouvellement mariés subissent la pression de quatre groupes de parents pour passer l'Action de grâces « dans notre maison ». Un père et un beau-père se battent à coups de poing à la bar mitzva de leur petit-fils. Est-il possible d'imaginer des drames plus ridicules? Absolument!

Malheureusement, le drame peut, et c'est souvent le cas, durer pendant des années. Il peut mener à des événements profondément bouleversants pour les enfants ou à un plus subtil traumatisme causé par des années d'hostilité et de conflit chroniques.

LA DÉPENDANCE PARENTALE AU CONFLIT

Comme nous l'avons mentionné dans le chapitre 1, certains parents semblent vraiment être affectés d'une dépendance au conflit. Ils se blâment l'un l'autre pour les disputes pratiquement continuelles. Ils se sentent peu ou pas du tout responsables de leurs propres actions lorsqu'il est question de leur comportement envers l'autre parent. Ils se disputent énormément sur des sujets insignifiants, et ils choisissent souvent de se quereller au lieu de communiquer entre eux, même lorsqu'une dispute ne sert pas les meilleurs intérêts de leurs enfants. Nous avons vu des parents oublier par mégarde d'aller chercher leurs enfants à l'école, puis prendre le temps de se disputer et d'accuser l'autre au lieu de se précipiter à l'école. D'autres parents ont pris les devants pour conduire leurs enfants à un traitement médical ou dentaire pour pouvoir continuer à se disputer sur le choix du meilleur médecin.

Lorsque nous parlons de *dépendance au conflit*, nous nous référons à des modèles de comportements qu'adoptent les parents, qui semblent mus par un besoin incontrôlable de s'engager dans des interactions hostiles qui n'en finissent plus. Ces parents peuvent avoir envers l'autre certains ou la majorité des comportements suivants :

- peu ou pas de communication positive ou productive avec l'autre ;
- fréquentes disputes pendant le court laps de temps qu'ils passent à communiquer ;
- batailles juridiques interminables ;
- exagération de problèmes insignifiants dans des disputes importantes ;
- difficulté à se transmettre l'un l'autre l'information de routine sur une base régulière ;

- piètre habileté à coordonner ensemble les activités de routine qui concernent l'enfant;
- blâmes fréquents de l'autre parent pour ses propres actions hostiles (par exemple « [l'autre parent] m'a provoqué à agir de cette manière à cause de son comportement exécrable »);
- difficulté à voir les attributs positifs de l'autre parent;
- refus d'accepter ou de retourner les appels téléphoniques de l'autre parent;
- difficulté à respecter l'amour de l'enfant pour l'autre parent et son besoin d'être aimé par lui.

Comme pour la plupart des dépendances, ce modèle de comportement l'emporte sur les habitudes normales des parents. Il s'ensuit une profonde divergence entre leur conduite et leurs points de vue sur le parentage, de sorte qu'ils agissent de manière incohérente par rapport à leur comportement habituel avec d'autres personnes et en d'autres circonstances. Cette dépendance dénature leur jugement et leurs actions, ce qui a souvent pour effet d'obscurcir leur évaluation des meilleurs intérêts de leurs enfants.

Qu'est-ce qui attise le conflit?

Il existe un certain nombre de facteurs susceptibles de conduire les parents à une « rechute », et par le fait même à leur désertion des enfants en ce qui concerne les soins communs à leur donner en tant que parents. Notons d'abord les facteurs émotionnels : la colère, la trahison et le manque de confiance, la déception, la peur et la tristesse, tout cela contribue à alimenter la lutte et à perpétuer le conflit. Souvent, l'ego des deux parents les empêche de se retirer du conflit parce qu'ils se disent en eux-mêmes : « Je ne suis pas pour le ou la laisser gagner. » Pourtant, ils ne se rendent souvent pas compte qu'il n'y a pas réellement de gagnants lorsque les parents sont en guerre. Tout le monde y perd, tout particulièrement les enfants.

Néanmoins, les parents continuent à se battre. Certains parents se querellent bien au-delà du divorce. Nous avons vu des parents présenter plus d'une centaine de requêtes après-divorce. D'autres parents nous arrivent avec des classeurs remplis de documents juridiques qu'ils ont accumulés dans les dix années qui ont suivi le divorce. La bataille fait rage en même temps qu'ils engagent de nouveaux avocats qui les aideront à mener la guerre. On dépense souvent l'argent réservé aux frais de scolarité universitaires pour nourrir cette dépendance. Certains parents sont forcés de déclarer faillite, leurs frais juridiques ayant consumé les épargnes de leur vie. Vos parents cherchaient-ils continuellement à obtenir un jugement de la cour en leur faveur ? Toutefois, qui a émis un jugement en votre faveur ?

De façon similaire, la communauté des praticiens en santé mentale envenime le conflit. Les thérapeutes encouragent leurs clients à demeurer forts contre un ex-époux dominant. Ils conseillent vivement à leurs clients de limiter leurs interactions avec leur ex-conjoint et de ne pas se laisser victimiser. Comment une telle approche peut-elle animer l'esprit de collaboration requis pour qu'ils puissent faire une œuvre commune autour des soins des enfants ?

Nous ajouterons finalement la famille élargie à ce mélange. Nous avons ici des systèmes de soutien parentaux qui, dès le début du divorce, se rallient à chacun des parents. Ils soutiennent le parent considéré comme une victime du caractère déraisonnable et parfois même « malfaisant » de l'autre parent. Imaginez la corvée de l'enfant qui rend visite à ces deux familles pendant la période des Fêtes. Quelques heures sont à peine passées avant qu'il n'entende : « Tu sais, ce que ton père a fait n'était pas correct. Nous savons que tu l'aimes, mais tu es maintenant assez grand pour comprendre. » Puis, l'enfant se rend à la maison de l'autre côté (n'est-il pas intéressant d'avoir appelé ça « l'autre *côté* ») pour entendre un autre parent qui lui veut simplement du bien lui dire : « Tu sais, il y a réellement deux côtés à chaque médaille. Comme tu es assez grand pour comprendre, tu dois te demander si ton père a fait ce dont ta mère l'accuse et pourquoi. Si les accusations de ta mère sont vraies, c'est qu'il devait avoir une très bonne raison. Je ne veux pas parler contre ta mère, mais d'où peut bien provenir cette raison? » Donc, en quelques heures, l'enfant apprend à quel point les deux parents ont agi de manière horrible. Quel magnifique temps des Fêtes! Un moment d'amour et un temps pour chérir la famille se transforment plutôt en une croisade visant à ternir l'image que l'enfant se fait de chacun de ses parents.

Bref, ces systèmes semblent détournés des intérêts des enfants et servent plutôt les désirs des adultes (bien que de nombreux professionnels du divorce, juges et familles élargies en soient mécontents). Tout le monde se dit centré sur le plus grand bien de l'enfant, mais souvent tout le monde jette plutôt de l'huile sur le feu du conflit parental, qui empêche les parents de s'unir pour prendre soin des enfants. Le conflit fait en sorte que les parents se concentrent sur la fin de leur mariage et de leurs relations comme époux plutôt que sur leurs futures responsabilités communes en tant que parents.

Évaluer la dépendance

Il est normal que les parents éprouvent un certain degré de conflit durant et à certains moments après un divorce. Cependant, lorsqu'il y a dépendance au conflit, l'accumulation des affrontements mène au dérapage. L'exercice 3.1 qui suit est une brève grille d'évaluation que vous pouvez remplir et conserver dans votre journal. Évaluez la fréquence des situations suivantes, au meilleur de vos souvenirs. Un 0 (zéro) signifie presque jamais et un 5 (cinq) veut dire presque toujours.

Exercice 3.1

_____ Mes parents se disputaient à mon sujet ou au sujet de mes frères et sœurs relativement à la période où nous devions habiter avec chaque parent.

_____ Mes parents étaient tellement occupés à se disputer qu'ils gâchaient des choses simples comme assister à l'une de mes activités, ou s'assurer que je me rende quelque part lorsqu'ils devaient se coordonner l'un l'autre.

_____ J'étais douloureusement conscient de l'amertume ou de la colère que mes parents éprouvaient l'un envers l'autre.

_____ J'ai entendu mes parents se disputer, même après le divorce.

_____ J'étais capable de manipuler l'un de mes parents en lui révélant quelque chose que l'autre parent avait dit, fait ou permis.

_____ J'avais l'impression que c'était à moi de prendre soin de l'un de mes parents ou des deux.

_____ Lorsque je passais d'une maison à l'autre, les rencontres avaient lieu dans des endroits publics parce qu'on ne pouvait pas faire confiance à mes parents afin qu'ils cessent de se disputer assez longtemps pour que la transition se fasse chez eux sans témoin.

_____ Un de mes parents (ou les deux) me parlait de ses préoccupations judiciaires ou financières, pour qu'il puisse justifier sa colère envers l'autre et blâmer l'autre pour ses problèmes financiers.

_____ Mes parents se parlaient rarement directement. Au lieu de cela, ils s'échangeaient des courriels, des notes, et autres communications de ce type.

_____ Mes parents prenaient des décisions unilatérales sans se consulter l'un l'autre.

_____ Faites le total des points récoltés. Plus votre score s'approche de 50, plus il est probable que vos parents avaient une dépendance au conflit.

L'impact de la dépendance au conflit

S'il y avait dépendance au conflit, celle-ci a certainement eu un impact sur vos parents (tout comme ce serait le cas pour le jeu ou l'alcoolisme dans sa forme chronique). Cependant, à l'instar des autres dépendances, elle a aussi un impact sur l'enfant. Les enfants aiment leurs deux parents, mais sont pris entre deux feux et au cœur de la bataille qui sévit entre eux; ils veulent que cette lutte prenne fin. Parfois, il semble qu'un parent est le principal coupable et que l'autre est la victime. Dans les deux cas, les enfants veulent que les deux personnes qu'ils aiment cessent leurs manœuvres visant à se blesser l'un l'autre.

Les enfants ont souvent l'impression qu'il existe certainement quelque chose à faire pour améliorer les choses. C'est ce qu'ils ont d'abord cru lorsqu'ils ont été mis au courant de la rupture. Ils peuvent penser : « Si je suis assez gentil, peut-être qu'ils ne divorceront pas? » Ou bien : « Si je tombe malade, peut-être que ça pourrait les ramener ensemble. » Ces pensées peuvent s'intensifier dans le cas d'un divorce très conflictuel, alors que les enfants n'essaient plus simplement de sauver un mariage — ils essaient d'empêcher leurs parents de se blesser l'un l'autre.

Pourtant, autant les enfants ne peuvent empêcher un parent de jouer ou de boire, autant ils sont incapables de mettre un terme à la dépendance au conflit de leurs parents. Si vous avez essayé, et essayé, et échoué, il est possible que vous ressentiez un certain degré de responsabilité ou de culpabilité par rapport aux problèmes de vos parents. Certains enfants se sentent tellement responsables ou coupables qu'ils peuvent sombrer dans la dépression ou même devenir suicidaires, alors qu'ils pensent : « Si je n'étais pas là, ils n'auraient pas à se battre comme ça pour moi. » Il ne s'agit pas d'une pensée rationnelle, même s'il est certainement facile de comprendre comment un enfant peut en venir à cette conclusion. Les parents ont donc le devoir de surmonter leur hostilité pour affranchir leurs enfants du conflit.

Si vos parents ont été incapables de mettre fin au conflit, vous êtes peut-être affligé par des sentiments de culpabilité, de dépression et d'anxiété. Vous pouvez découvrir que vous avez un tempérament plutôt explosif et que vous entretenez des relations tumultueuses avec les autres. Si le conflit était sérieux et durait depuis longtemps, vous pouvez même maintenant être pris dans un des plus sérieux pièges du divorce, quelque chose qu'on appelle « le syndrome d'aliénation parentale ».

LE SYNDROME D'ALIÉNATION PARENTALE

Nous n'avons pas choisi nos parents. Néanmoins, la plupart des gens découvrent que, malgré les fautes de nos parents, nous les aimons et nous nous soucions d'eux. Cependant, dans les divorces très conflictuels, les enfants sont toujours placés dans une situation où il semble avoir un parent préféré et, malheureusement, un parent mis au ban. De fait, les différences et les distinctions entre vos parents sont peut-être devenues si accentuées que vous en êtes venu à rejeter un parent ou un autre. La sévère condamnation d'un parent par un enfant porte le nom de *syndrome d'aliénation parentale.* Dans l'aliénation parentale, le parent rejeté est appelé *parent aliéné,* et le parent préféré, *parent aligné.*

Les experts de cette discipline commencent seulement à mieux saisir le phénomène complexe de l'aliénation parentale. Premièrement, on a pensé qu'il s'apparentait à un complot machiné contre l'enfant par le parent aligné, par lequel on lui faisait essentiellement subir un lavage de cerveau pour qu'il rejette l'autre parent. Cependant, plus récemment, des chercheurs ont émis l'hypothèse que l'aliénation parentale est beaucoup plus complexe (Kelly et Johnston, 2001). Outre les gestes posés par le parent aligné, le parent aliéné peut avoir vraiment participé d'une certaine manière à éloigner l'enfant. L'enfant peut se sentir en colère, blessé ou abandonné à cause du comportement du parent aliéné, duquel il lui est plus facile de se distancier. Deuxièmement, il peut sembler à l'enfant que le conflit entre ses deux parents est beaucoup trop difficile ou trop intense à supporter. L'enfant peut prendre parti contre un des parents pour éviter de subir ce conflit et de les voir en guerre. Certains enfants expriment leurs sentiments ainsi : « Si je ne fais que demeurer avec maman, je n'aurai pas à voir mes parents se battre. »

Il peut être difficile de vraiment comprendre de quelle façon se développe l'aliénation parentale dans une famille en particulier, surtout parce qu'il n'est pas aisé d'établir les faits sans les déformer. On peut toutefois facilement en saisir l'impact sur les enfants emprisonnés dans le processus.

L'impact de l'aliénation parentale

L'impact de l'aliénation parentale peut être très intense et persistant. Il peut se prolonger jusque dans la vie adulte et affecter d'autres relations importantes. Voici certains des effets communément rapportés.

Émotion intense

Le divorce provoque d'intenses émotions. Néanmoins, l'aliénation parentale est susceptible de les exacerber davantage. Non seulement l'enfant du divorce doit-il affronter la perte, le malaise, la colère et la tristesse occasionnés par la rupture, mais en présence d'aliénation parentale, il doit d'une certaine façon trouver le moyen de faire face à l'intensité de la colère et de la déception qu'il ressent à l'égard du parent aliéné, et même à la haine ouverte qu'il lui voue. Un enfant l'a exprimé ainsi : « Si mon père était attaché à un rail de chemin de fer et que le train s'en venait, je dirais au conducteur de la locomotive d'aller plus vite. » Nous n'éprouverions ce type de sentiment à l'égard de pratiquement personne d'autre. Il est réservé au parent aliéné. D'une certaine perspective, il est frappant qu'autant d'émotions négatives soient rattachées à une personne que l'enfant affirme ne pas aimer ou dont il prétend se ficher éperdument. Qui d'autre ferait surgir une émotion négative aussi intense ? De fait, on pourrait se demander si un tel degré d'émotion n'aurait pas son origine dans un amour plus profond, inconscient, sous-jacent pour ce parent, qui ne peut être ouvertement reconnu ni exprimé.

Une parentification accrue

De même que le parent aliéné peut être la cible de beaucoup d'amertume, une égale quantité d'affection peut être dirigée vers le parent aligné. Souvent, celui-ci est perçu comme la victime des gestes du parent aliéné. Il pourrait sembler que si le parent aligné est obligé, par exemple, de divorcer et de vivre dans de telles piètres conditions, ou d'être déprimé, ou de vivre des problèmes juridiques, et ainsi de suite, c'est la faute du parent aliéné. Qui peut aider le parent aligné ainsi victimisé ? C'est bien cela : l'enfant. Si l'enfant se joint au parent aligné, il aura peut-être l'impression que c'est à lui de le protéger contre le parent aliéné et de voir à ce que le parent choisi se sente mieux. Le parent peut de fait remercier l'enfant pour son aide, puis par la suite davantage lui confier ses malheurs, ce qui risque d'intensifier la parentification. Un adolescent travaillera après l'école, et remettra à maman l'argent gagné pour l'aider à payer ses dépenses. Tout cela parce que papa lui a tellement nui au cours des procédures du divorce et qu'il ne lui a pas donné assez d'argent pour vivre confortablement. Dans de tels cas, le parent aligné contribue involontairement au processus en jouant le rôle de la victime, en réponse aux gestes posés par le parent aliéné. En passant, le rôle de victime du parent aligné peut durer des années et des années, bien après votre entrée dans la vie adulte.

De la difficulté à développer des relations fiables

Les relations interpersonnelles significatives sont censées apporter de la sécurité. Pourtant, dans le cas de l'enfant enfermé dans une situation d'aliénation parentale, ces relations peuvent difficilement être qualifiées de sécuritaires. Si vous avez vécu une telle situation, vous pouvez avoir vu un parent porter cruellement atteinte à l'autre parent, et avoir eu l'impression d'être rejeté par un parent et d'avoir démesurément hérité de la responsabilité de prendre soin de l'autre parent. Où était la sécurité? Où était la confiance? Notre compréhension d'une relation fiable prend souvent sa source dans nos premières relations de l'enfance. Lorsque celles-ci sont déformées, nous pouvons facilement avoir une perception erronée des relations en général.

Une partie du problème repose sur le fait que l'aliénation parentale n'est pas aisément reconnaissable à l'intérieur de soi. De votre point de vue, cela peut équivaloir à un endoctrinement ou à un préjudice du fait que la situation semblait normale, naturelle ou justifiable pour cet individu. Même maintenant comme adulte, si vos contacts avec un parent et vos sentiments positifs à son égard sont pratiquement inexistants, la situation peut ne pas vous paraître bizarre ou dommageable, mais vous ressentez toujours le vide laissé par l'aliénation parentale.

❖ ❖ *Le point de vue de Tom sur les relations*

Tom a trente-deux ans et ses parents ont divorcé quand il en avait onze. Il s'agissait d'un divorce déchirant qui a mis trois ans à aboutir. Ses parents ont ensuite poursuivi les litiges, même après le remariage de son père. Les visites constituaient toujours un problème. Le père de Tom lui répétait continuellement que sa mère voulait l'empêcher de le voir. Il disait à Tom que sa mère lui avait laissé peu de biens après le divorce, et qu'il devait travailler en double pour boucler les fins de mois, sans parler du remboursement de ses énormes factures de frais juridiques. La mère de Tom niait tout cela, affirmant qu'elle aimait Tom et qu'elle voulait simplement le meilleur pour lui. Elle disait qu'elle s'était battue pour lui pendant le divorce parce qu'elle voulait être capable d'élever son « petit garçon » et que les enfants devraient être avec leur mère. Pourtant, déchiré entre ses deux parents, Tom a grandi dans la haine de sa mère pour tout ce qu'elle avait fait endurer à son père et pour ses multiples tentatives d'intervenir dans sa relation avec son père.

Une fois rendu à l'âge adulte, Tom s'est promené d'une relation à une autre. Il a suivi un programme pour personnes alcooliques et toxicomanes après avoir été reconnu coupable d'avoir conduit sa voiture avec facultés affaiblies. En décrivant son histoire sociale, il a confié : « Qui a besoin d'une relation à long terme? Les femmes visent toutes la même chose. Elles ne veulent que se servir de vous, se donner du bon temps à vos dépens, et passer à quelqu'un d'autre. Je ne m'y fierais jamais. Les relations sont toutes les mêmes. Elles durent jusqu'à ce que chaque personne obtienne ce qu'elle veut de l'autre, et aussitôt que le plaisir est passé, c'est terminé. Vous ne pouvez tout simplement pas vous fier aux femmes. Contez-leur votre histoire et elles la raconteront à leurs amies. Montrez que vous êtes faible et elles vous dévoreront tout cru. »

❖   ❖

LE DÉMÉNAGEMENT

Les parents qui déménagent loin l'un de l'autre causent un traumatisme différent mais important aux enfants du divorce. Lorsque vos parents ont divorcé, vous vous êtes adapté à avoir deux maisons et à ne pas voir vos parents ensemble. Peut-être avez-vous dû vous adapter à deux nouveaux foyers ou à fréquenter une nouvelle école. Vous pouvez même avoir dû vous habituer aux nouvelles relations de vos parents (vous avez encore à l'esprit le premier nouveau « copain » ou la première nouvelle « copine »). Tous ces événements sont survenus en même temps que vous fréquentiez l'école, que vous grandissiez, et que vous deviez affronter les exigences normales de l'enfance. Puis, un jour, un de vos parents vous dit qu'il a quelque chose de « merveilleux » à vous confier. « Nous avons la chance de déménager! », lance-t-il. Il s'agit d'un nouvel emploi, d'une meilleure maison, d'une meilleure école, d'une famille plus élargie, ou de quelque autre raison indiscutablement justifiable.

Il est enthousiaste et excité. Qu'est-ce que cela signifie pour vous ?

Cela peut signifier une ou plusieurs des situations suivantes :

- Mes parents se préparent à se bagarrer encore une fois à propos de l'endroit où je vais habiter.
- J'aurai encore à m'adapter à un autre endroit où habiter.
- Je verrai un parent moins souvent.
- Je devrai passer beaucoup plus de temps dans la voiture (ou dans un avion) seulement pour voir un de mes parents.
- Un de mes parents me dit déjà à quel point je lui manque. Qu'est-ce qui va arriver maintenant ?

Souvent, ce parent est heureux à l'idée de déménager. Comment se sent l'enfant ? Son anxiété, sa colère et sa dépression peuvent encore s'intensifier, avec la saga du divorce qui se rejoue dans la bataille au sujet du déménagement. Les avocats peuvent être à nouveau appelés à intervenir. La participation de l'enfant pourrait même être requise dans l'évaluation de la garde parentale, encore une fois. Pire encore, si les parents entament des poursuites et des recours en justice, la décision peut prendre de six à douze mois ou plus à être prononcée.

Finalement, c'est le déménagement. Si vous avez déménagé, votre vie s'est transformée de manière dramatique. Vous avez passé plus de temps à voyager d'un parent à un autre. Vous avez passé moins de temps avec un parent. La fréquence de vos contacts réguliers entre vous et vos parents s'est restreinte, puisque vous passiez plus de temps avec l'un ou l'autre parent. Dans le cas d'un déménagement à une grande distance, certains enfants passent l'année scolaire avec un parent et l'été avec l'autre. Vous aviez deux groupes d'amis et des vies parallèles dans deux villes différentes ou deux provinces différentes. Vous n'aviez de sentiment d'appartenance à aucun des deux endroits. Encore une fois, vous pouviez avoir l'impression que vous perdiez un parent, ou même le contrôle de votre vie à la maison (juste comme les choses commençaient à s'arranger).

En bref, un déménagement peut constituer un bouleversement majeur qui contribue au sentiment traumatisant que le monde n'est pas un endroit sécuritaire et qu'on ne peut pas se fier à toutes les promesses qu'on vous a faites (par exemple, celles se rapportant au divorce). La vie ne s'est pas améliorée. Il ne s'est pas avéré que vous passiez autant de temps avec vos deux parents. Il n'est pas vrai que vous aviez deux maisons entre lesquelles vous pouviez facilement faire la navette. Maman et papa n'en avaient pas du tout terminé avec les batailles et les blessures du divorce.

Déménager plus près

Il arrive que les parents déménagent pour être plus près l'un de l'autre. Il peut certainement s'agir d'une expérience de réunification pour l'enfant dont les parents se trouvaient géographiquement séparés par une bonne distance, et qui habitent maintenant la même ville. Vous avez alors un seul groupe d'amis, vous jouez dans la même équipe de soccer que vos amis de l'école, et vous voyez maman et papa plus fréquemment.

Malheureusement, si cette situation est mal gérée, un déménagement rapproché peut constituer une autre occasion pour l'enfant d'être emprisonné dans le conflit de ses parents. Dans le cas d'un divorce très conflictuel, la distance géographique entre les parents signifie à certains moments des contacts peu fréquents, et du temps restreint pour les conflits. Lorsque l'un des deux parents déménage plus près, il peut sembler au parent résidant que l'autre empiète sur « son » territoire. Le fait que le parent jadis éloigné ait maintenant la possibilité de vous voir plus souvent peut ranimer la bataille relative au calendrier parental. Cela vous vaudra peut-être aussi un retour dans le bureau de la personne chargée de l'évaluation de la garde parentale, qui décidera avec qui vous habiterez et quand vous le ferez. C'est comme si les décisions de vos parents continuaient de vous compliquer la vie et de faire rejouer sans arrêt le scénario du divorce.

❖ ❖ *Sans racines*

Mary avait huit ans quand ses parents ont divorcé. Son frère en avait six. Un des motifs du divorce tenait au fait que le père de Mary, un avocat, avait décidé d'accepter un emploi à l'extérieur de la province. Les deux parents s'étaient entendus pour que Mary, son frère et sa mère suivent après l'été. Mais les choses ne se sont pas passées ainsi, sa mère ayant plutôt demandé le divorce un mois après le départ du père. Puis les trajets sur de longues distances ont commencé.

Les parents de Mary se sont systématiquement disputés à propos du plan de parentage, de la garde, et d'à peu près tout ce qui se rapportait au calendrier des visites. Mary et son frère voyaient leur père un week-end sur deux et pendant la majorité des vacances scolaires. L'été, ils se rendaient à sa maison pour tout un mois. C'était un trajet aller d'environ quatre à cinq heures. Mary détestait ce voyage. Son père a tenté de rendre le parcours moins fastidieux, mais rarement avec succès. Parfois, son père venait les voir et demeurait dans un hôtel près de la maison de leur mère. Pendant les « week-ends chez papa », les parents de Mary se rencontraient habituellement à environ une heure de la maison de leur mère et échangeaient les enfants tous les vendredis et les dimanches soir.

Mary était toujours fatiguée. Par-dessus tout, pendant ces week-ends où elle se rendait pour voir son papa, elle ne pouvait pas vraiment s'inscrire à des activités dans la ville où elle résidait, aller aux fêtes d'anniversaire de ses amis, ou juste se détendre après l'école. L'horaire de papa était très structuré et très planifié, de telle façon qu'il restait peu de place pour des changements qui tiennent compte des projets de Mary. À mesure qu'elle grandissait, Mary a commencé à refuser de se rendre chez son père, parce que cela interférait avec ses études, ses sports et ses sorties. Son père lui manquait beaucoup, mais elle avait l'impression que le conflit entre ses parents et leur réti-

cence à trouver une solution valable ne lui laissaient aucun autre choix.

Comme adulte, Mary est devenue presque casanière, et s'est mise à faire de l'anxiété lorsqu'elle s'éloignait de sa résidence. Par-dessus tout, elle avait de la difficulté à établir des relations durables avec les autres, spécialement les hommes, de peur qu'ils ne la quittent. Fréquemment, elle était celle qui mettait fin aux relations avant qu'on la laisse.

Lorsque Mary s'est mariée, elle s'est construit son propre foyer pour la vie. Elle était une mère au foyer, bénévole à l'école, et participait toujours aux événements de sa communauté. Sa maison était impeccable. Lorsque son époux a perdu son emploi et a dû chercher du travail dans d'autres régions, à plus forte raison dans d'autres provinces, elle a sombré dans une dépression importante nécessitant la prise de médicaments et une psychothérapie. La famille a dû déménager pour s'adapter au nouvel emploi de son conjoint, mais l'intégration dans son nouveau foyer et sa nouvelle communauté a été pour Mary un moment très pénible.

Vous rendez-vous compte à quel degré l'expérience de Mary dans son enfance durant le divorce de ses parents a modelé sa perception d'un foyer et d'une famille? Son propre manque de racines sécuritaires a engendré chez elle le sentiment d'être déconnectée et déstabilisée, et c'est pour cette raison qu'elle cherchait désespérément un cadre stable. La façon dont ses parents ont restructuré le déménagement l'a privée de la capacité de faire face aux événements normaux associés au nouvel emploi et au déménagement que requérait la carrière de son époux.

❖ ❖

AUTRES DRAMES DU DIVORCE

Certaines expériences quotidiennes marquent les enfants jusque dans leur vie adulte. En lisant les deux exemples qui suivent, réfléchissez à l'impact à long terme de ces événements sur les enfants. Comment ces enfants se sentaient-ils à ce moment-là? Comment ces événements ont-ils affecté ces enfants en tant qu'adultes? Comment vous seriez-vous senti si vous aviez été l'un de ces enfants et que vous aviez connu de semblables circonstances?

❖ ❖ *La surprise de l'heure du lunch de Frank*

Frank était en cinquième année. Ses parents étaient séparés depuis environ une année et vivaient à environ quarante-cinq minutes de distance. Le lundi, après avoir passé le week-end avec son père, il s'est assis pour luncher avec son groupe habituel d'amis. Son père lui préparait toujours un bon lunch et bon Dieu! que Frank avait faim. Ses amis se tenaient tout autour pendant qu'il étendait impatiemment le bras dans son sac à dos et en retirait son lunch. Juste à ce moment, ses sous-vêtements sont tombés sur la table! C'est bien ça, ses sous-vêtements, juste ici sur la table de la cafétéria. Pendant des années, ses amis ont eu des heures de plaisir à l'embarrasser avec des commentaires malins, disant qu'ils ne voulaient pas partager son lunch, puis prévenir les filles que Frank aimait qu'elles devraient faire attention aux « objets » spéciaux qu'il transportait dans son sac à dos. Frank ne pouvait croire, avec le recul, que son père avait été tellement obligé de retourner les sous-vêtements de son fils à sa mère qu'il avait dû les mettre dans son sac à dos.

❖ ❖

❖ ❖ *Vingt questions*

Un jour, Lisa (qui avait neuf ans) se trouvait chez sa mère et une femme qu'elle ne connaissait pas est venue leur rendre visite. Elle a dit à Lisa qu'elle voulait lui parler et lui poser certaines questions sur ses parents et sur leur divorce. La mère a expliqué à sa fille qu'elle devait être très honnête et tout lui dire, et qu'elle devait lui confier tous ses sentiments. Ensuite, elle est allée dans sa chambre et a fermé la porte. La femme et Lisa ont parlé pendant un moment, et la fillette a montré sa chambre à la dame. Pendant qu'elles parlaient, la dame a posé des questions sur les parents de Lisa et lui a demandé dans quelle mesure elle était proche de chacun d'eux. Lisa lui a dit comment elle et son père aimaient se chatouiller l'un l'autre. Elle lui a dit que, lorsqu'elle rendait visite à son père, ils se blotissaient l'un contre l'autre le soir dans le lit jusqu'à ce qu'elle tombe endormie, parfois dans son propre lit et parfois dans le sien. Lisa et la femme ont parlé un peu plus longuement, puis la dame est partie. Après cela, les choses n'ont plus jamais été les mêmes. Lisa a vu son père beaucoup moins souvent, et quand cela arrivait, la visite se tenait dans un centre spécial pour personnes divorcées, muni d'un miroir d'observation. Le père de Lisa était toujours gentil, mais il semblait très triste et, après cet épisode, il ne lui a plus témoigné d'affection. C'est seulement plus tard quand elle a grandi que Lisa s'est rendu compte que sa mère avait parlé à une personne de la protection de la jeunesse. Cette personne a alors décidé que les visites du père de Lisa devaient être supervisées. Lisa ne pouvait croire qu'elle avait fait cela. Mais pire encore, elle ne pouvait croire qu'elle était la cause d'une telle souffrance envers son père. Il n'avait fait que l'aimer. Lisa avait révélé quelque chose qui l'avait éloignée de lui. Elle se sentait idiote, et avait l'impression d'avoir été trahie.

❖   ❖

AUTRES TRAUMATISMES ET AUTRES PERTES

Alors que le divorce et les problèmes qui l'accompagnent peuvent compter parmi les événements les plus stressants, la vie suit son chemin et peut occasionner d'autres stress et d'autres traumatismes en cours de route. La parenté, les amis et même les animaux de compagnie peuvent tomber malades et mourir. D'autres proches peuvent partir de diverses manières. Il y a les déceptions sociales, les professeurs injustes, et les amis qui vous laissent toujours tomber. Vous pouvez avoir vous-même souffert d'une maladie grave, ou d'événements de la vie extrêmement bouleversants, ou d'abus, ou de traumatismes d'autres sources. Tout cela peut faire rejouer les dynamiques du divorce, alors que vous cherchez du soutien auprès de vos parents.

Dans un système familial sain, les parents soutiennent l'enfant. L'enfant ressent à l'intérieur de lui l'amour et l'intérêt que lui vouent ses parents, de même que la force émotionnelle qui les habite. Lorsque la route est cahoteuse, il peut se dégager un sentiment ou une attitude dénotant que « nous pouvons nous en sortir et nous le ferons ensemble ». Ce peut aussi bien être le cas dans une famille divorcée. Dans une famille en particulier, l'un des grands-parents de l'enfant se mourait. Les deux parents ont établi une stratégie pour informer l'enfant de la situation. Les parents résidaient à plus de trois heures de trajet l'un de l'autre, pourtant, ils ont pu reconnaître que la mort de l'un de ses grands-parents constituait une perte majeure pour leur enfant. Peu importe si c'était le parent de maman ou de papa qui mourait. L'important pour eux était que leur enfant vivait une perte douloureuse, et ils voulaient le réconforter le mieux possible. Et ils en ont, en fait, été capables sans lutte de pouvoir ni stress excessif.

Dans des systèmes familiaux malsains, la perte peut se dérouler tout autrement. Si vous avez vécu un traumatisme ou subi une perte dans votre enfance, réfléchissez et posez-vous ces questions :

- Mes parents ont-ils fait de la perte *leur* problème ? Était-ce à propos d'eux ou de moi ?

- Me suis-je parfois senti blâmé pour la perte ou le traumatisme ?

- Avais-je l'impression d'être égoïste lorsque j'étais affecté par la situation ?

- Mes parents se disputaient-ils à propos de la situation ?

- Mes parents me réconfortaient-ils assez ?

- Mes parents collaboraient-ils pour s'assurer que j'aie tout ce dont j'avais besoin?

Si vous avez répondu oui aux quatre premières questions et non aux deux dernières, vous avez vécu dans un système familial très conflictuel dans lequel vos parents avaient par conséquent de la difficulté à se centrer sur vous, l'enfant. Non que vous n'étiez pas aimé ou pas important. La réalité est que leurs problèmes et leur dépendance au conflit déformaient leur but, faisant en sorte qu'il était plus difficile pour eux de porter attention à vos besoins.

En bref, le drame et le traumatisme peuvent vous avoir appris que le monde est un endroit angoissant et que la famille ne constitue pas un lieu fiable pour obtenir réconfort et protection. Au lieu de voir vos parents collaborer pour vous protéger, il est possible que vous les ayez vus s'attaquer l'un l'autre. Il s'agit d'un apprentissage important, qui ne concerne pourtant qu'un système familial unique — celui dans lequel vous avez grandi. Ce qu'on oublie aisément, c'est que la somme totale de vos expériences se rapportant à la famille et aux relations significatives de votre enfance prend essentiellement racine dans votre situation familiale particulière. Bien des enfants qui ont grandi dans des familles dépendantes des conflits ou autrement atteintes ne veulent pas prendre le risque de s'exposer à davantage de douleur. Les pertes les ont trop fait souffrir, et ils ne croient pas que leurs propres relations adultes puissent être durables, sécuritaires, et épanouissantes. Mais la lecture de ce livre et le travail suggéré peuvent constituer votre première étape vers une prise de conscience qu'il vous est *possible* de construire une vie et un amour solides et sains — et que vous le méritez.

4

LES CONFLITS DE LOYAUTÉ : COMMENT CHOISIR ?

Lorsque vos parents ont divorcé, leurs réseaux de soutien se sont ralliés autour d'eux et les ont aidés à faire face à d'innombrables choix. Comment répartirait-on l'argent ? Où logeraient-ils ? Qui prendrait quel meuble ? Ils ont même dû décider avec qui vous habiteriez et quand. Même si certaines de ces décisions ont pu être difficiles à prendre et leur déchirer le cœur, leurs amis et leur famille et, bien sûr, les avocats dans leur camp les soutenaient durant le processus du divorce.

Malheureusement, peu de personnes portent attention aux choix avec lesquels les enfants concernés sont aux prises. Il est absolument impossible pour des enfants d'effectuer certains de ces choix. D'autres sont des choix plus subtils qu'on ne devrait pourtant pas confier à des enfants. De toute façon, ces choix placent les enfants dans des situations difficiles qui provoquent chez eux des sentiments semblables à ceux de leurs parents, tels que l'anxiété et la colère (comme nous en avons discuté au chapitre 2). Dans la deuxième partie de ce chapitre, nous explorerons ces sentiments un peu plus en profondeur.

On trouvera ci-dessous certains choix qui ont été exigés des enfants. À mesure que vous les lirez, évaluez à quel point certains de ces choix sont semblables à ceux que vous avez dû vous-même effectuer. Quels éléments de ces situations rendent ces choix si difficiles?

- « J'étais le cadet de deux enfants. Le juge a d'abord parlé à ma sœur et lui a demandé avec qui elle voulait habiter. Elle a choisi notre père. Le juge s'est ensuite tourné vers moi et m'a posé la même question. Je voulais aller avec mon père, mais j'ai senti que je devais choisir ma mère. »

- Un parent dit à son enfant : « Écoute, ce sera notre secret. Peu importe ce qui arrive, ne dis pas à ta mère que mon amie a dormi chez moi la nuit dernière. Ça l'inquiéterait sans raison. »

- « Ils m'ont demandé si j'aimerais continuer à aller à l'école avec mes amis et habiter avec papa, ou aller dans une nouvelle école et vivre avec maman. »

- « À la fin de mon concert, ma mère et mon père se trouvaient dans des côtés opposés de l'auditorium. Est-ce que je devrais aller vers maman d'abord, ou devrais-je aller vers papa puisque c'est la soirée où nous sommes ensemble ? »

Vous pouvez constater que de tels choix sont susceptibles de donner aux enfants l'impression d'être tiraillés entre leurs parents. Quel que soit leur choix, les enfants sont perdants, même si ce sont eux qui ont la décision entre leurs mains. Cette situation est beaucoup trop difficile à résoudre pour n'importe quel enfant.

Exercice 4.1

Pensez à certains choix qui ont mis votre loyauté envers l'un de vos parents ou les deux à l'épreuve, pendant ou après leur divorce. Quelles sont les trois situations les plus difficiles qui vous viennent à l'esprit ? Écrivez vos réponses dans votre journal.

1. ....

2. ....

3. ....

———————

Pendant que vous réfléchissez à ces choix, examinez à quel point ils diffèrent de nombre de vos autres choix dans la vie. La plupart de nos choix nous donnent un sentiment de maîtrise. La majorité de nos décisions déterminent notre destin — à tout le moins, c'est parfois l'impression que l'on a. Nous pouvons décider quels vêtements porter, quel type d'emploi accepter, qui sera notre petit ami ou qui nous marierons, quelle sorte de voiture conduire, quoi manger, et ainsi de suite. On a mené des guerres pour préserver les libertés de choix fondamentales. Lorsqu'on nous retire le privilège de choisir librement, nous nous sentons souvent déprimés, en colère ou anxieux.

Par moments, il est possible que nous devions faire face à certains choix difficiles. Nous pouvons avoir des besoins ou des valeurs contradictoires.

- Est-ce que je devrais travailler ou sortir avec mes amis ?
- Est-ce que je devrais conduire plus vite ou prendre plus de temps pour me rendre à ma destination ?
- Est-ce que je devrais m'abstenir de gâteau au chocolat ou non ?
- Est-ce que je devrais prendre des vacances ou épargner de l'argent pour la retraite ?

Ces types de choix sont souvent la source de conflits internes. Nous pouvons nous battre avec eux et même nous sentir coupables face aux choix que nous effectuons. Nous examinons nos valeurs et déterminons le pour et le contre des différentes options. Nous recherchons de l'information et des conseils dans l'espoir de prendre une décision plus éclairée. Nous nous débattons souvent avec des décisions relativement simples. Toutefois, la plupart du temps, les choix qui s'offrent à nous ne sont pas de ceux qui blesseront les personnes que nous aimons.

Dans le cas d'un divorce, c'est différent — très différent. Les choix devant lesquels les enfants se trouvent ne leur procurent pas un sentiment de maîtrise. Au contraire, les enfants sont souvent placés dans une situation qui fait naître en eux un sentiment de trahison envers l'un ou l'autre parent (ou les deux). Essentiellement, le contexte est tel que les gestes des enfants sont susceptibles de blesser (ou de paraître blesser) une ou deux des personnes qu'ils aiment le plus. C'est comme si l'on demandait à un parent de décider lequel des enfants devrait ne pas manger ce soir, ou lequel devrait être blessé ou malade. De toute évidence, un parent serait incapable d'effectuer de tels choix. Pourtant, les parents et le système ont demandé à des enfants de prendre ce type de décisions pendant des années. Sur votre liste de l'exercice 4.1 du journal, combien de ces décisions étaient susceptibles d'avoir un impact sur l'un de vos parents ou les deux? Les enfants du divorce se retrouvent souvent avec des décisions à prendre qui ne les concernent pas. Malheureusement, on leur demande fréquemment de participer à des décisions qui auront des conséquences négatives sur l'un ou les deux parents. Essentiellement, on les oblige à choisir le parent à qui ils voueront une loyauté au détriment de l'autre.

LES TYPES DE CHOIX

Un moyen de commencer à mettre de l'ordre dans tout cela consiste à examiner différents types de choix les plus communs qu'on a pu exiger de vous. Nous avons découvert que de nombreux choix pourraient faire partie de certaines des catégories qui suivent.

Le temps passé avec chaque parent

- Où est-ce que j'habite ?
- Quand suis-je avec chaque parent ?
- Devrais-je rester tout le week-end avec le parent qui vient juste de me priver de sortie ?
- Où dois-je aller à l'école ?
- Devrais-je me rendre à la fête de mon ami ou demeurer à la maison avec le parent que je vois moins souvent ?

La valeur parentale

- Quel parent est le plus chaleureux ?
- Quel parent cuisine le mieux ?
- Quel parent prend le mieux soin de moi ?
- Quel parent dois-je étreindre en premier lorsqu'ils sont tous les deux dans la cour de récréation ?
- Quel parent est la meilleure personne ?
- Quel parent me donne le plus de liberté ?
- Quel parent m'impose le moins de discipline ?
- À qui dois-je confier mes problèmes personnels importants ?
- À qui dois-je demander ce que je veux ou ce dont j'ai besoin ?
- À qui dois-je parler de mes sentiments ?

La protection des émotions des parents

- Est-ce que je dis à un parent que j'ai eu du plaisir avec l'autre ?
- Est-ce que je confie à un parent que l'autre a un nouvel « ami » vraiment gentil ?

- Est-ce que je raconte à un parent que l'autre vient juste d'acheter une nouvelle voiture ou déménage dans une maison dispendieuse?
- Est-ce que je demande à un parent de venir me chercher tôt chez l'autre parent?

LA LOYAUTÉ : LE CHOIX LE PLUS DIFFICILE

Les choix énumérés plus haut comportent maintes composantes psychologiques différentes. Pourtant, les choix les plus difficiles sont ceux qui ont mis votre loyauté envers un parent ou l'autre à l'épreuve. Certains de ces choix peuvent vous avoir enfermé dans l'un ou plusieurs des dilemmes suivants :

Garder des secrets

Un parent dit :

- « Ce week-end, nous aurons vraiment beaucoup de plaisir. Mais je pense que ce ne serait pas une bonne idée de le dire [à l'autre parent]. Je ne veux pas blesser ses sentiments. »
- « Je ne l'ai pas dit [à l'autre parent] encore, mais je vais t'emmener en croisière cet été. Ne dis rien. Laisse-moi lui parler d'abord. Je crois que ce serait mieux ainsi. »
- « En ce qui me concerne, j'accepte que tu prennes une bière quand nous sommes ensemble. Tu as seize ans, et je sais que les autres jeunes boivent. J'aimerais mieux que tu demeures à la maison avec moi au lieu de boire à l'extérieur avec tes amis. Ne le lui dis pas [à l'autre parent]. Il ne comprendrait pas. »
- « [L'autre parent] l'ignore encore, mais je viens de m'acheter un téléviseur à grand écran. Tu sais que nous ne devrions probablement rien dire parce qu'il [elle] pourrait être jaloux[se]. »

- « Oui, tu as raison. Mon nouvel ami a dormi la nuit dernière dans ma chambre. Je lui en parlerai [à l'autre parent] quand ce sera le bon moment. Tu ne devrais pas lui raconter ce genre de choses. »

Si un de vos parents vous a demandé de garder un secret pour vous, vous avez probablement eu des difficultés à résoudre ce dilemme. Si vous avez été discret, vous avez fait preuve de loyauté envers ce parent. Mais si l'autre parent vous avait posé des questions au sujet de ce secret ? Envers qui auriez-vous alors été loyal ? Vous ne pouviez être loyal qu'envers un parent à la fois. Si vous aviez gardé le secret de l'un des parents, vous n'auriez pas été loyal envers l'autre. Soit que vous étiez obligé de mentir à ce parent, soit que vous lui disiez qu'il s'agissait d'un secret que vous ne pouviez révéler. Ces deux derniers choix sont tout aussi difficiles. Si vous mentez, vous vous sentez coupable, et si vous dites que vous ne pouvez révéler le secret, vous vous placez en situation d'envenimer le conflit entre vos parents. Il est alors possible que le second parent insiste pour découvrir le secret. Dans les deux cas, vous vous retrouvez dans une situation perdante, au beau milieu d'un problème très émotif et très complexe auquel vous ne devriez pas avoir à faire face en tant qu'enfant.

Révéler les erreurs des parents

Alors qu'il est possible que votre parent vous ait demandé de garder un secret à certains moments, à d'autres moments, c'est *vous* qui pouviez avoir décidé de garder un secret, ou même de mentir à l'un des parents pour protéger l'autre de la colère ou des attaques de l'autre. Comment auriez-vous agi dans les situations suivantes :

- Un de vos parents a reçu une contravention pour avoir conduit avec facultés affaiblies.
- Le parent avec lequel vous habitez a oublié de retourner vous chercher après un événement parascolaire.

- Un parent a oublié de vous donner vos médicaments.
- Un parent ne vous amène pas à votre leçon de catéchèse.

Les parents font inévitablement des erreurs. Ils peuvent faire preuve d'un mauvais jugement, être indignes de confiance, se mettre trop en colère, user sans succès de tromperies, et ainsi de suite. Ils peuvent même agir correctement, mais à l'encontre des désirs ou des valeurs de l'enfant ou de l'autre parent, ce qui est également considéré comme une erreur.

Les erreurs de l'un de vos parents étaient-elles des secrets à cacher à l'autre? Vous demandait-on de ne pas en parler? Un parent vous questionnait-il (ou vous faisait-il subir un interrogatoire) sur ce qui arrivait quand vous étiez avec l'autre? Si vous donniez volontairement des renseignements, votre parent utilisait-il cette information contre l'autre? L'information révélée constituait-elle une façon de conclure une alliance avec un parent ou d'obtenir plus de soutien de sa part?

Ici encore, les enfants sont placés dans une situation perdante. Il est difficile pour un enfant d'obtenir du soutien d'un parent si l'aveu de l'erreur de l'autre parent a l'effet d'une trahison ou envenime le conflit entre les parents. Si vos parents ne s'étaient pas engagés à collaborer pour élever les enfants, il est aussi possible qu'ils aient mis de la pression sur vous pour que vous ne dénonciez pas une de leurs erreurs. Peut-être n'ont-ils pas voulu admettre l'erreur si cet aveu était susceptible de compromettre leur situation juridique. Malheureusement, dans ces cas, les enfants ne sont pas libres d'être seulement des enfants, puisqu'on les oblige à prendre des décisions adultes.

Aimer des parents qui ne s'aiment pas l'un l'autre

Imaginez que quelqu'un critique votre meilleur ami, une personne importante pour vous, ou votre propre enfant. Imaginez que cet individu n'aime tout simplement pas la personne que vous adorez. De quel côté pencheriez-vous? En général, il est facile de répondre à cette question. Ce n'est cependant pas le cas pour les enfants du divorce lorsque l'un des parents semble haïr l'autre. L'adulte dont il est question dans l'exemple précédent n'a habituellement aucun lien d'allégeance à la personne qui attaque. Toute sa fidélité est concentrée sur la personne aimée. Mais pour l'enfant du divorce, les choses ne sont malheureusement pas aussi claires. Si vous étiez dans cette situation, il vous était manifestement difficile de devoir écouter les critiques de l'un, ou de vos deux parents, contre l'autre. Encore une fois, vous aviez peut-être l'impression de trahir un parent et vous vous sentiez par conséquent déchiré. Le problème empire lorsque vous prenez conscience que l'essence de ce que vous êtes provient de vos deux parents (tant du point de vue biologique que de la personnalité). Si chaque parent dit que l'autre est détesté et indigne d'être aimé, et que vous êtes une composante de vos deux parents, alors quelle partie de vous reste digne d'amour ?

Ces choix et ces conflits sont tellement dommageables pour les enfants. Les enfants aiment leurs deux parents malgré les problèmes, les faiblesses et les erreurs de chacun d'eux. Les parents sont au centre de la vie des enfants, leur fournissant le cadre nécessaire pour appréhender le monde et eux-mêmes. Peu importe qu'ils aient raison ou tort, les enfants reposent sur leurs parents pour leur stabilité, ainsi que leur sentiment d'être aimés et d'avoir de la valeur.

Il est possible que le divorce de vos parents ait été essentiellement stressant et traumatisant simplement du fait que votre famille a dû être réaménagée dans deux maisons différentes. Mais si vous avez été placé devant les choix que nous venons de décrire, le stress que vous avez vécu était encore plus élevé. Les parents et le système ont involontairement confié aux enfants ces corvées impossibles. Les parents se battent l'un contre l'autre pour les meilleurs intérêts de l'enfant, mais se tournent ensuite vers l'enfant pour qu'il insère lui-même les balles dans le barillet de l'arme qu'ils utiliseront pour se faire la guerre.

LES EFFETS DES CONFLITS DE LOYAUTÉ

Non seulement les conflits de loyauté sont injustes, non seulement placent-ils les enfants dans des situations difficiles, mais ils sont en plus très dommageables. Ce sont d'importantes sources de stress et d'émotions négatives, qui engendrent chez vous de l'insécurité dans vos relations avec vos parents. Comme nous le décrivons dans cette section, les conflits de loyauté ont aussi un impact sur vos sentiments par rapport à vous-même et à vos propres relations adultes.

La double contrainte

Les conflits de loyauté font peser sur les enfants (de tout âge) une double contrainte. Une double contrainte est une situation dans laquelle la personne obtient de l'information conflictuelle ou fait face à des choix conflictuels de telle manière qu'il n'existe pas de bonne réponse apparente ou de moyen de s'en sortir. C'est une situation « perdant quoi qu'on fasse ». La double contrainte est susceptible de causer un stress émotionnel intense et d'animer un puissant désir de fuir la situation.

❖ ❖ Blesser ou mentir

Peter retourne à la maison de maman après avoir passé le week-end avec papa. Maman demande : « Comment s'est passé ton week-end? Qu'est-ce que tu as fait avec ton père? » Peter veut dire à maman qu'il a eu beaucoup de plaisir au parc d'attractions avec papa, mais s'il le fait, maman sera inquiète et jalouse. Elle pourra même faire un commentaire désobligeant au sujet de papa, du style : « Depuis qu'il est parti, il pense qu'il peut acheter ton amour avec de l'argent. Que connaît-il de la véritable tâche d'être un parent? » Si Peter garde pour lui-même le plaisir qu'il a eu pendant le week-end, il peut être obligé de mentir à maman en disant : « Ouais, pas tant que ça. » Ou, il peut confier : « Bien, nous sommes allés au parc d'attractions, mais ce n'était pas si intéressant. Tu m'as beaucoup manqué. » Dans cet exemple, Peter se sent obligé de pren-

dre soin des sentiments de sa mère. Parfois, cette pression peut être si forte que l'enfant résistera à l'idée d'aller chez l'autre parent seulement pour éviter de causer de la peine au premier parent.

❖   ❖

L'enfant du divorce est donc placé dans une contrainte difficile. Il peut communiquer sa joie et alors blesser l'autre parent. Ou bien l'enfant ment et garde pour lui ses sentiments et d'une certaine manière s'arrange pour que le parent avec lequel il passe le week-end paraisse mal. De toute manière, l'enfant se retrouve en situation de choisir le parent qu'il blessera. Les enfants savent qu'ils méritent de ne pas faire les frais d'un conflit de loyauté. Ils peuvent avoir l'impression qu'il n'est pas normal de ne pouvoir avoir librement du plaisir avec un parent tout en étant honnête avec l'autre.

Ce type de situation peut survenir à répétition pour les enfants. En réfléchissant à votre propre enfance, songez au nombre de fois où vous vous êtes retrouvé dans des situations semblables. Comment vous êtes-vous senti ? Comment vous en êtes-vous sorti ?

Même lorsqu'ils sont devenus des adultes, il est possible que les enfants du divorce vivent de telles contraintes, et cela peut paraître plus évident lors d'événements majeurs de la vie. Par exemple, la remise des diplômes du collège ou de l'université a-t-elle été compliquée ? Avec qui avez-vous célébré ? Aviez-vous l'impression d'être pris entre deux feux, ou bien est-ce que vos parents vous ont épargné ce côté gênant et ont célébré ensemble avec vous, ou ont établi eux-mêmes l'horaire ?

De nombreux enfants-adultes du divorce décriront leur propre mariage comme une situation où il a été difficile d'arriver à gérer la présence de leurs deux parents. Ils se butent sur des questions comme : « Qui va marcher avec moi dans l'allée ? » ou « Où vais-je les asseoir ? » ou « Comment vais-je m'organiser avec la présence de mes beaux-parents? Lorsque papa verra mon beau-père, il va piquer une crise. » Même des années après le divorce, les parents se trouvent encore à piéger leurs enfants, transformant en fardeau un moment qui aurait dû être heureux et spécial à cause de problèmes relatifs à leur propre divorce. D'une certaine manière, l'accent est mis non plus sur le mariage de l'enfant mais sur le divorce des parents, où nombre de décisions sont encore perçues comme symbolisant l'amour ou la loyauté de l'enfant envers l'un ou l'autre parent.

Même la naissance d'un petit-enfant peut devenir l'occasion d'un nouveau malaise, alors que les nouveaux parents doivent considérer et planifier le moment des visites des grands-parents. Ils sont la proie de l'anxiété que suscite la présence simultanée des deux parents et peut-être même de leur conjoint actuel. Qui parlera à qui? Que dira-t-on? Appellera-t-on la femme de papa « grand-mère » ou cette appellation ne sera-t-elle réservée qu'à maman? Ici encore, les problèmes du divorce, qui se glissent dans les dynamiques, les pensées et les sentiments présents, éclipsent la joie de l'arrivée du petit-enfant.

Avec les années, les conséquences de ces conflits répétés font des ravages sur l'enfant du divorce. Des sentiments intenses peuvent apparaître subtilement et s'aggraver avec le temps. Il est possible que ces sentiments soient dirigés contre vous-même ou vos parents, ou même avoir un impact sur vos nouvelles relations. Remarquez, si vous le voulez bien, à quel point ces sentiments correspondent à ceux des parents divorcés dont nous avons parlé dans le chapitre 2.

L'anxiété

L'anxiété est l'une des premières réponses émotionnelles à la double contrainte. La croyance de l'enfant que les parents sont censés prendre soin de lui et le protéger est à la base de cette anxiété. Lorsqu'un enfant est pris dans des conflits de loyauté, il est loin de se sentir en sécurité. Non seulement l'enfant peut-il en arriver à se sentir responsable d'avoir blessé un parent ou l'autre, mais il peut avoir l'impression qu'il est même dangereux d'être simplement lui-même. Exprimer des émotions, établir les faits d'une situation, raconter un événement important à un parent alors que vous vous trouviez avec l'autre parent sont toutes des occasions de déclencher le signal d'alarme. Il est possible de blesser quelqu'un. L'anxiété est un sentiment normal qui survient lorsque nous anticipons un danger physique ou émotionnel. À long terme, l'anxiété peut engendrer un état de nervosité, des troubles du sommeil, des difficultés de concentration et des problèmes de santé. Il est même possible que l'anxiété nous pousse à fuir la situation (quitter la maison) ou à nous mettre en colère et à nous battre (piquer une colère).

À long terme, cette anxiété persistante peut faire en sorte qu'un individu se retrouve fréquemment soit sur ses gardes, en proie aux inquiétudes, soit en train de broyer du noir. Si, pendant des années, votre monde vous a semblé menaçant ou effrayant, des événements insignifiants sont susceptibles de déclencher chez vous une anxiété excessive.

La colère

Une enfant-adulte du divorce veut parler à son père de la récente maladie de sa mère. Elle commence à parler à papa au moment où son épouse entre dans la pièce. Papa devient très mal à l'aise. Son épouse s'excuse de s'être immiscée dans une discussion « privée » et quitte la pièce. Papa dit : « J'espère que ta mère se sentira bientôt mieux. » Il termine alors rapidement la conversation et se rend dans l'autre pièce pour parler avec son épouse. L'enfant est laissée seule avec l'horrible impression de ne pas être soutenue et comme si elle avait elle-même placé son père dans une situation embarrassante par rapport à sa nouvelle épouse.

Une enfant de dix ans a exprimé succinctement son point de vue en tant que victime d'un conflit de loyauté après le divorce de ses parents : « C'est déjà difficile que mes parents ne soient pas ensemble. Pourquoi doivent-ils donc s'asseoir dans des côtés opposés au terrain de soccer? Lorsque je marque un but, je dois décider qui je regarde en premier. Est-ce que je regarde de ce côté ou de l'autre? Vers qui dois-je me diriger à la fin de la partie? Dois-je aller du côté de maman qui est venue assister à mon match alors que ce n'est pas son week-end, puisque je sais que je lui manque beaucoup? Ou est-ce que je dois aller avec papa, avec lequel je suis censée passer le week-end? Pourquoi est-ce moi qui dois choisir? »

La colère peut s'accumuler et gronder, spécialement après des centaines de ce type de situations. Certains enfants se sentent libres d'exprimer cette colère, alors que d'autres ont l'impression qu'ils n'ont pas le droit ou la liberté de le faire. Ces enfants (de tout âge) étouffent leur colère, croyant qu'ils peuvent blesser ou même perdre leurs parents (ou d'autres êtres chers) s'ils l'expriment. Il est possible que cette colère se répercute dans d'autres relations de ces enfants-adultes du divorce. Vous constatez peut-être que vous développez facilement de la frustration et avez une faible tolérance devant les déceptions courantes de la vie.

La dépression

La dépression est une réaction normale à toute perte, et les conflits de loyauté peuvent intensifier les sentiments de perte causés par le divorce. Non seulement la famille a-t-elle dû être réaménagée, mais l'enfant concerné n'est pas en mesure d'être tout simplement un « enfant». Il doit se préoccuper des subtilités de la communication avec ses parents sur le terrain de soccer. Il peut aussi avoir à se demander s'il doit être honnête ou pas, et s'il doit demander ou pas à un parent quelque chose lié à l'autre parent. Dans un sens, l'enfant a dû devenir plus adulte et a donc subi une autre perte, c'est-à-dire celle d'un morceau de sa propre enfance.

Il est possible que la dépression soit légère et de courte durée. Mais elle peut être très intense et prolongée. Elle peut affecter vos sentiments envers vous-même, vos habitudes alimentaires et de sommeil, votre énergie et même votre volonté de vivre. Si vos sentiments de dépression sont intenses, tenaces

ou qu'ils vous empêchent de vaquer à vos occupations normales, il est souvent indiqué de demander de l'aide professionnelle.

La culpabilité

Comment pouvez-vous éviter de vous sentir coupable si
vous avez vécu des conflits de loyauté et si vous avez eu
l'impression que, en fait, vos gestes blessaient l'un de vos
parents ou les deux ? Croyez-vous que ce sont les parents du terrain de soccer qui, d'une certaine manière, ont envoyé le message à la fillette de dix ans concernant qui elle devait regarder
en premier après avoir marqué un but ou qui retrouver à la fin
de la partie ? Certes, oui. De même, elle a compris le message
que cela importait vraiment qui elle *ne* regardait ou *ne* retrou-
vait pas. Elle a appris que le bonheur de ses parents dépendait
des gestes qu'elle posait.

Vous pouvez entendre sa mère dire : « Tu sais, tu resteras
avec ton père tout le reste du week-end. Tu me manques vraiment et je veux seulement te serrer tout de suite très fort. Je dois
attendre ton retour pendant tout le week-end. Je ne veux pas
attendre en plus ici. » Et vous pouvez entendre le père lui dire
presque la même chose : « Tu sais, c'est *mon* week-end. J'ai
attendu toute la semaine pour être avec toi. C'est notre moment
ensemble. Ça ne me fait rien que ta mère soit ici pour assister à
ton match, mais je ne devrais pas attendre que tu lui aies fait un
câlin quand c'est notre temps ensemble. »

Quoi que fasse l'enfant, une des personnes qu'elle aime se
sent mal. Comment peut-elle ne pas se sentir coupable
lorsqu'on lui dit qu'elle a fait de la peine à l'un de ses parents
ou aux deux ?

Même si la culpabilité est prévisible dans une telle situation,
elle est inutile. L'enfant n'a rien fait de mal. Il est seulement
pris au milieu du conflit et de la lutte entre ses parents. Comme
adulte, il est important d'éviter de prendre sur soi la culpabilité

associée aux commentaires et aux gestes des autres. Vous devez vous demander : « Qu'est-ce que j'ai *réellement* fait de mal ? »

Une faible estime de soi

L'impact cumulatif de tous ces sentiments provoqués par les conflits de loyauté peut aboutir à une faible estime de soi. Au lieu de vous sentir aimé et soutenu malgré le divorce de vos parents, vous sentez-vous responsable et mal à l'aise à votre sujet ? Si oui, il est possible que vous ayez été pris dans un trop grand nombre de conflits de loyauté. Certains parents peuvent enseigner à leurs enfants qu'ils sont dignes d'intérêt. Pourtant, si vous avez l'impression de continuellement trahir un parent ou les deux, comment pouvez-vous vous sentir bien dans votre peau ? Vos parents vous diront qu'ils sont fiers de vous et que vous êtes spécial, mais vous savez que c'est faux. Le conflit de loyauté a pour effet d'engendrer chez vous un sentiment de culpabilité et une faible opinion de vous-même, car vous connaissez très bien les secrets que vous avez gardés et vous savez que vous avez saboté leur confiance.

Il est même encore plus difficile d'avoir un sentiment de valeur personnelle si vous avez été placé dans la situation de croire que vous êtes responsable du malaise de vos parents. En lisant ces lignes, vous dites-vous : « Comment puis-je m'aimer puisque je suis la cause du fait que maman ou papa se sent encore moins bien qu'avant le divorce. Quelle sorte d'enfant agirait ainsi avec ses parents ? » Si ces paroles éveillent un écho en vous, c'est que vous avez probablement été pris dans un certain nombre de conflits de loyauté.

La méfiance à l'égard des relations parentales

Les parents sont censés prendre soin de leurs enfants, non le contraire. Malheureusement, notre amie de dix ans sur le terrain de soccer ne peut même pas prendre plaisir à son match sans se préoccuper de prendre soin de maman et de papa en même temps. En outre, il lui est impossible d'avoir la certitude que c'est correct de n'être qu'une enfant. Maman et papa ne préservent pas son enfance et ne la protègent pas de leurs propres sentiments relatifs au divorce, et de leurs propres problèmes et besoins adultes. Il est très difficile de faire confiance à vos parents lorsque vous avez l'impression qu'ils ne vous protègent pas.

Il est aussi possible que la confiance s'érode à cause d'un manque de constance dans le comportement de vos parents envers vous. Par exemple, ils ont pu être affectueux et vous soutenir. Puis, sans avertissement, vous vous retrouvez peut-être littéralement plongé dans le jeu d'espionnage du divorce, alors qu'un de vos parents vous harcèle pour que vous racontiez tout.

L'impact sur les relations amoureuses adultes

Steven est un homme de vingt-sept ans dont les parents ont vécu un divorce très conflictuel. Il raconte : « Le divorce de mes parents ne m'a pas affecté. Il m'a même finalement aidé à mieux comprendre les relations. Lorsque je rencontre une femme, je sais qu'elle n'est pas conforme à l'image qu'elle projette. Tout le monde cherche quelque chose. Soit qu'elle m'utilisera pour obtenir ce qu'elle veut, soit que moi j'obtiendrai ce que je veux. C'est la différence entre moi et mes amis dont les parents n'ont pas divorcé. J'ai appris de quoi il en retourne. J'étais pris entre mes deux parents, je ne fais donc confiance à personne. J'ai appris que choisir est synonyme de perdre. »

Qu'est-il arrivé à Steven ? Il a certainement grandi rapidement. À force d'être pris dans des conflits de loyauté, il a appris certaines leçons importantes. Il a compris qu'il ne doit pas se fier aux relations et qu'il n'a qu'à saisir ce qu'il veut. Nous pouvons seulement imaginer à quel point il lui serait difficile d'être authentique dans une relation. Il ne ferait pas non plus confiance à l'autre personne. Il est aisé d'imaginer comment il passerait d'une relation à l'autre pour simplement découvrir (de son point de vue) plus de preuves pour « prouver » que sa conception des relations est bonne. Chaque relation ratée peut constituer une « preuve » qu'il n'est jamais bon d'être vulnérable,

chaleureux ou trop confiant avec les gens. Chaque relation man-
quée lui prouve que les relations ne peuvent qu'être éphémères.
Nous nous attendrions à ce qu'il pense : « Ce n'est qu'une question de temps avant que la relation ne se dégrade. Ça finit toujours ainsi. »

En bref, il est possible que les conflits de loyauté dans lesquels vous avez peut-être été enfermé durant votre enfance
aient eu des effets très significatifs sur votre perception de vous-
même, de vos parents et de vos relations adultes. Vous êtes
peut-être encore pris dans ces mêmes conflits si vous demeurez
en contact avec l'un de vos parents ou les deux. Dans la seconde
partie de cet ouvrage, nous discuterons des différents moyens
pour faire face à certains des sentiments provoqués par les conflits de loyauté et pour tenter de limiter leur impact sur vous-
même et sur vos relations adultes.

5

DE NOUVELLES RELATIONS PARENTALES

Juste au moment où vous croyiez qu'il était bien suffisant d'avoir à faire face au divorce de vos parents, voilà que s'amène le nouvel « ami » de votre parent. C'est une chose de s'adapter à vos parents maintenant célibataires, mais essayer d'intégrer une nouvelle relation ou des relations multiples en est une autre. L'une des grandes difficultés de faire face aux nouveaux partenaires amoureux de vos parents, c'est qu'encore une fois leur arrivée évoque la fin du mariage. Qu'ils soient jeunes ou vieux, les enfants du divorce entretiennent souvent l'illusion d'une réunification. Même si vous ne voulez pas consciemment reconnaître que vous souhaitiez que vos parents reprennent leur ancienne vie, il est possible que vous ayez été choqué de voir vos parents commencer à refaire leur vie de diverses manières, ce qui inclut aussi des sorties ou des fréquentations avec une autre personne. Les enfants du divorce sont susceptibles d'être déconcertés et déroutés par cette nouvelle étape, et par la possibilité d'une nouvelle relation permanente.

DEUX UNITÉS FAMILIALES

Après un divorce, deux nouvelles unités familiales, constituées de vous-même, de vos frères et sœurs et de chaque parent, se forment. Il est important que ces nouvelles unités disposent de temps pour affirmer leur propre identité et s'installer dans une routine qui leur est propre. Même sans nouveaux partenaires, les parents célibataires luttent pour régler quantité de problèmes personnels, alors que leurs enfants doivent s'habituer à l'absence de l'autre parent. Il s'agit d'une adaptation logistique, émotionnelle et financière, à mesure que chaque unité prend le temps de se constituer et de se réaménager une vie avec un seul parent plutôt que deux. S'il réussit à bien intégrer ces changements, le cercle familial se referme sur les deux nouveaux ménages et retrouve son élan. L'introduction de nouveaux partenaires affectifs ou de nouvelles personnes significatives perturbe la nouvelle unité familiale et exige que le parent et les enfants s'adaptent encore une fois à un autre changement majeur et à l'inclusion de ces étrangers.

En réfléchissant aux nouveaux adultes qui sont arrivés dans la vie de l'un de vos parents ou des deux, il peut être utile d'effectuer le bref exercice de journal ci-après.

Exercice 5.1

Dans l'espace plus bas, évaluez de 1 à 5 les éléments suivants :

	En désaccord			En accord	
• J'ai été surpris quand on m'a présenté l'« ami » de mon parent.	1	2	3	4	5
• Je n'aime pas la(les) personne(s) significative(s) pour mon parent.	1	2	3	4	5

• J'étais jaloux du temps que mon parent passait avec cette personne.	1	2	3	4	5
• Je me sentais comme si je devais cacher cette relation à mon autre parent.	1	2	3	4	5
• Quand la nouvelle relation de mon parent s'est terminée, cette perte m'a blessé.	1	2	3	4	5
• Notre maison a été mise sens dessus dessous lorsque cette personne a emménagé chez nous.	1	2	3	4	5
• Cette nouvelle relation a empiré notre situation financière.	1	2	3	4	5
• Ma relation avec mes demi-sœurs et mes demi-frères était difficile.	1	2	3	4	5

Maintenant, faites le total des points obtenus pour chaque élément. Plus votre score est élevé, plus il est probable que la nouvelle relation de votre parent vous ait affecté. Même si les problèmes vécus par les enfants sont susceptibles de varier en fonction de l'âge, certains des effets sont assez constants et assez durables.

MÈRE OU PÈRE VERSUS HOMME OU FEMME

Les enfants-adultes du divorce ont beaucoup de mal à transformer leur perception de leurs parents comme « maman » ou « papa » à celle d'individus ayant leurs propres besoins adultes en matière de relations et d'intimité. Il s'agit d'un changement très difficile, car vous devez essayer de préserver votre relation parent/enfant pendant qu'en même temps il vous faut accepter les besoins adultes de votre parent. Il est certain que, comme enfant et même maintenant comme adulte, vous puissiez choisir et avoir besoin de voir vos parents dans des rôles de gardiens et de protecteurs, et non comme des hommes et des femmes avec leurs propres besoins, désirs et souhaits. Le simple fait de penser qu'ils peuvent être des êtres indépendants et sexués peut vous sembler étrange et même menaçant pour votre sentiment de sécurité. Non seulement le divorce a-t-il transformé votre univers, mais regardez vos parents maintenant! Vous êtes probablement encore préoccupé par le divorce, alors qu'eux sont heureux et « amoureux ».

En plus de voir ses parents comme des adultes ayant des besoins propres, il est possible que l'enfant du divorce revive une sorte de peur de la séparation semblable à celle de l'enfant de huit mois qui apprend comment appréhender le monde extérieur sans la protection immédiate de ses parents. Vous pouvez vous poser des questions sur « l'autre » vie de votre parent, ce qui arrive sûrement lorsque vous n'êtes pas avec ce parent pendant les week-ends, les jours de semaine, les vacances, et ainsi de suite. Mais vous vous interrogez aussi lorsque vous êtes avec ce parent et que vous constatez qu'il est en relation avec d'autres en tant que ce nouvel homme ou cette nouvelle femme que vous n'avez jamais connu. Il est possible que vous vous demandiez : « Que font-ils quand je ne suis pas là? » Peut-être avez-vous l'impression d'avoir perdu contact avec ce qui reste des fondements mêmes de votre sécurité. Vous pouvez être anxieux, blessé, terrifié, manquer de maîtrise de soi et vivre un sentiment d'abandon, tout cela au cours d'une seule nuit ou d'un seul week-end, ce qui, à plus forte raison, peut durer des années après le divorce. Pour un parent, l'essentiel de la solution consiste à trouver un juste équilibre entre sa nouvelle vie, ses nouvelles relations et sa vie avec ses enfants. Cette anxiété de la séparation prolongée peut même se perpétuer à l'âge adulte, où vous vous retrouvez avec un profond sentiment de perte et une incapacité à vous engager avec quiconque pourrait vous quitter comme l'a fait votre parent. Non seulement le divorce lui-même est susceptible d'engendrer ces types de phobie de l'engagement, mais la seconde perte prématurée de votre parent qui noue des liens avec une nouvelle personne significa-tive, ou même le monde en montagnes russes des fréquentations après divorce, tout cela peut faire en sorte que vous éprouviez les mêmes inquiétudes et adoptiez le même comportement d'évitement.

UN NOUVEL AMI?

Tout le monde a besoin d'amis, nous sommes d'accord? Même vos parents en ont besoin. Vous êtes en mesure de le compren-dre parce que vos propres amis revêtent une importance vitale à vos yeux. Il est possible que vous vous disiez : « Je pensais que maman et papa avaient déjà des amis, alors pourquoi des nouveaux? Pourquoi ces nouveaux amis doivent-ils être pré-sents pendant le temps que je passe avec maman ou papa, et pourquoi mes parents doivent-ils en plus avoir de nouveaux enfants avec qui nous devrons jouer et que nous devrons pren-dre pour amis? » Vous avez peut-être pensé que, même si vos parents croient qu'ils ont besoin de ces nouveaux amis, ce n'est certainement pas *votre* cas. De plus, ils n'agissent pas toujours comme des amis, alors, de toute façon, qu'est-ce qu'un « nou-vel ami »?

❖ ❖ *« Amie »?*

Dans la famille divorcée de Tamara, papa avait une nou-velle amie qui a été présentée aux enfants presque au tout début du processus de divorce. Puisque maman estimait que cette relation avait déclenché le divorce, elle n'aimait pas beaucoup que ses enfants établissent des liens avec cette femme et avait beaucoup de difficulté à accepter son rôle. Le père de Tamara l'emmenait partout; il s'est finalement fiancé et remarié, et deux nouveaux enfants sont nés de son union avec son « amie ». Durant tout ce temps, à partir des fréquentations aux fiançailles et jusqu'au remariage et même après, Tamara n'a jamais utilisé le prénom de l'amie de son père, mais on l'a plutôt encouragée à la désigner seulement comme l'« amie ». Oui, cette appella-

tion continue à être la sienne maintenant qu'elle est leur belle-mère ! Tamara et ses frères et sœurs l'appellent leur « amie ». Cette femme n'a jamais été simplement une amie et cette confusion continuera à perturber Tamara pendant toute sa vie.

❖   ❖

« C'est mon nouvel ami »

Quand un parent divorcé prononce ces mots, un nouvel univers s'ouvre. Des douzaines de questions commencent à mijoter dans le cerveau d'un enfant, d'un adolescent, et même d'un adulte. En voici quelques-unes :

- Qui est cette personne ?
- Quand mon parent l'a-t-il rencontrée et où ?
- Cette relation dure depuis combien de temps ?
- Ce nouvel ami a-t-il des enfants ?
- Comment mon parent se sent-il par rapport à eux ?
- Qu'est-ce que mon autre parent pensera, comment se sentira-t-il et que dira-t-il ?
- Mon parent aimera-t-il ces enfants plus que moi ?
- Mon parent divorcera-t-il d'avec *moi* parce qu'il aime cette autre personne ?

Souvent, les parents ne sont pas préparés à répondre à ces questions et à aider en même temps leurs enfants à faire face à leurs sentiments. Il existe des moyens de minimiser les effets négatifs possibles de la présentation de nouvelles relations aux enfants et de maximiser les effets positifs. Certaines de ces questions ont été discutées dans le chapitre 10 de *The Co-Parenting Survival Guide* (Thayer et Zimmerman, 2001). Examinez combien de ces stratégies l'un de vos parents ou les deux ont utilisées.

Ne pas brusquer les choses

Peu importe leur âge, les enfants du divorce n'ont pas vraiment besoin des nouveaux amis de leurs parents. Ces individus procurent habituellement de la compagnie au parent, pourtant, il n'est pas nécessaire que les enfants fassent trop tôt leur connaissance. Si les parents présentent trop tôt ces nouveaux amis aux enfants, ils courent le risque de les exposer à de nouvelles et peut-être multiples pertes. Vous a-t-on laissé en dehors de l'équation jusqu'à ce que la nouvelle situation de vos parents se soit stabilisée? Avez-vous appris lentement à connaître l'autre personne significative au bon moment? Ou avez-vous été projeté dans la nouvelle relation? Quels étaient vos sentiments?

Tenir compte des effets sur l'équilibre

L'introduction de nouvelles relations bouleverse le récent équilibre installé entre le parent et l'enfant après le divorce. Deux nouvelles unités familiales sont formées avec un parent à la barre de chacune. La nouvelle roue familiale devrait apprendre à tourner harmonieusement avant que l'arrivée des nouveaux amis n'entraîne l'élargissement de son diamètre. L'établissement de nouvelles relations exige du temps, de l'énergie, de l'attention, de l'argent et d'autres ressources, et accapare ainsi une partie de ces mêmes ressources requises au sein de la nouvelle unité familiale postdivorce. En d'autres mots, si l'on a présenté une nouvelle relation trop tôt ou sans tenir compte des effets sur l'équilibre de la nouvelle unité familiale, il est possible que vous ayez vécu un profond sentiment de solitude et d'indifférence, générant des sentiments de colère et un état dépressif. Vos parents ont-ils pondéré le temps passé seul avec vous et vos frères et sœurs par rapport à celui consacré à leurs nouveaux amis?

Voici un exemple flagrant d'une situation où l'on n'a pas tenu compte de ce concept d'équilibre. Dans une famille, la mère et le père ont présenté de nouvelles personnes significatives aux enfants seulement quelques mois après le divorce. Le père n'avait en fait pas passé un seul week-end complet juste avec les enfants depuis la fin des procédures. Lorsque le temps est venu pour lui de prendre les enfants pour ses premières vacances après divorce, son amie est arrivée et est demeurée avec eux pendant toute leur durée. Comment croyez-vous que les enfants se sont sentis? Cette manière d'agir servait-elle leurs meilleurs intérêts? Auriez-vous eu l'impression d'avoir de la valeur pour ce père? Dans une séance de consultation parentale, on a invité le père à se demander s'il avait emmené sa petite amie en vacances pour lui ou pour ses enfants. Le conseiller l'a assuré qu'il s'agissait de son propre besoin et certainement pas de celui de ses enfants.

Éviter les conflits de loyauté

L'introduction postdivorce de la nouvelle relation d'un parent dans la vie des enfants n'a rien d'une affaire privée. L'autre parent en aura très certainement connaissance. Cette situation place les enfants dans une position difficile, car ils sont souvent les premiers à révéler le secret. Elle enferme les enfants de tout âge dans des conflits de loyauté et exige d'eux qu'ils prennent à leur compte les sentiments qu'aura l'autre parent devant cette découverte. Si vous aviez l'impression que vous deviez choisir à quel parent destiner votre loyauté, avez-vous opté pour le parent qui était seul parce qu'il n'avait personne d'autre que vous? Ou avez-vous choisi le parent qui entretenait une nouvelle relation de peur que la nouvelle personne et peut-être sa famille tentent de vous ravir ce parent? Vous était-il possible de communiquer que vous aimiez le nouveau partenaire de l'autre parent? Lorsqu'on les expose trop tôt à la présence de nouvelles relations, on place les enfants du divorce dans des situations insoutenables susceptibles de générer des difficultés majeures sur le plan de leur confiance en leur propre jugement pour effectuer des choix sûrs et libres à l'intérieur de relations.

Savoir à qui appartient la maison

Il a probablement été nécessaire de modifier, de redécorer d'une certaine façon l'espace physique des résidences familiales postdivorce, et de tout simplement s'y adapter. Lorsque les nouvelles relations amoureuses commencent à passer beaucoup de temps avec les parents, elles transforment aussi la dynamique de l'espace physique. Ces nouvelles personnes peuvent même commencer à apporter leurs affaires et les laisser sur place, ou introduire de nouveaux objets qui semblent « parfaits » et réorganiser quelque peu les lieux. Si c'était le cas dans votre famille, vous avez peut-être remarqué que votre maison n'avait plus l'air de « votre maison ». Si votre parent n'a pas tenu compte de votre propre rythme en se lançant trop tôt dans une nouvelle relation, vous continuez peut-être à vous sentir confus au sujet de votre sentiment de propriété sur votre propre espace physique. Vous remarquez peut-être que vous êtes possessif et rigide concernant vos lieux et effets personnels, et que vous avez même de la difficulté à les partager avec ceux que vous aimez. Inversement, il est possible que vous soyez trop passif avec les autres, ayant l'impression que vous n'avez pas la liberté de dire non et de revendiquer des frontières personnelles, même dans votre propre maison.

Éviter les problèmes financiers importants

Dans tout divorce, la dimension financière représente souvent un problème important, susceptible de causer des conflits excessifs et des démêlés avec la justice. Peu importe leur âge, les enfants du divorce sont fréquemment surexposés aux détails et aux perturbations affectives des arrangements financiers de leurs parents. On peut se servir de l'argent comme d'un élément de division, d'une arme utilisée contre l'autre parent, ou comme récompense ultime pour la loyauté et l'affection dont il est l'objet. Les questions financières ont parfois pour effet de plonger les enfants du divorce dans l'incertitude relativement à leur sécurité avec l'un des parents ou les deux, et l'inquiétude au sujet de la stabilité de leur propre avenir. Lorsqu'une nouvelle

relation est introduite, il peut en résulter soit une situation financière améliorée (mais au prix de certaines conditions), soit une
cagnotte anémiée puisqu'il faut maintenant la partager avec
d'autres.

Si les finances étaient serrées, vous pouvez avoir eu
l'impression que les dépenses de vos parents consacrées à leurs
nouvelles relations étaient injustifiées et loin de tenir compte de
vos besoins. Malheureusement, vous avez peut-être entendu
cette opinion reprise par votre autre parent et même par la
famille élargie et les amis : « Papa a l'air d'avoir assez d'argent
pour emmener Sue dans les Caraïbes, mais vous les enfants, il
ne vous emmène même pas au Cap pour un week-end cet
été ! »; ou « Maman se plaint toujours à moi qu'elle est pauvre,
et elle me dit qu'elle n'a pas assez d'argent pour m'acheter de
nouvelles espadrilles pour l'école. Mais elle semble pouvoir se
rendre à New York avec son nouveau petit ami chaque fois que
ça lui chante ! »; ou « Avant, maman n'achetait jamais des
billets de théâtre. Je me demande qui paie pour ça, son nouveau
petit ami ? »

Avec de tels commentaires, inutile de se demander pourquoi
les enfants du divorce ne savent pas à qui donner leur appui.
Même s'ils aiment le nouveau partenaire romantique, ils igno-
rent s'ils doivent s'ouvrir à cette personne, de peur de perturber
l'autre parent et peut-être de nuire à leur propre avenir. Ils igno-
rent aussi s'ils devraient se sentir libres d'accepter des cadeaux
du nouvel ami généreux d'un parent, de peur de dépendre de lui
et peut-être de s'exposer au courroux, au rejet de l'autre parent
et de lui causer de la souffrance.

Se préparer pour de nouveaux frères et sœurs

Vous avez peut-être cru que vous aviez finalement votre
propre chambre, juste pour vous. Votre pupitre était exactement
ce que vous vouliez et votre chaîne stéréo était parfaite, avec
votre collection de CD bien en place. Les posters étaient affi-
chés dans votre nouvelle maison et votre affiche « Défense
d'entrer » était fixée sur la porte. Même votre petite sœur ne

pouvait entrer sans frapper. Puis, il y a eu ce coup étrange frappé à la porte et aussi des voix bizarres. Votre père a dit : « Bobby, laisse-nous entrer, s'il te plaît. J'ai quelqu'un de spécial ici à te présenter. » Vous avez ouvert la porte et c'était la nouvelle petite amie de papa avec son fils de six ans.

Arriver à s'habituer à la nouvelle amie de votre parent est une chose, mais accepter ses enfants dans votre maison en est une autre. Il est possible que vous ayez vécu de manière positive l'introduction de cette nouvelle personne. Au contraire, peut-être avez-vous ressenti sa présence comme une intrusion dans votre nouvelle unité familiale et un bouleversement dans l'équilibre établi dans la maison de votre parent après le divorce. Cette problématique est beaucoup plus aiguë si le nouveau partenaire de votre parent a des enfants et qu'ils emménagent eux aussi. Il sera alors peut-être nécessaire de partager les chambres, de transformer les canapés en lits, et il est même possible que votre brosse à dents ne soit plus en sécurité à sa place habituelle dans la salle de bain. Vos parents vous ont-ils présenté prudemment et en douceur les enfants de leurs nouveaux amis afin de préserver et de respecter la relation parent/enfant? Les enfants ont-ils tous eu la chance de faire connaissance et de former leur propre jugement sans subir de pression? Sinon, vous avez sans doute eu encore plus l'impression d'être écarté et de perdre quelque chose, sans mentionner les questions soulevées au sujet des priorités de vos parents.

NOUS NOUS MARIONS!

D'accord, peut-être sentiez-vous que vous arriveriez à vous habituer à l'idée du « nouvel ami », et peut-être même aux enfants qui l'accompagnaient, mais le *mariage*? Ce doit être une plaisanterie! C'était beaucoup trop vous demander. La décision d'un parent de se remarier peut être traumatisante, mais elle peut aussi devenir une occasion saine d'en apprendre davantage sur les relations. L'impact de cette décision dépend beaucoup de la façon dont le parent et le nouveau beau-parent potentiel ont présenté la relation et préservé les liens en tenant compte des limites et des besoins de l'unité familiale post-divorce. Si leurs réactions ne sont pas respectées ou reconnues, les enfants du divorce continueront probablement à réagir néga-tivement contre la nouvelle union, bien au-delà du mariage et peut-être même dans leur propre vie adulte. Par contre, ceux qu'on a inclus dans le processus d'une manière appropriée à leur âge, et dont les parents et le beau-parent ont fait preuve d'un bon équilibre entre les unités familiales postdivorce et l'unité familiale reconstituée, peuvent voir leur vie élargie et améliorée de bien des façons positives.

Offrez-leur mes félicitations

Le remariage d'un parent envoie habituellement le signal définitif de la fin de l'ancien mariage. Étant donné les illusions entretenues sur une éventuelle réunification, il est très difficile d'abandonner les vieux rêves. Même la réalité pure et simple de maisons séparées, de vacances séparées, de nouvelles relations et de temps séparé ne fait pas disparaître complètement ces désirs tenaces. Pour n'importe quel parent, l'annonce d'un remariage jette de l'eau froide sur ces rêves et ces désirs d'une famille réunifiée. Les enfants du divorce sont aussi parfois ramenés à l'époque ancienne des échanges hostiles qui ont caractérisé le début du processus de divorce. Les parents très conflictuels peuvent revenir à leurs manières acides et chica-nières et y entraîner aussi les enfants, particulièrement si ces derniers sont maintenant eux-mêmes devenus des adultes. De fait, il est possible que les enfants-adultes du divorce décou-vrent qu'ils se sentent encore comme des enfants, pris dans le match de tennis du conflit de leurs parents.

Vos parents ont-ils vu réapparaître d'anciens sentiments mélangés comme :

- *la colère :* la vie fonctionne pour mon ex et non pour moi;

- *l'inquiétude :* à propos de la belle-famille, des finances, de la qualité de la relation de collaboration entre les parents;
- *la jalousie :* d'anciens sentiments de rejet et peut-être même de l'envie;
- *la souffrance :* spécialement si le mariage arrive par surprise.

Il est cependant possible que tous ces sentiments mélangés ne soient pas douloureux. Par exemple, certains peuvent être positifs :

- *du soulagement :* il y a un nouveau beau-parent convenable qui aidera à prendre soin des enfants;
- *du bonheur :* des bons vœux et des félicitations qui viennent du cœur;
- *de l'espoir :* pour une meilleure relation coparentale et peut-être même pour leur propre future relation.

Si votre autre parent était capable d'éprouver certains de ces sentiments, vous le pouvez certainement vous aussi.

Vos parents se sont-ils d'abord transmis cette importante information ou se sont-ils servi des enfants pour ce faire? Davantage que les enfants plus jeunes, les enfants-adultes du divorce se sentiront peut-être emprisonnés dans cette contrainte. Les parents doivent prendre la responsabilité de leurs propres décisions et accepter de faire face d'une manière non détournée aux conséquences émotionnelles.

D'un autre côté, si vos parents ont adopté la bonne attitude, ont pris le temps de porter attention aux autres et non seulement à eux, ont mis suffisamment de temps pour construire la relation, ont été sensibles aux réactions de l'autre parent et ont essayé très fort de trouver le bon équilibre entre leur ancienne unité familiale, leur relation de coparentage, et leur futur conjoint et sa famille, il est alors possible que le remariage ait été une étape ayant permis au processus de guérison postdivorce de suivre son cours. Ce remariage peut aussi avoir enrichi votre univers avec d'autres personnes qui vous aiment et prennent soin de vous. Votre monde peut s'être élargi et bonifié. Peut-être aussi avez-vous appris que les adultes doivent parfois faire des choix difficiles et aller de l'avant pour transformer positivement leur vie.

LAISSONS DÉCANTER LA NOUVELLE MIXTURE

Parfois, la famille ne s'élargit que légèrement, ou il peut s'agir d'un accroissement exponentiel lors d'un remariage. Il est possible pour les parents et les beaux-parents de réaliser ce mélange tout en demeurant attentifs aux sentiments de tous ceux impliqués directement et indirectement, ainsi qu'aux conséquences sur eux. Ils peuvent aussi simplement présumer que tout va fonctionner et continuer leur chemin sans trop de considération. Le temps et le respect constituent des facteurs importants pour la réussite de cette reconstitution familiale. Il est encore une fois essentiel de préserver l'unité familiale post-divorce originale parent/enfant, tout en intégrant les nouveaux membres de la belle-famille. Si l'on privilégie l'une au détriment des autres, ou inversement, le mélange se fait de manière déséquilibrée, ce qui a pour effet de jeter les enfants du divorce dans un cocktail de confusion et de chaos.

L'espace physique

Bien entendu, la maison rapetisse lorsque d'autres personnes y emménagent. Vos parents ont-ils planifié avec soin les réaménagements ? Il est ici essentiel d'être créatif et de réserver des endroits pour se retirer, mais aussi des endroits pour s'intégrer. La perte de votre espace personnel et de votre intimité peut occasionner des problèmes majeurs dans votre vie adulte. Dans une situation de vie communautaire, vous ne serez peut-être pas le colocataire idéal, car vous aurez l'impression de devoir protéger votre « coin » à tout prix, établir des limites, fermer les portes ou poser des affiches « Défense d'entrer ». Il est aussi possible que vous croyiez que vous avez très peu de marge de manœuvre, sinon aucune, pour protéger votre espace, vos effets personnels ou votre refuge contre l'intrusion des autres. On peut vous considérer comme facile à vivre, ou vous pouvez constituer une cible facile dont les autres prendront avantage. Vos compagnons de chambre ou votre conjoint n'apprécieront sans doute pas tous ces fainéants qui campent sur votre sofa et installent leur brosse à dents en permanence dans la salle de bain.

Les finances

Lorsque l'argent répond suffisamment aux besoins de tout un chacun, les problèmes financiers dans les familles reconstituées sont beaucoup moins importants. Il est même possible que les finances s'améliorent lors de l'intégration des belles-familles, puisque les dépenses sont partagées et les revenus peuvent augmenter grâce au salaire additionnel ou à la pension alimentaire d'un nouveau conjoint. Cependant, même cette nouvelle situation est susceptible de créer certains problèmes aux enfants du divorce. Si le nouveau beau-parent est maintenant le nouveau soutien de famille, peut-être constaterons-nous un changement dramatique relativement aux questions d'autorité et de contrôle. Le soutien financier et la générosité d'un adulte peuvent maintenant contaminer vos sentiments envers vos beaux-parents. Cette situation pourrait créer une telle confusion que vous serez incapable de déterminer vos véritables sentiments envers le parent. Vous avez alors l'impression que la relation est construite sur les échanges donnant-donnant d'objets matériels et non sur des émotions plus authentiques et plus profondes.

Mais le plus souvent, ce n'est pas le cas et l'intégration des belles-familles entraîne un changement sur le plan financier qui requiert plus de frugalité et de vigilance. Habituellement, il y a plus de bouches à nourrir et moins d'argent pour combler les besoins. Souvent, les femmes perdent leur pension alimentaire après leur remariage, alors que celui qui paie la pension alimentaire continue à assumer les mêmes obligations envers son ex-conjoint. Il est possible que les enfants du divorce se sentent facilement déstabilisés lorsqu'il est question de finances et que ce sujet devient une autre occasion de dispute entre les parents. Les enfants-adultes du divorce ne sont pas immunisés contre cette situation. Vous pouvez remarquer que l'un de vos parents se bat pour arrondir les fins de mois, alors que votre autre parent a un style de vie beaucoup plus luxueux. Vous vous sentirez peut-être coupable si votre propre vie est plus stable que celle de l'un de vos parents. Un renversement des rôles pourrait alors se produire plus vite que prévu sur le plan développemental, du fait que vous êtes maintenant responsable de votre parent sur le plan financier.

Bien sûr, il existe des conséquences beaucoup plus graves lorsqu'il n'y a pas d'argent pour fonctionner. Si les finances ont déterminé si oui ou non vous pouviez aller à l'université, prendre des vacances en famille, aller au camp ou au cinéma, acheter de nouveaux vêtements pour l'école ou même vos aliments préférés, vous avez peut-être ressenti de la colère et de la rancune, ce qui est susceptible d'avoir compliqué l'intégration de votre belle-famille.

Il est possible que ces tribulations aient engendré chez vous un sentiment de confusion et d'insécurité concernant les questions financières dans votre vie adulte. Ces changements dans la structure financière de votre famille peuvent avoir résulté en un besoin intense de vous assurer un revenu stable. Sans doute que vous ne voudrez plus jamais vivre une telle insécurité, et vous serez porté à placer vos priorités sur l'argent et sur le travail, écartant ainsi la famille et d'autres relations, et même d'autres occupations et d'autres plaisirs. Peut-être choisirez-vous un partenaire susceptible d'assurer votre sécurité financière, aux dépens d'un autre avec lequel vous pourriez grandir sur les plans intimes et émotionnels. Essentiellement, vous faites ainsi d'une pierre deux coups en vous assurant de reproduire dans votre relation le manque d'intimité observé chez vos parents, en même temps que s'installe une dépendance financière envers votre conjoint, créant ainsi un déséquilibre dans la relation. Peut-être recherchez-vous cette sécurité parent/enfant dont vous avez été privé, mais vous ne la trouverez certainement pas de cette façon. Il est aussi possible que vous décidiez que toutes ces questions financières n'en valent pas la peine et que vous choisissiez de vivre une vie sans obligations financières, refusant peut-être de vous lier à d'autres personnes susceptibles de dépendre de votre soutien — comme un conjoint et des enfants. Vous éviterez ainsi encore une fois d'avoir à créer l'intimité dont les véritables relations interdépendantes ont besoin et dont elles tirent même plaisir.

Mais qui est responsable?

Si vos parents ne s'en préoccupent pas, il est possible que leur remariage entraîne de la confusion concernant la prise de décisions et l'exercice de l'autorité. Même si les beaux-parents sont des gardiens de premier ordre ou simplement des gens merveilleux qui vous aiment et qui veulent le meilleur pour vous de manière impartiale, ils ne sont tout de même pas ceux qui devraient prendre les décisions importantes concernant votre vie. Ils devraient idéalement être des conseillers très valables et vraiment engagés pour vos parents, mais non responsables de vous. Avec un peu de chance, ils ont collaboré avec votre autre parent, mais les discussions portant sur votre individualité, vos besoins de porter un appareil dentaire ou de rencontrer un professeur privé, ou la décision de jouer au soccer, au basket-ball ou les deux, devraient réellement être du ressort de vos parents. Les beaux-parents peuvent avoir beaucoup d'influence, mais ils ne doivent pas avoir le dernier mot. Ce type de collaboration exige des parents qu'ils réfléchissent à la manière d'équilibrer les besoins des nouvelles belles-familles avec ceux de leurs propres enfants et de l'autre parent. Même une décision de participer à une activité parascolaire est susceptible d'affecter l'horaire et les plans des deux parents, et peut-être même ceux des deux belles-familles. Les parents sont ceux qui recueillent l'information qui leur permettra de prendre et d'appliquer les décisions appropriées.

Cette philosophie se rapporte aussi à la discipline. Les parents devraient décider ensemble des questions disciplinaires majeures, avec un peu de chance, harmonisant leurs méthodes d'application de la discipline. Cette façon d'agir revêt toute son importance dans le cas des adolescents versés dans l'art de pousser les limites de leurs parents et de les manipuler, même lorsque ceux-ci restent mariés et vivent ensemble. La communication et la constance sont les clés d'une discipline efficace. Vos parents devraient conserver l'autorité suprême, qu'ils soient divorcés ou non.

Si ces rôles ne sont pas clairement définis, les enfants risquent de vivre dans la confusion. Souvenez-vous que vos parents vous ont probablement dit que, malgré leur divorce, ils collaboreraient toujours en tant que parents pour votre bien et celui de vos frères et sœurs. Alors si vous éprouviez de la difficulté à bien distinguer qui détenait l'autorité, vous pouviez avoir l'impression qu'ils ont manqué à leur promesse et que vos nouveaux beaux-parents pouvaient facilement influencer l'alliance établie entre vos parents. À qui avez-vous fait vos demandes lorsque vous vouliez rentrer plus tard, modifier votre horaire ou trouver votre emploi d'été? Comme enfant du divorce, avez-vous perdu ce contact direct avec votre parent? Avez-vous perdu le respect envers votre parent, animé par l'impression que son conjoint lui avait « lavé le cerveau », pour ensuite vous ranger du côté de l'autre parent? Cette situation peut avoir sérieusement affecté votre relation avec vos parents. Les beaux-parents doivent demeurer des beaux-parents, et les parents, des parents, de manière à ce que les enfants du divorce puissent les intégrer dans leur vie sans ressentiment. Toutes les figures parentales sont appelées à jouer des rôles importants dans votre développement, mais votre vie a certainement dû être cahoteuse s'ils se sont marché sur les pieds et ont interverti les répliques.

UNE NOUVELLE BELLE-FAMILLE MULTIPLIÉE PAR COMBIEN?

Bien, si vous avez trouvé l'intégration d'un nouveau beau-parent et de ses enfants déroutante et compliquée, alors que se passe-t-il s'il en arrive deux, trois, ou plus? Lorsque les parents s'engagent dans une série de mariages et de divorces, leurs enfants sont exposés à de multiples adaptations et de multiples pertes, accumulant parfois les blessures émotionnelles en cours de route.

Il est extrêmement difficile pour les enfants du divorce de se permettre de s'attacher et de se lier à de nouveaux beaux-parents, de nouvelles demi-sœurs et de nouveaux demi-frères, pour ensuite les voir repartir à cause du nouveau divorce de leur parent. C'est pourquoi il est très important d'introduire très lentement ces nouvelles personnes et de donner à chacun, enfants et conjoints, la chance de se connaître mutuellement. Les enfants du divorce peuvent apprendre la malheureuse leçon que les relations sont éphémères, alors pourquoi s'en faire? Ou s'ils devaient s'engager, alors pourquoi s'investiraient-ils corps et âme? Cette perception est susceptible d'engendrer une « phobie des relations engagées » associée aux enfants-adultes du divorce (Wallerstein, Lewis et Blakeslee, 2001). Il est aisé de comprendre, dans ce contexte, votre réticence à ouvrir votre cœur encore et encore. Vous seriez sans doute davantage tenté de demeurer seul ou de nouer des relations plus superficielles. Les enfants du divorce exposés à de multiples divorces n'auront peut-être jamais réellement l'occasion d'apprendre de première main comment établir une relation saine et comment la vivre malgré les aléas de la vie. Il est possible qu'ils deviennent pessimistes et croient qu'ils seront toujours incapables de faire durer une relation intime; ils pourront même saboter les bonnes occasions lorsque viendra le moment de vraiment s'engager.

❖ ❖ *La phobie de Jessica*

Jessica a fréquenté Frank pendant environ trois ans et demi. Ils étaient tous les deux au début de la vingtaine. C'était une belle relation qui avait grandi avec les années. Jessica est fascinée par le fait que, contrairement à ses parents qui avaient subitement divorcé il y a dix ans, puis une seconde fois il y a moins de cinq ans, ça semble vraiment « fonctionner » entre elle et Frank. Ils peuvent passer plusieurs journées ensemble sans se disputer. Ils prennent de longues marches tous les deux. Chacun semble lire dans la pensée de l'autre et terminer les phrases de l'autre. Frank est affectueux et attentionné, et paraît réellement l'aimer. Pour leurs amis, c'est le « couple parfait », et leurs parents ont fait des plaisanteries au sujet d'une éventuelle demande en mariage de Frank.

L'autre soir, Frank et Jessica sont allés dans un merveilleux petit restaurant tranquille et, doucement et de façon romantique, Frank a commencé à parler de mariage. Immédiatement, Jessica est devenue anxieuse et effrayée. Elle avait de la difficulté à respirer et était en proie à la panique. Elle a expliqué à Frank qu'elle ne pouvait jamais s'imaginer avec quelqu'un d'autre, mais qu'elle pouvait difficilement concevoir le degré d'engagement que le mariage exigeait. Elle ne voulait pas finir comme ses parents et élever des enfants dans une famille divorcée. Elle savait que Frank ne pouvait lui garantir qu'ils ne divorceraient pas et elle avait l'impression qu'il serait injuste de placer des enfants dans cette situation. Elle a suggéré à Frank d'envisager de sortir avec quelqu'un d'autre s'il désirait vraiment se marier, car elle ignorait si elle serait jamais capable de se marier avec lui ou n'importe qui d'autre.

❖ ❖

Comme c'est le cas de Frank dans l'exemple précédent, les partenaires d'un enfant-adulte du divorce se retrouvent avec un lourd fardeau. Ils doivent avoir de bons ego, une solide estime d'eux-mêmes, une bonne somme de patience et de saines relations dans leur propre histoire. Il est possible que vous tentiez très fort de les couler, de les rejeter, de les rabaisser et de les tester sans fin, les acculant à vous prouver qu'ils ne vous quitteront vraiment pas. Autrement, vous essayez peut-être de prouver que vous avez raison et que la rupture n'est qu'une question de temps.

Votre faute — encore?

Les multiples pertes vécues à travers les multiples divorces des parents peuvent aussi continuer à nourrir l'hypothèse de votre enfance que vous avez contribué à la rupture de vos parents. Cette perception peut vous avoir amené à douter de votre valeur personnelle et à faire votre autocritique d'une manière exagérée. Vous croyez être le facteur principal et immuable dans toutes les interactions de vos parents. Vous avez l'impression que, si vous n'aviez pas été aussi stupide, coléreux, méchant, mal élevé, difficile, ou une telle nuisance, les relations de vos parents auraient duré. Si vous croyez que vous ne méritez pas ce merveilleux partenaire ou que vous détruirez vraisemblablement la relation et le blesserez de toute façon, vous pouvez être assuré que vous n'accepterez pour rien au monde de vous engager. Dans le chapitre 9, nous verrons plus en détail les effets du divorce d'un parent sur les relations adultes intimes.

Demeurer proches

La préservation des relations avec de multiples familles constitue un autre problème résultant des multiples divorces. La perspective de perdre un beau-parent chaleureux et peut-être certains demi-frères et demi-sœurs peut sembler dévastatrice. Même si les beaux-parents et les enfants ont la ferme intention de demeurer en relation et de se voir régulièrement, rien n'est plus pareil. La logistique consistant à équilibrer un plan de parentage avec deux parents biologiques est déjà assez complexe, mais lorsqu'il faut ajouter une ou plusieurs belles-familles, les relations se compliquent de façon exponentielle et finissent souvent par devenir impossibles. Si nous combinons le besoin personnel d'indépendance d'un adolescent et ses relations avec ses pairs, ou la vie professionnelle affairée d'un enfant-adulte et peut-être sa propre famille, la logistique peut s'avérer insurmontable. Ce qui constituait jadis des relations précieuses et chaleureuses se transforme en de rares contacts superficiels et des cartes à l'occasion des Fêtes. Si les relations parent/beau-parent étaient conflictuelles au moment du second divorce, il est possible que l'enfant du divorce n'ait pas grand-chose à dire sur le fait de demeurer en contact avec les belles-familles. Cela s'applique particulièrement dans le cas des plus jeunes enfants. Comme adulte, il vous est plus facile de faire valoir vos propres désirs, mais peut-être au prix de votre relation avec l'un des parents biologiques ou les deux.

Au début, on vous encourage à nouer des relations avec les nouveaux membres de votre belle-famille, peut-être même qu'on l'exige. Mais ensuite on vous dit de ne pas les voir, de ne pas leur parler ou de ne pas avoir de contact avec eux de quelque façon que ce soit. N'est-ce pas déroutant? Cela peut aussi dégénérer en une lutte de pouvoir entre vous et votre parent, alors que vous essayez désespérément de conserver les bons aspects de votre nouvelle vie. Peut-être que ce beau-parent était beaucoup plus présent pour vous à certains points de vue que vos propres parents. Ou peut-être qu'un demi-frère ou une demi-sœur plus âgés vous ont appris à skier et vous aidaient toujours à faire vos devoirs de mathématiques. Votre beau-parent servait peut-être de tampon dans le conflit entre vos parents. Il est possible que vous éprouviez beaucoup de ressentiment de devoir perdre tout cela, seulement parce que votre parent était incapable de maintenir une relation engagée. Encore une fois, le caractère éphémère de la vie ne vous est que trop familier. Cette situation ressemble à celle que vous avez vécue dans votre enfance, et elle risque de caractériser votre vie adulte si vous faites le choix de répéter ces mêmes modèles. La probabilité que ce processus se répète est élevée, particulièrement si vous comprenez mal les effets du divorce ou des divorces de vos parents sur vos choix adultes de partenaires. L'ignorance et la naïveté feront apparaître le même vieux modèle dans votre propre vie et dans celle de vos propres enfants.

Malheureusement, le concept de famille n'a pas encore assez progressé pour couvrir tout le champ de sa diversité. La quantité de litiges en comparaison du nombre de programmes de formation et de consultation destinés aux parents avant un divorce en dit long sur l'état actuel de la promotion du parentage en collaboration après un divorce. Par conséquent, l'acceptation de la réalité des divorces multiples par notre culture et l'assistance de routine offerte aux enfants qui doivent s'acclimater à ces changements semblent encore à des années-lumière de voir le jour. Il ne s'agit pas de faire la promotion des mariages en série, mais nous devons comprendre leurs effets sur les enfants, au moment du divorce, pendant leur enfance et dans leur vie adulte. À cette seule condition pourrons-nous commencer à influencer le processus de manière positive et peut-être intervenir pour empêcher la transmission de son terrible héritage.

LE BON, LE MAUVAIS ET LE MÉCHANT

Vous croyiez qu'il était compliqué de faire face au divorce de vos parents et maintenant les choses semblent se complexifier davantage avec l'introduction de ces nouvelles personnes dans votre vie. Commençons par appuyer l'idée que les beaux-parents, les demi-frères, les demi-sœurs et les membres de la belle-famille élargie peuvent être des compléments merveilleux et enrichissants à votre vie. Lorsque le remariage fonctionne bien, les parents et les enfants ont une seconde chance d'apprendre d'une manière saine sur les relations. Les enfants de ces familles acquièrent une connaissance de première main non seulement des écueils dans une relation engagée, mais aussi des moyens pour les éviter. Leur monde s'enrichit et s'élargit avec l'introduction de nouvelles personnalités, de nouvelles idées, et d'un plus grand nombre de personnes qui les aiment et qui en prennent soin. Les enfants pourront beaucoup apprendre sur la résolution de conflits, la coopération, le parentage, la flexibilité, l'indépendance, et l'amour de parents et de beaux-parents qui possèdent ces compétences.

Les effets négatifs potentiels sur les enfants-adultes du divorce reposent entièrement entre les mains des adultes qui les entourent. Vous n'êtes pas responsable de la situation. La décision de divorcer est difficile pour toutes les personnes concernées, et la décision d'un remariage apporte son propre lot de peurs et de fardeaux. Lorsque les parents sont plongés dans leur propre bonheur, dans un tout nouvel amour et dans un avenir plein d'espoir, il est parfois possible qu'ils oublient que le processus peut ne pas être aussi aisé et aussi simple pour leurs enfants. La conscience et la prévention sont les facteurs clés pour réussir un remariage et faciliter le rôle des beaux-parents. Les enfants du divorce ne sont pas toujours entraînés dans la vague du tout nouvel amour. Vous n'aviez pas autant besoin que vos parents d'avoir de la compagnie et d'établir de nouveaux liens. Vous aviez toujours deux parents qui étaient déjà aux prises avec de nombreuses complications logistiques. Vous souhaitiez certainement que vos parents soient heureux. Mais le fait que votre parent soit tombé amoureux de cette nouvelle personne et de ses cinq enfants ne signifie pas que ce sera la même chose pour vous et vos frères et sœurs. Il est important que tous collaborent pour obtenir des résultats positifs et durables.

Il est essentiel d'évaluer les sentiments, les besoins et les réactions d'un enfant du divorce lors d'un remariage, que l'on généralise quelque peu, mais qui sont uniques et individuels. Personne n'affirme que les parents ne devraient pas se remarier ou vivre des relations significatives. Si c'était le cas, on vous enseignerait une leçon différente et probablement négative. On vous parlerait seulement d'indépendance et de l'habileté de se sentir à l'aise et heureux dans la solitude et non dans une relation. Vous et vos frères et sœurs pouvez acquérir un sentiment d'harmonie et de complétude grâce au remariage de votre parent. Nous espérons que vos parents et vos beaux-parents étaient ou sont prévenants, gentils, conscients, patients, sensibles, bons négociateurs, désireux de faire des compromis, capables d'équilibrer leurs propres besoins avec les vôtres, non portés au jugement, et qu'ils se connaissent assez eux-mêmes pour prendre la décision sincère de se remarier mais en toute connaissance de cause et en y ayant bien réfléchi. Toutefois, si ce n'était pas tout à fait le cas, nous espérons que le chapitre 9 vous suggérera quelques idées utiles afin que vous puissiez commencer à établir de saines relations.

Partie II

Se rétablir du divorce : bâtir de nouvelles habiletés relationnelles

6

PRENDRE SOIN DE VOUS

Depuis combien de temps vos parents ont-ils divorcé? Les années se sont écoulées et le temps a passé. Vous êtes aujourd'hui un adulte. Avez-vous l'impression de ressembler maintenant à l'une des grandes personnes que vous admiriez lorsque vous étiez enfant? Ou vous sentez-vous encore comme un enfant? Avez-vous l'impression que le divorce *vous* affecte toujours, même si vos parents ont divorcé il y a des années et qu'ils ont refait leur vie. S'il est vrai que « le temps guérit de tous les maux », quand croyez-vous que suffisamment de temps se sera écoulé?

UNE QUESTION D'ATTENTION ET D'ATTITUDE

Il faut beaucoup plus que du temps pour guérir et se rétablir. Il n'est souvent pas suffisant de laisser une blessure ou un traumatisme guérir de lui-même. À une certaine époque, on croyait que le repos constituait le meilleur traitement après une crise cardiaque. En substance, les patients devaient abandonner la plupart des activités importantes à leurs yeux, et passer le reste de leur vie assis à se reposer pour éviter de stresser leur cœur. Mais depuis les vingt dernières années ou plus, il est rare que les gens demeurent aussi handicapés à la suite d'une atteinte cardiaque. Grâce à une supervision médicale appropriée, ils sont sur pied aussi rapidement que possible. Souvent, la personne fait finalement plus d'exercices *après* sa crise cardiaque qu'avant. Fréquemment, ces individus rapportent qu'ils se sentent plus forts après leur réadaptation cardiologique. Au lieu de simplement laisser le temps accomplir son œuvre, ils ont plutôt centré leur attention sur un mode de vie plus sain pour leur cœur et ont changé leur attitude concernant la maladie, leur régime alimentaire, la pratique d'exercices, et ainsi de suite. Ils ont ainsi sollicité leur capacité de résilience en réaction au stress de leur crise cardiaque et ont pu se rétablir.

Comme nous l'avons vu durant la première moitié de cet ouvrage, le divorce est une forme de stress différente, mais néanmoins majeure pour un enfant. Lorsque les parents, les amis et les autres personnes concernées laissent passer le temps dans l'espoir que l'enfant s'adaptera, ils ne lui fournissent pas tout ce qu'il lui faut pour l'aider à gérer ce stress. Mais ce temps est révolu. La responsabilité de votre rebondissement et de votre adaptation ne relève plus de votre entourage. Si vous vous attendez à ce que maman ou papa dise ou fasse la bonne chose, comprenne ou s'excuse, vous leur cédez encore le contrôle et le pouvoir sur votre vie actuelle. Votre adaptation à leur divorce dépend beaucoup plus de votre volonté de rester centré sur votre propre responsabilité en vue d'un sain rétablissement. Elle n'est plus rattachée à l'attitude de vos parents. C'est le temps d'opérer un changement sain, parce que vous avez décidé que vous êtes prêt. Il est maintenant temps pour vous de décider que votre bonheur dépend de vous, non de vos parents.

Vous prendre pour une victime

Nombre d'enfants-adultes du divorce mettent beaucoup l'accent sur les événements de leur enfance. Le point de mire est mis sur le monde extérieur et sur combien celui-ci est cruel, injuste et peu secourable. En vous centrant ainsi sur le monde extérieur, vous vous placez dans le rôle d'une victime, dont vous êtes prisonnier. Cette façon de penser ne tient pas compte de vos propres forces et des nombreux choix qui vous sont offerts pour mener une vie plus saine, plus plaisante et plus riche. Cette situation crée des attentes négatives par rapport à vous-même, aux autres et à vos relations. En bref, un point de mire mis sur l'extérieur crée des illusions qui semblent bien réelles.

❖ ❖ *Une prophétie qui se réalise d'elle-même*

Lorsque les parents de Bill ont divorcé, il a découvert que sa mère entretenait une relation avec un autre homme. Cette situation l'a grandement perturbé, spécialement parce que le père de Bill faisait souvent des commentaires désobligeants à propos de la mère de Bill. Bill a entendu maintes fois son père parler de sa mère comme d'une femme épouvantable, de la peine qu'il avait eue et de sa conviction qu'il était impossible de faire confiance à sa mère (pas plus qu'aux femmes en général). À l'âge adulte, Mary, la personne importante aux yeux de Bill, a souvent dû annuler leurs plans à cause des exigences de son emploi. Avec le temps, Bill a développé de l'anxiété et a fini par se convaincre que Mary n'était pas vraiment intéressée à lui. Même le fait que Mary soutenait le contraire a eu très peu d'effet sur l'anxiété de Bill. Ils se sont disputés au sujet de la possibilité qu'elle puisse s'intéresser à quelqu'un d'autre. Bill était souvent en colère et jaloux. Après un certain temps, Mary a mis fin à la relation. Bill est maintenant encore plus convaincu que jamais qu'il avait raison. Pourtant, Mary l'a quitté parce qu'elle était incapable de tolérer sa jalousie et ses doutes chroniques.

❖ ❖

Dans cet exemple, Bill avait besoin de faire preuve d'un meilleur contrôle interne et de séparer sa relation présente de ses expériences passées. S'il est vrai qu'il était déçu quand Mary annulait ses rendez-vous, il devait discuter de la situation avec elle sans insinuations lancées par jalousie. Dans ce cas, il aurait été plus productif de changer son point de mire qu'il mettait sur « ce qu'elle me faisait » et de reconnaître que son attitude et son comportement envers Mary étaient de son propre ressort. Il est possible que, sur le plan émotionnel, le comportement de Mary ait réveillé chez Bill les problèmes vécus lors du divorce de ses parents, bien que la signification de ce comportement différait dans la réalité.

L'attitude consiste à examiner la manière dont nous percevons les événements de notre vie. Alors que nos perceptions semblent parfois correctes et involontaires, elles peuvent effectivement se transformer si nous nous questionnons sur leur exactitude et leur rationalité. Souvent, les choses n'existent *pas* comme nous les percevons. Nos expériences passées colorent nos perceptions, comme le miroir de la maison du rire déforme notre propre image.

Bill aurait dû engager une sorte de dialogue interne avec lui-même : « Même si je me pose des questions sur l'intérêt de Mary pour quelqu'un d'autre, je n'irai pas dans cette voie. Elle dit qu'elle m'aime beaucoup. Lorsque nous sommes ensemble, elle paraît très intéressée à moi. Je ne dois pas admettre qu'elle s'intéresse à quelqu'un d'autre avant qu'elle ne m'en informe. J'accepte de courir ce risque. Mary et moi ne sommes pas maman et papa. Je dois éviter de la questionner sans arrêt. Au lieu de cela, je m'emploierai à prendre plaisir aux moments que nous passons ensemble. » À mesure que Bill apprend à changer son attitude et à détourner son attention vers une manière saine de percevoir sa relation, ses sentiments se transforment, de même que son comportement. La qualité du temps qu'il passe avec sa partenaire amoureuse s'en trouve rehaussée.

LA RÉSILIENCE

L'attitude et l'attention ne sont que deux ingrédients dans le processus de bien prendre soin de vous-même. Un concept assez récent mais très important apparu dans la littérature sur le divorce est celui de *résilience* ou l'habileté à se ressaisir (à rebondir) après avoir vécu des événements négatifs. Lorsque les professionnels médicaux, les familles et les patients ne reconnaissaient pas cette capacité de résilience des patients et leur pouvoir de reprendre le dessus après leur crise cardiaque, les patients restaient assis là à attendre la vieillesse. Mais lorsqu'on admet que les gens ont effectivement la capacité de guérir, les enjeux se modifient et on s'applique à aider les gens non pas simplement à se percevoir comme des victimes, mais plutôt à travailler activement à se rétablir et à vivre une vie remplie.

La résilience ne s'applique pas seulement aux problèmes de santé. Les enfants et les adultes sont remarquablement résilients lorsqu'ils doivent faire face aux stress et aux traumatismes dans la vie. Non pas qu'ils ne soient pas touchés par ces événements. Il est plutôt question d'affronter efficacement ces stress et de les gérer, de manière à ce que ceux-ci ne régissent pas nos vies. Vous ne devez pas penser que le divorce de vos parents vous a causé des dommages permanents. Vous *pouvez* rebondir.

Un homme de cinquante ans a décrit le divorce de ses parents comme un monstre qu'il a dû combattre quotidiennement. « Ce divorce a dominé ma vie, a-t-il dit. C'était comme si je devais toujours être sur mes gardes pour me protéger d'une éventuelle attaque. J'ai dû lutter pour empêcher que ce monstre dirige ma vie. J'ai dû me battre avec mes parents, ma femme et mes amis pour empêcher que les problèmes survenus dans mon enfance se reproduisent dans ma vie adulte. » Il a continué en disant : « J'ai ensuite pris conscience que le divorce est survenu il y a quarante ans. Je me suis rendu compte que, lorsque j'ai cessé de me battre, j'ai cessé de lui accorder du pouvoir sur moi. J'avais simplement besoin d'être moi-même et de vivre ma propre vie. J'ai besoin d'accepter les gens comme ils sont et d'éviter de toujours essayer de faire en sorte que mes relations actuelles soient parfaites. » Il s'agissait d'une découverte capitale. Lorsque nous cessons de nous prendre pour des victimes, nous n'avons pas à jouer et à rejouer nos anciennes batailles. Cette attitude peut alors nous permettre de centrer notre attention sur une vie plus normale dans le présent. Nous pouvons devenir résilient si nous nous permettons d'abandonner notre dépendance au divorce, à la souffrance qu'il a provoquée et à notre impression d'être à jamais une victime.

ABANDONNER NOTRE SOUFFRANCE

Vous connaissez bien la souffrance affective causée par le divorce de vos parents. Il est probable qu'elle vous accompagne souvent. En fait, plus vous y pensez, plus elle vous perturbe. Ce divorce vous est constamment rappelé. On dirait que le mot « divorce » est présent partout et en tout temps. Ouvrez un journal ou la télévision, parlez à un ami. Qui est en train de divorcer maintenant? Qui est aux prises avec un divorce impossible? Il est même possible que votre propre enfant vous dise : « La mère et le père de Jill vont divorcer. Comment osent-ils lui faire cela? » Ce divorce de vos parents peut vous être constamment rappelé quand vous planifiez des réunions de famille, vous écoutez un parent qui parle encore négativement de l'autre, et ainsi de suite. Il est alors vraiment facile de relier tous ces événements à votre propre souffrance. Cette souffrance vous accompagne sans doute en permanence. Vous avez l'impression d'être une « victime », un « survivant », ou un « enfant-adulte du divorce ». Ces étiquettes deviendront peut-être votre première identité, et feront en sorte que votre attention sera centrée sur la culpabilité, la colère et la peine associées à la perte de votre famille intacte.

Comme solution de rechange, vous pouvez tourner votre regard sur ce que votre famille et votre enfance vous ont *effectivement* apporté. Vous vous rappellerez peut-être l'amour que vous avez reçu de l'un de vos parents ou des deux. Vous porterez attention à la manière dont cet amour s'est manifesté. Vous pouvez aussi songer aux leçons positives que vos parents vous ont enseignées. Vous ont-ils appris à traiter avec Billy la terreur ou Mary la vilaine? Vous ont-ils dit qu'ils étaient fiers de vous?

Comment vous ont-ils soutenu et ont-ils pris soin de vous? Que vous ont-ils donné en dehors du divorce?

Exercice 6.1

Il serait utile de prendre un moment ou deux pour écrire les leçons de vie positives que vous avez reçues de vos parents. Sentez-vous bien libre d'utiliser l'espace plus bas ou votre journal pour clarifier certaines de vos réflexions.

Quelques leçons positives de la vie que m'ont enseignées mes parents :

1. ....

2. ....

3. ....

4. ....

5. ....

Pour vivre une enfance saine, il ne s'agit pas simplement d'avoir deux parents qui sont demeurés mariés. Certains ménages intacts sont terriblement dysfonctionnels. La perception de l'enfant par rapport à lui-même semble constituer un facteur majeur qui contribue à une enfance saine. Vous êtes-vous senti aimé, valorisé ou bien entouré?

Exercice 6.2

Dans l'espace plus bas ou dans votre journal, veuillez prendre un moment pour noter certains sentiments positifs que vous a manifestés l'un de vos parents ou les deux.

1. ....

2. ....

3. ....

4. ....

5. ....

Votre enfance a-t-elle été totalement négative, ou avez-vous reçu certaines communications positives de vos parents? Le fait de placer votre énergie sur la souffrance et sur les aspects négatifs vous est-il d'un grand secours, ou vous sentez-vous un peu mieux lorsque vous pensez aux éléments positifs? Vous ne pouvez ignorer totalement les aspects négatifs, mais probablement qu'ils prennent une trop grande part de votre temps d'antenne, et qu'ils chassent vos souvenirs d'autres importants sentiments et événements qui ont aussi joué un rôle dans la formation de votre personnalité.

Souvenez-vous malgré tout que votre personnalité n'est pas seulement formée par les événements positifs et négatifs de votre passé. Elle est aussi façonnée par votre vision de vous-même au présent.

RÉDUIRE LA CULPABILITÉ

Les enfants ont souvent l'impression qu'ils sont le centre de l'univers. Les nourrissons comprennent mal qu'il existe autre chose que le fait d'avoir faim, d'être mouillé ou fatigué. Ils ont probablement conscience de la présence de leurs parents et peut-être d'un frère ou d'une sœur, mais leur champ de perception est restreint à peu de chose en dehors de l'instant présent. À mesure que les enfants grandissent, ils commencent à s'apercevoir que d'autres personnes ont leur place dans le monde. Un tout-petit apprend à partager et à attendre son tour. Un enfant de première année apprend à être poli. Les adolescents commencent à apprendre que d'autres personnes éprouvent aussi des sentiments (une dure leçon pour certains). Mais toutes ces habiletés exigent des efforts, car les enfants comprennent mal que le monde ne tourne pas autour de leur personne. Lorsque les parents divorcent, de nombreux enfants peuvent par conséquent croire qu'ils sont responsables de la situation.

❖ ❖ *L'impact d'une chambre propre*

Mélissa avait sept ans lorsque ses parents se sont séparés. Un vendredi soir, ses parents (qui avaient déjà décidé de divorcer mais qui n'en avaient pas encore parlé avec elle) l'ont grondée parce que sa chambre était en désordre. Le samedi matin, après le déjeuner, ils se sont assis avec elle et lui ont calmement annoncé leur divorce. Qu'a pensé Mélissa? Bien, il lui a semblé que sa chambre en désordre était probablement la cause de la rupture. Les parents de Mélissa ont continué les procédures de divorce. Il ne s'agissait pas d'un divorce très conflictuel, mais ses parents étaient toujours pris par la dissolution de leur mariage. Ils aimaient Mélissa, mais aucun d'entre eux ne s'est arrêté pour se rendre compte qu'elle se croyait responsable du divorce. Pour un adulte, il peut sembler ridicule que Mélissa puisse croire que ses parents divorçaient parce que sa chambre était en désordre. Mais c'était parfaitement logique pour Mélissa. Elle s'est dit : « Hier, mes parents se sont fâchés parce que ma chambre était sale, puis ils m'ont dit qu'ils divorçaient. » Ces deux événements étaient rapprochés dans le temps et Mélissa savait à quel point elle était importante pour ses parents et pour leur bonheur. S'ils étaient assez malheureux pour demander le divorce, elle a perçu que ce devait être à cause de l'un de ses défauts. Mélissa a grandi et ne se souvenait même pas de ce soir où elle a été grondée pour avoir laissé sa chambre en désordre. Cependant, les sentiments d'être d'une certaine manière responsable du divorce de ses parents subsistaient.

❖   ❖

Même dans l'adolescence, il est possible que les enfants du divorce se sentent responsables de la décision de leurs parents. Ils cherchent souvent une raison, et comme l'adolescence amplifie leur tendance à être centrés sur eux-mêmes, ils s'approprient cette responsabilité.

❖ ❖ *Était-ce sa faute?*

Tim avait quatorze ans et était très contrarié par le divorce de ses parents. Il était peiné du fait qu'ils étaient malheureux en mariage et qu'ils étaient sur le point de disloquer sa famille intacte. Lorsque papa a subitement déménagé, Tim est devenu « l'homme de la maison ». Il se sentait mal dans ce rôle. Il avait constaté à quel point maman avait l'air triste et comment leur budget était serré. Il pensait : « Si maman et papa revenaient ensemble, les choses iraient mieux. » Lorsqu'il rendait visite à son père, il lui parlait de la tristesse de sa mère. Il se fâchait contre lui en disant : « Comment peux-tu faire ça à maman et à notre famille? » Tim pensait : « Si je tombais malade, peut-être reviendraient-ils ensemble au moins pour prendre soin de moi. » Il entendait ses parents dire qu'ils tenaient encore l'un à l'autre, et il les voyait à l'occasion aller au restaurant et pensait : « Il doit y avoir quelque chose que je peux faire pour arranger tout ça et obtenir que maman et papa reviennent ensemble. » Mais les désirs de Tim ne se sont jamais réalisés. Ses parents ont divorcé. Tim a grandi avec une mauvaise opinion de lui-même. Il réussissait très bien au collège et dans sa carrière, mais il lui semblait toujours que, peu importe ce qu'il réussissait, il n'était pas assez bon. Il éprouvait le sentiment tenace d'être « mauvais » et, peu importe ce qu'il réalisait, cette impression se perpétuait.

❖ ❖

La culpabilité est une émotion utile lorsqu'elle nous aide à effectuer des choix qui s'harmonisent avec nos valeurs. Cependant, dans le cas des enfants qui se sentent responsables du divorce de leurs parents, la culpabilité et la faible estime de soi qui en résultent sont improductives. Ces enfants s'accrochent à leurs mauvais sentiments et ceux-ci ont un impact négatif sur eux pendant des années, même jusque dans leur vie adulte. Mélissa tout comme Tim pensaient qu'ils étaient responsables du divorce de leurs parents parce qu'ils ont cru qu'il leur revenait de le prévenir. Comme adultes, ils auraient clairement pu envisager la chose autrement, mais ils n'ont jamais pris le temps de remettre en question leur conviction profondément ancrée que la responsabilité de cette rupture leur appartenait. Ils avaient tellement l'habitude de se blâmer qu'ils l'ont cru sans se poser de questions. Mélissa et Tim avaient besoin tous les deux de cesser de se dénigrer et de clairement reconnaître qu'ils n'avaient rien à voir avec le divorce de leurs parents.

Le divorce tout comme la réconciliation conjugale sont des décisions adultes qu'on ne peut associer au comportement de l'enfant. Même si, comme enfant, votre comportement était cruel, grossier ou autrement inapproprié, vous n'avez pas causé le divorce de vos parents, de même que vous n'êtes pas responsable de l'absence de réconciliation. Vous devez vous imprégner de ce concept et l'intégrer dans votre réflexion. Les enfants ne peuvent pas contrôler le comportement de leurs parents (même si nous le souhaiterions comme enfant).

LA GESTION DE LA COLÈRE ET LE PARDON

Donc, si ce n'était pas votre faute, qui était responsable? Le champ des suspects possibles se rétrécit rapidement jusqu'à ce que vous le réduisiez à maman, à papa, ou aux deux. Lorsque les enfants du divorce prennent conscience de cette réalité, il est possible qu'ils se rendent compte qu'ils éprouvent (ou ont éprouvé) beaucoup de colère contre un parent ou les deux. Cette colère est susceptible d'alimenter continuellement des problèmes relationnels avec les parents ou d'autres personnes importantes dans votre vie. La colère est telle qu'il semble que le divorce est tout récent. Il est possible que vous soyez très peu tolérant devant toute erreur commise par vos parents ou tout défaut qu'ils peuvent présenter. Il peut sembler que vous leur érigiez des normes beaucoup plus élevées que pour pratiquement n'importe quelle autre personne. Si c'est le cas, vous découvrirez peut-être que vous vous mettez fréquemment en colère lorsque de nouveaux problèmes surviennent et que vos parents déçoivent continuellement vos espérances.

Par conséquent, une étape s'impose pour vous aider à limiter ces sentiments négatifs dans votre vie, soit celle d'uniformiser vos attentes de manière à ce qu'elles soient les mêmes pour vos parents que pour la plupart des gens. En reconnaissant l'humanité de vos parents, vous pouvez établir à leur égard des attentes beaucoup plus adaptées à leurs forces et à leurs faiblesses actuelles, ce qui est susceptible d'amenuiser vos sentiments de colère et de déception. Vous abaissez la barre à un niveau plus réaliste lorsque vous vous détachez de l'illusion enfantine que vos parents savent tout et ont toujours raison. Vous reconnaissez que ce sont simplement des gens ordinaires avec leur propre bagage et leur propre histoire, qui ont fait le mieux qu'ils pouvaient (même si cela ne semblait pas être assez bon) pour traverser la vie avec ses exigences, sa complexité et ses déceptions.

Une autre stratégie consiste à voir vos parents tels qu'ils sont à présent. Quel âge ont-ils maintenant? Les percevez-vous de la même manière que lorsque vous étiez enfant, ou ont-ils à vos yeux leur véritable âge chronologique ? Depuis quand a eu lieu le divorce ? Pendant combien de temps devriez-vous traîner cette colère ? Il vous est possible de punir vos parents pour le reste de leur vie, mais vous vivriez alors une bien plus grande perte. Il est important que vous vous donniez tous une chance de vivre au présent et de reconnaître que vous n'avez pas à les punir (et à vous punir par conséquent) par une sentence à vie pour avoir commis le « crime » d'avoir divorcé.

Lorsque nous parlons de dépasser sa colère, il ne s'agit pas de prétendre que rien n'est arrivé. Il ne s'agit pas non plus d'oublier la souffrance. C'est plutôt une acceptation de la douleur en même temps que vous reconnaissez que le temps dont vous disposez aujourd'hui est précieux et qu'il existe d'autres aspects de votre vie et d'autres relations en dehors du divorce survenu il y a des années sur lequel vous centrez éternellement votre attention.

ABANDONNER LA MENTALITÉ DU SURVIVANT

Souvent, la colère est liée à la manière dont vous percevez que votre vie a été transformée par le divorce. Lorsque vous associez le divorce à votre enfance et à vos luttes actuelles, vous voyez-vous comme un enfant-adulte du divorce, ou comme un « survivant », ou même comme une « victime » ? Cette façon de penser est susceptible de rattacher l'ancienne colère aux situations et aux autres personnes dans le présent. De cette manière, il est possible que toute votre attention quotidienne et votre identité soient focalisées sur le divorce, où vous continuez à vous sentir aussi impuissant que lorsque vous étiez enfant. Quand vous dites : « S'il n'y avait pas eu le divorce, alors... », vous rendez le divorce responsable de votre malheur. Vous êtes ainsi distrait de votre responsabilité et de votre propre pouvoir sur vos décisions quotidiennes et sur votre bonheur.

Exercice 6.3

Dans l'espace plus bas ou dans votre journal, veuillez faire la liste de trois principales façons dont le divorce de vos parents a affecté (et affecte encore) votre vie :

1. ....

2. ....

3. ....

Pensez à la situation où deux adultes âgés reçoivent le diagnostic d'une maladie terminale. De fait, pour les besoins de l'exemple, imaginons qu'on leur a diagnostiqué cette maladie le même jour. Ils manifestent tous les deux les mêmes symptômes, ils ont reçu les mêmes pronostics et on leur attribue la même espérance de vie. L'un s'effondre sur le plan émotionnel, perçoit que sa vie est terminée et, en fait, attend la mort. L'autre décide de vivre une vie aussi remplie que possible pendant le temps qu'il lui reste. Quelle sera, d'après vous, la différence de qualité de vie de leurs derniers jours, semaines, mois ou années?

Contrairement à l'exemple cité plus haut, le divorce n'est pas une maladie terminale. C'est un agent stressant important, mais il ne doit pas ruiner votre vie. De fait, le divorce ne concerne même pas votre vie tout entière. Repensez à votre enfance. Sans tenir compte du divorce de vos parents, vous avez probablement connu plusieurs expériences positives. Examinez-les et prenez un moment pour faire la liste de quelques-unes d'entre elles soit ci-après ou dans votre journal.

Exercice 6.4

Quelques expériences positives de l'enfance :

1. ....

2. ....

3. ....

Il est important de ne pas faire du divorce le centre de votre enfance ni celui de votre identité actuelle comme adulte. C'était un événement important ou une série d'événements majeurs, mais le divorce n'a rien à voir avec vous. Il est possible qu'il ait joué un rôle dans le façonnement de votre expérience, mais vous êtes beaucoup plus que le divorce de vos parents. Vous n'êtes pas simplement une « victime » ou un « survivant » ou un « enfant-adulte du divorce ». Vous êtes une personne entière, avec un cœur, une âme, de la compassion, des valeurs, des forces et des faiblesses, dont les parents ont divorcé. À mesure que vous reconnaissez votre identité intégrale, vous commencez à vous affranchir quelque peu du pouvoir du divorce. Il vous est possible d'effectuer des choix en tant que personne indépendante, libre-penseuse, non comme victime ou survivant. Le divorce ne doit pas devenir l'élément central de votre personnalité. Votre personnalité doit se fonder sur la totalité de l'éventail de ce que vous êtes.

PRENDRE SOIN DE SOI

À mesure que vous reconnaissez que vous êtes bien plus qu'un enfant du divorce et que vous vous détournez de la colère et de la culpabilité, vous pouvez commencer à vous concentrer sur prendre soin de vous-même. Malheureusement, beaucoup d'enfants du divorce ont l'impression qu'il est égoïste de prendre soin d'eux-mêmes d'une manière aimante. Peut-être est-ce le message qu'ils ont reçu au cours de leur enfance, avec un de leurs parents (ou les deux) qui leur a dit : « Comment peux-tu ne penser qu'à toi alors que nous sommes en train de divorcer ? Qui crois-tu être ? » Les enfants qui ont été parentifiés ont appris à adopter une attitude désintéressée et à se placer eux-mêmes en dernier. Les enfants de familles très dysfonctionnelles apprennent à ne pas tenir compte de leurs désirs ou de leurs besoins parce qu'ils ont compris qu'ils n'en retireront que de la déception ou pire encore.

De nombreux enfants reçoivent le message que prendre soin de soi-même est quelque chose de mal. Il s'agit d'un message très destructeur. Il n'est pas nécessairement égoïste de prendre soin de soi. Il existe une distinction importante entre le fait de prendre soin de soi et l'égoïsme. Une personne est égoïste lorsqu'elle comble ses propres besoins sans considération ni respect pour les autres. Ce comportement a alors pour effet que l'autre personne est négligée (et habituellement blessée) dans la transaction interpersonnelle. Un exemple très simple d'égoïsme serait de prendre le dernier morceau de pizza parce que vous avez encore faim, sans demander à la personne avec qui vous êtes si elle a encore faim. Au contraire, vous seriez désintéressé si vous quittiez le restaurant affamé parce que vous n'avez pas communiqué à l'autre personne que vous avez encore faim. Une approche aimante envers vous-même serait d'offrir de partager le dernier morceau ou même de commander plus de pizza de manière à ce qu'aucun de vous ne reste sur sa faim. En d'autres mots, vous pouvez trouver une solution au problème en tenant compte de l'autre personne et de vous-même. C'est vrai — vous n'avez pas à vous oublier.

La clé pour prendre soin de soi consiste à reconnaître que vous faites partie de l'équation. Vous ne devez ni vous oublier ni être égoïste. Le plus important pour vous consiste à reconnaître vos propres besoins et à essayer de les combler de manière saine. Réussirez-vous toujours et serez-vous toujours heureux ?

Il est probable que non. Mais vous détiendrez plus de pouvoir si vous veillez à vos besoins et si vous évitez de jouer inutilement le rôle de victime.

CONSTRUIRE L'ESTIME DE SOI

Lorsque les parents prennent soin de leurs enfants d'une manière saine, les enfants ressentent qu'ils valent la peine qu'on prenne soin d'eux. Ils comprennent qu'ils sont aimables et qu'ils ont de la valeur aux yeux de leurs parents. Ils continuent à appliquer ce concept dans leur vie adulte, cultivant un sentiment de valeur personnelle et de saine estime de soi.

Si le divorce de vos parents a limité votre habileté à vivre ces expériences, vous n'aurez alors d'autre choix que de construire vous-même ce sens du soi. Vous pouvez vous tourner vers les autres pour obtenir ce que vos parents ne vous ont pas donné, mais selon toute probabilité, ces autres ne combleront pas le vide laissé, puisqu'il s'agit toujours d'une quête de bien-être à l'extérieur de vous. Celui-ci doit provenir d'un sentiment beaucoup plus intériorisé de vous-même, le sentiment que vous avez de la valeur, même si le monde est cruel, s'il vous ignore, ou tout simplement ne vous comprend pas.

L'estime de soi va de pair avec la reconnaissance que chacun de nous possède une valeur inhérente, la même valeur qu'un enfant ressent dans une relation saine avec ses parents. Il est possible que l'enfant agisse de manière à s'attirer la désapprobation de ses parents, mais sa valeur et l'amour que ceux-ci lui vouent ne s'altèrent jamais. Cette valeur inhérente est ce qui a besoin d'être reconnu à l'âge adulte, spécialement si celle-ci n'a pas été cultivée dans l'enfance. Comme c'est le cas de tous les enfants, votre valeur était et est inhérente à vous-même depuis le jour de votre naissance. Elle n'est pas fondée sur vos réussites, sur l'amour qu'on vous a témoigné, ni sur le nombre de diplômes ou de prix que vous avez reçus. Votre valeur est basée sur votre unicité en tant qu'individu. Cela peut sembler trop simple ou idiot, mais M. Rogers (oui, *le* M. Rogers) avait raison quand il faisait savoir aux enfants : « Vous êtes spécial. Personne ne vous ressemble. Vous êtes spécial simplement parce que vous êtes vous. »

Il est temps de reconnaître que, malgré vos défis et vos déceptions, vous êtes effectivement unique. Vous êtes celui ou celle qui doit prendre soin de la personne que vous êtes, et vous devez vous donner à vous-même la même compassion, le même soutien, la même tolérance et le même encouragement que vous procureriez aux autres, particulièrement à une personne que vous chérissez.

En prenant soin de vous-même, vous limitez l'impact du divorce. Le divorce de vos parents n'est pas et ne devrait pas constituer le centre de votre identité. Vous permettrez ainsi à votre personnalité de rayonner et de se développer à mesure que vous traverserez votre vie adulte et toucherez la vie d'autres personnes.

7

RÉTABLIR LES RELATIONS
AVEC VOS PARENTS

Depuis quand vos parents ont-ils divorcé? Dix, vingt, trente ans ou plus? Avez-vous l'impression que c'était hier? Ou le divorce de vos parents continue-t-il à faire pratiquement partie de votre vie quotidienne? À quel degré êtes-vous fâché contre eux et à quel point leur en voulez-vous pour ces années de souffrance et de déception? Avez-vous l'impression qu'il en sera toujours ainsi? Ce n'est pas nécessaire. Vous n'avez pas à porter le poids de leur divorce comme un héritage tout au long de votre vie adulte. Peut-être avez-vous maintenant vos propres enfants qui pourraient profiter de relations saines avec leurs grands-parents. Vous pouvez constater que vos parents prennent de l'âge. Peut-être est-il temps d'examiner de quelle façon vous pourriez améliorer vos relations avec l'un de vos parents ou les deux plutôt que de rester avec le sentiment que le divorce vécu il y a des années joue encore un rôle majeur dans votre vie.

Lorsque vous étiez enfant, vous avez compris la signification d'un divorce à travers les yeux d'un enfant et les paroles et les gestes de vos parents. La façon de penser et la vision du monde propres à l'enfance sont à l'origine de vos premières conceptions. Par exemple, il est probable que vous vous soyez senti responsable de ce divorce. Ou vous pouvez vous être dit : « Je suis tellement en colère contre maman et papa. Je voudrais simplement qu'ils cessent de se disputer. » Ou « Je ferais n'importe quoi pour qu'ils reviennent ensemble. » Si leur mariage était plus hostile ou plus violent, il est possible que vous ayez dirigé votre colère contre le parent le plus agressif. Cette colère et le manque de respect qui en était la source se sont peut-être prolongés même après toutes ces années. Vous avez pu découvrir d'innombrables exemples des faiblesses de l'un de vos parents ou des deux, découverte qui a continué à alimenter votre colère et à élargir la distance établie entre vous et eux.

De façon similaire, vous vous êtes aussi fait une opinion sur leur comportement. À cette époque, vos parents étaient probablement au moins vingt ans plus jeunes que maintenant. Ils ont traversé l'une des expériences les plus stressantes de leur vie. Ils ont peut-être été déprimés, effrayés et lourdement accablés. Il est possible que leurs finances aient été extrêmement serrées. Ils se sentaient peut-être mal à l'aise et humiliés en public. En bref, ils peuvent avoir été très affectés et affolés, naïfs et inhabiles à faire face à cet agent stressant majeur. Malheureusement, ils n'ont peut-être pu vous donner le meilleur de ce qu'ils avaient à offrir.

Vous avez maintenant vieilli tous les trois et, c'est à espérer, vous êtes devenus plus sages. Cependant, si vous êtes captif de la colère et de la souffrance, vous ne pouvez commencer à profiter de la sagesse que vous avez acquise depuis toutes ces années et de l'amour qui a peut-être toujours été présent, même s'il était difficile de le détecter. Il importe que vous vous occupiez de la colère et du sentiment d'avoir été blessé si vous voulez donner une chance à la relation de se renouveler.

❖ ❖ *Maintenant ou plus tard ?*

Janis a grandi dans la haine de sa mère qui a divorcé de son père lorsqu'elle avait quinze ans. C'était un divorce difficile, et son père lui a manqué terriblement. Il voyageait pour son travail, et elle le voyait rarement pendant la semaine. Un week-end sur deux n'était pas vraiment suffisant. Janis blâmait sa mère pour cette perte importante et ressentait presque en tout temps du mépris à son endroit. Au mieux, leur vie commune était difficile. Janis avait une volonté de fer et était rebelle ; elle se disputait fréquemment avec sa mère, puisque Janis était déterminée non seulement à affirmer son indépendance, mais à s'arranger pour que sa mère paie le prix d'avoir divorcé.

Lors de son départ pour l'université, Janis a déménagé de la maison de sa mère. Ensuite, les choses se sont lentement mises à aller mieux. Janis était capable de rencontrer son père plus fréquemment, et sa relation avec sa mère est devenue moins intense. Pendant les vingt-cinq années qui ont suivi, la relation de Janis avec sa mère a réellement commencé à s'améliorer et à se solidifier. Elle a aussi entretenu une relation privilégiée avec son père.

Janis a maintenant cinquante ans et elle confie : « Je suis très reconnaissante pour les vingt-cinq dernières années. Ma mère est maintenant vraiment mon amie (et ma fille a une grand-mère). Après tout, si j'avais à choisir, il est plus important pour moi d'avoir un lien intime avec ma mère tout le long de ma vie adulte que d'en avoir eu un pendant mon enfance. »

Ce lien intime ne s'est pas formé par chance, par magie, ou simplement en laissant le temps faire son œuvre. Il s'est épanoui grâce à un travail difficile et au dévouement de Janis à construire et à maintenir des relations chaleureuses avec ses deux parents. Janis a travaillé avec ses deux parents pour sauver les deux relations, malgré la douleur, la souffrance et les nombreuses années qui s'étaient écoulées.

❖   ❖

Vous *pouvez* décider que vous avez envie d'améliorer vos relations avec votre parent ou les deux. Bien sûr, votre engagement ne constitue que la moitié de l'équation. Vos parents devront aussi s'engager dans le même processus. De toute manière, vous pouvez toujours tenter de régler certains aspects de votre situation avec vos parents. Dans les sections qui suivent, nous discuterons d'un processus par lequel vous pouvez d'abord vous occuper de certains éléments importants pour vous avec vos parents, puis (si vous êtes tous engagés) commencer à rétablir votre relation. Même si vous n'obtenez pas cet engagement de la part de vos parents, il vous sera probablement bénéfique d'aménager un espace pour ouvrir le dialogue sur les questions qui vous préoccupent.

S'OCCUPER DE VOTRE SITUATION

Les questions liées au divorce de vos parents sont probablement complexes. Il est possible que vous soyez aux prises avec de nombreuses préoccupations et que vous éprouviez des sentiments contradictoires. Des couches et des couches de colère et de souffrance accumulées nécessitent sans doute que vous vous en occupiez, car ces blessures se sont peut-être répétées, longtemps même après la conclusion du divorce. De nombreux adultes cherchent à parler du divorce avec leurs parents, mais sans être préparés (pas plus que les parents d'ailleurs) pour cette interaction capitale. Les conseils suivants vous fourniront une procédure solide pour approcher vos parents.

Décider à l'avance des questions et des points à discuter

Souvent, les enfants affrontent leurs parents sur l'impulsion du moment. Cet affrontement peut se dérouler dans un restaurant ou lors d'une réunion familiale; vous pouvez être sous l'influence de l'alcool, ou tout simplement fâché à cause d'un récent événement. Dans le feu de l'action, il se peut que tout ce flot d'émotions qui vous submerge vous jette dans la confusion. À ce moment-là, plutôt que de suivre votre impulsion de parler ou d'affronter vos parents, nous recommandons que vous décidiez à l'avance et de manière réfléchie quels sont les points et les questions de premier plan dont vous voulez discuter. Il est très important de parler de ces éléments avec l'un de vos parents ou les deux. S'il s'était agi d'une rencontre d'affaires beaucoup moins cruciale, vous vous seriez certainement préparé. Il est possible que cette interaction avec vos parents constitue le seul moment avant longtemps où vous aurez la chance d'obtenir une telle attention de leur part. Vous devez donc être également concentré et préparé. Vous pourriez réfléchir à vos questions en tenant compte des perspectives suivantes. Nous avons inclus certains exemples pour vous aider à évaluer ce qui est important.

- *Des questions qui clarifient des faits :* Depuis combien de temps aviez-vous des problèmes conjugaux avant de décider de divorcer? Qui a pris la décision de divorcer? Pourquoi est-ce que je vois si peu l'un de mes parents? Est-ce vrai que tu ne voulais pas me voir aussi souvent?

- *Des questions qui clarifient la motivation :* Pourquoi as-tu décidé de déménager si loin de moi? As-tu divorcé en sachant que tu me blesserais? Pour quelle raison n'as-tu pas assisté à mes activités scolaires ou sportives? Pourquoi n'as-tu pas payé régulièrement la pension alimentaire, mais que tu as pu prendre des vacances avec ta nouvelle épouse/ton nouveau mari?

- *Des questions qui clarifient les sentiments passés du parent :* Comment te sentais-tu par rapport au divorce? Comment te sentais-tu quand je n'étais pas avec toi? Pourquoi détestais-tu maman/papa? À cette époque, quelle impression ça faisait d'envisager de divorcer?

- *Des questions qui clarifient les sentiments actuels du parent :* Comment te sens-tu au sujet de l'impact que le divorce a eu sur moi? Comment te sens-tu par rapport à notre relation depuis toutes ces années? Comment vois-tu nos relations maintenant que le divorce est si loin derrière nous?

Il vous est certainement possible de trouver de nombreuses autres questions pertinentes à votre propre expérience et à vos propres préoccupations. Réfléchissez-y avec attention et décidez quelles sont les plus importantes à vos yeux. Elles constitueront les questions précises à aborder dans tout dialogue avec votre parent.

Décider ce que vous voulez accomplir

Il est essentiel que vous soyez clair relativement au but recherché dans cet échange au sujet du passé, de vos sentiments ou de l'avenir. Dans un tel type d'interaction, la plupart des gens poursuivent généralement certains objectifs communs. Par exemple, peut-être vous suffirait-il de disposer d'une simple tribune qui vous permettrait d'exprimer vos opinions, vos idées et vos sentiments sur les impacts du divorce. Cette approche peut être utile simplement pour dire ce qui doit être dit. Nous appellerons cet objectif « planter le drapeau ».

Lorsque nous avons atterri sur la Lune pour la première fois, nous avons planté un drapeau. Qui verrait ce drapeau ? Prétendions-nous que les États-Unis étaient propriétaires de la Lune ? Sûrement pas. Nous affirmions plutôt notre présence et la signification des actions entreprises. Le geste en lui-même était important, même s'il n'entraînait pas d'autres conséquences. De façon similaire, vous pourriez trouver utile d'exposer *calmement* les commentaires requis à vos parents, simplement pour vous faire entendre. Peut-être direz-vous ce que vous aviez besoin de dire il y a des années quand vous étiez un enfant. Peu importe, vous planterez le drapeau simplement en vous exprimant personnellement. Cette approche est bénéfique dans le sens qu'elle vous évitera de vous exposer à d'autres déceptions. Vous ne demandez à vos parents que d'écouter tout simplement. Vous n'avez besoin que d'exprimer ce que vous pensez, ce qui est significatif en soi pour vous-même.

D'un autre côté, il est possible que vous recherchiez des excuses ou quelque reconnaissance et regret de la part de vos parents. Voilà qui est un peu plus délicat et vous place dans une position plus vulnérable. La capacité de s'excuser peut varier selon les parents (même des années plus tard). Ils ont leur propre système de défense, leur propre narcissisme et leurs propres problèmes de personnalité. Si vous cherchez à obtenir des excuses, il est préférable d'aller de l'avant et de les demander ouvertement. Vous pouvez même dire à vos parents que vous ne voulez pas qu'ils se justifient au sujet de ce qui a entouré le divorce. Vous voulez plutôt qu'ils reconnaissent les aspects négatifs de ce dernier et son impact majeur sur vous.

Finalement, vous pourriez avoir comme objectif d'ouvrir un dialogue à plus long terme qui vous permettra de parler plus en profondeur de ce qui vous préoccupe et d'amorcer un processus de reconstruction des relations. Vous pouvez viser des rencontres périodiques entre vous et votre parent (ou les deux). Par exemple, certains enfants-adultes qui vivent à une distance raisonnable de leurs parents décideront d'un moment et d'un endroit pour des rencontres régulières (un centre commercial, une allée de quilles, un restaurant). Ils utiliseront cette ébauche de structure pour établir une habitude de rencontres qui leur fournit le temps d'être ensemble, de parler de multiples sujets et, d'une certaine façon, d'apprendre à se connaître mutuellement comme ils sont dans le présent, et non conformément à leurs souvenirs ou à leurs attentes.

Au début, peut-être ne saurez-vous pas ce que vous recherchez au juste. Peut-être voulez-vous simplement commencer par planter le drapeau. Il vous sera alors possible d'évaluer la réaction de votre parent et de voir si vous souhaitez poursuivre la démarche. Il n'y a ni urgence ni échéance à respecter. Il est cependant important de vous rappeler qu'il est possible que votre parent ait peur de montrer sa vulnérabilité, comme vous d'ailleurs.

Décider de votre stratégie d'approche

La planification de votre première rencontre est très importante. En général, celle-ci devrait se faire dans un lieu favorable, comme un endroit neutre et tranquille sans trop de distractions. Vous ne devriez pas être sous l'influence de l'alcool. Vous pouvez décider de certains points qui vous aideront à vous sentir plus à l'aise et en contrôle. Par exemple, les éléments suivants :

- *Le type de première communication :* La plupart des gens croient qu'une telle discussion doit se faire en personne. Alors qu'il s'agit d'une solution très valable à cause de la communication non verbale qui l'accompagne, il est plus facile à certains moments de communiquer pour la première fois par la poste, par téléphone ou par courriel. Parfois, l'absence de contact direct peut permettre aux deux personnes de se sentir moins intimidées. La poste et le courriel vous permettront peut-être tous les deux de choisir prudemment et soigneusement vos mots. Cette méthode a l'avantage de vous donner la chance de relire ce qui a été dit. Vous vous assurez ainsi que vous communiquez bien ce que vous avez à dire et que c'est aussi le cas pour votre parent.

- *Le moment de la rencontre :* Si vous vous rencontrez en personne, cette rencontre devrait avoir lieu à un moment qui vous convient. Vous devriez être reposé et préparé. Il est préférable de ne pas être pressé par des engagements envers d'autres personnes ou par des activités ou du travail. Réservez suffisamment de temps (ça peut demander des heures) pour ne pas avoir besoin de courir pour libérer une gardienne d'enfants, revenir au travail ou répondre à quelque autre engagement.

- *L'endroit de la rencontre :* Si vous vous attendez à une rencontre explosive, il est souvent préférable de choisir un endroit public qui permet d'éviter les hausses de ton et même d'avoir des témoins, au besoin.

- *Les personnes qui assisteront à la rencontre :* Il est souvent préférable de tenir une première rencontre seulement entre vous et votre parent. Si vous êtes en conflit avec les deux parents, il serait judicieux que vous planifiiez de les rencontrer séparément. Vous ne voulez pas qu'ils rejouent les dynamiques de leur mariage et de leur divorce. Vous pourriez aussi découvrir qu'il est préférable d'organiser une première rencontre avec le parent qui vous soutient le plus ou qui est le plus proche de vous. Il pourrait s'agir d'une bonne pratique pour votre rencontre avec l'autre parent. De plus, si vous ou votre parent emmenez une autre personne, il est probable que l'un ou l'autre se sentira attaqué et minoritaire. Parfois, des frères et sœurs décident de rencontrer un parent ensemble. Même dans ce cas, le parent peut croire qu'on se coalise contre lui et se tenir sur la défensive. Dans certaines familles, la relation de chaque frère et sœur au parent est très différente. Vous pouvez même ne pas être conscient de ces différences, mais elles peuvent avoir des impacts négatifs sur le processus durant cette rencontre capitale.

• *Votre attitude durant la rencontre :* Votre attitude doit être calme et directe. Ce n'est pas le temps de dénigrer votre parent. C'est plutôt l'occasion d'essayer d'obtenir une certaine compréhension ou une conclusion du passé et possiblement d'établir les bases pour l'avenir. Plus votre comportement est convenable, plus il est probable que même si la rencontre ne produit que de piètres résultats, vous serez à l'aise avec votre propre démarche. De plus, si votre comportement n'est pas hostile, votre parent réagira probablement de manière plus honnête et plus positive.

• *Ce que vous ferez après la rencontre :* Même si vous vous êtes laissé amplement de temps, vous devriez planifier ce qui arrivera après la rencontre. Idéalement, vous devriez planifier d'être en compagnie d'une personne qui vous soutiendra. Vous pouvez vouloir vous réserver un moment de tranquillité. La rencontre ne devrait pas avoir lieu avant un travail important ou une obligation familiale. Il est presque certain que, si votre rencontre avec le parent n'a pas donné les résultats escomptés, vous ne serez pas à votre meilleur plus tard dans la journée. Prenez soin de vous et veillez à ne pas vous placer en situation de vous sentir accablé après la rencontre.

Décider ce que vous voulez dire

Il peut être très utile de penser soigneusement aux mots que vous utiliserez pendant cette discussion. Il est préférable de communiquer prudemment et clairement ce que vous avez à dire. Vous ne voulez pas que la discussion fasse fausse route et suscite encore plus d'incompréhension. Alors que vous n'avez aucun contrôle sur les propos de votre parent, vous devez vous assurer que vous vous exprimez vous-même de façon précise. Il est parfois utile de répéter à l'avance avec une personne significative ou un thérapeute les points principaux que vous voulez communiquer.

Préparer votre parent pour la rencontre

Il est aussi important pour votre parent d'être préparé pour la rencontre que ce l'est pour vous. Même si considérer « l'attaque en traître » peut sembler affectivement gratifiante, cette approche est rarement profitable. Généralement, le parent se sent alors assez menacé, et soit qu'il attaquera ou se tiendra sur la défensive. Cette façon d'agir perpétue généralement la dynamique du passé et est susceptible de vous causer de nouvelles blessures et de nouvelles frustrations. Au lieu de cela, il importe de donner du temps à votre parent pour réfléchir à la rencontre. Il doit avoir la chance de se rappeler le passé et de préparer ce qu'il veut vous dire. En deux mots, vous pouvez lui expliquer que vous aimeriez le rencontrer seul pour parler des questions que vous vous posez et de vos sentiments par rapport au divorce, et pour recevoir son propre point de vue sur le divorce. Cette attitude lui permet de ne pas se sentir embusqué, de se préparer pour cette très importante discussion et, avec un peu de chance, de réagir du mieux qu'il peut.

Vous préparer pour ce que vous pourriez entendre

Alors qu'il est très improbable que vous puissiez prédire exactement tout ce que vous entendrez pendant la rencontre, vous pouvez quand même faire certaines suppositions concernant les réponses de vos parents à vos questions et préoccupations. Pensez à l'avance à deux ou trois réponses que vous pourriez entendre et imaginez comment vous pourriez y réagir. Vous pourriez être surpris de découvrir que vous êtes alors mieux préparé à leur répondre. Le point essentiel, c'est qu'un peu de préparation mentale et de répétition peuvent être très utiles pour faire face à la surprise que peuvent provoquer la culpabilité, la colère, les larmes du parent, et toute nouvelle information qui peut vous être révélée.

En bref, prenez les rênes et la responsabilité de vous représenter cette interaction. Traitez la rencontre et la discussion avec le respect et l'importance que vous méritez.

Parler de la colère et du ressentiment

La sagesse traditionnelle et la psychologie populaire nous disent : « Exprimez vos sentiments. Laissez-leur savoir à quel point vous vous sentez mal. » Pourtant, il arrive souvent que ce conseil mène à un torrent de rage de la part des deux personnes et même à plus de douleur. À d'autres moments, une rumeur sourde peut s'élever lorsqu'il y a peu de résultats positifs ou de réaction de la part du parent. De nombreux clients nous disent : « Je ne veux pas simplement revivre le passé », et c'est souvent une bonne résolution. Si vous exprimez la colère et le ressentiment que vous avez vécus dans votre enfance à la manière d'un enfant, votre parent agira probablement comme « le parent » et non comme un autre adulte. Vous ne vous sentirez pas un adulte vous-même et pourrez seulement répéter le vieux cycle parent/enfant joué des années auparavant. L'expression de vos sentiments à propos du passé doit se faire autrement que de manière à les revivre dans le présent.

Certains trouvent finalement utile de penser à l'expression des sentiments passés un peu comme s'il s'agissait des sentiments de quelqu'un d'autre. Ils parlent calmement et rationnellement de ce qu'ils ont ressenti dans le passé, plutôt que de remuer toutes les émotions du passé dans l'interaction présente. Ils s'expriment comme s'il s'agissait d'un adulte qui parle pour un enfant. De fait, dans toute interaction présente avec vos parents, vous *êtes* un adulte. Vous n'êtes plus un enfant, et ils n'ont plus le même pouvoir parental sur vous, à moins que vous le leur cédiez. L'objectif de l'expression de votre colère et de votre ressentiment doit consister à communiquer cette information à vos parents de manière à ce qu'ils puissent l'entendre. Abstenez-vous de leur parler avec condescendance, de faire des remarques méprisantes ou de vous plaindre. Il est aussi d'une importance cruciale, peu importe la réaction de vos parents, que vous quittiez cet entretien avec le respect de vous-même. Il est important de conserver votre dignité. Si vous avez l'impression que vos parents ne vous respectent pas, soyez très vigilant à ne pas leur fournir des munitions supplémentaires. Leur respect pour la façon dont vous menez la discussion n'est pas aussi important que le respect envers vous-même pour vos propres actions et pour vos propres interactions avec eux. La psychothérapie (individuelle ou en groupe) peut vous aider à comprendre vos sentiments et à chercher des manières de communiquer efficacement avec vos parents.

Il est aussi essentiel de savoir à quel moment vous devez *cesser* d'exprimer vos sentiments. L'un de nos collègues l'a assez bien formulé : « Il est important de savoir quand entrer dans la piscine et quand en ressortir. » Il y a des moments où vous pouvez avoir besoin de cesser la discussion relative aux émotions (peut-être parce que c'est trop accablant ou que ce n'est plus productif) et de bifurquer vers un autre sujet plus léger ou même superficiel. Il n'est pas nécessaire que vous demeuriez dans la piscine des émotions jusqu'à ce que vous vous sentiez couler. Sortez-en lorsque c'est nécessaire et avant de vous épuiser sur le plan émotionnel.

VAINCRE L'ALIÉNATION PARENTALE

De loin, il peut s'agir de l'un des défis les plus difficiles à affronter de votre part. Comment vous est-il possible de travailler à rebâtir une relation avec un parent que vous détestez peut-être, que vous ne respectez pas, que vous considérez incroyablement plein de défauts, en qui vous n'avez pas confiance et que vous voyez rarement? Il est possible que vous ne vous rendiez même pas compte de la présence de cette aliénation parentale. Par exemple, vous pouvez dire : « Je n'étais pas aliéné. Je n'aime pas ma mère/mon père pour de bonnes raisons. Regardez ce qu'ils ont fait et regardez ce qu'ils n'ont pas fait. Légalement, je suis peut-être leur enfant, mais c'est là que ça se termine. » Mais même si vous ne le voyez pas comme une réelle aliénation, la colère et la distance causent encore beaucoup de dégâts. Alors que vous prenez tous de l'âge, vous et vos enfants n'avez pas la chance de profiter d'une quelconque expérience positive avec ce parent. Vous laissez échapper l'occasion de guérir et d'arriver à connaître votre parent comme il est maintenant, à ce moment de sa vie. Il est possible (même si cela semble une possibilité éloignée) que vos parents aient quelque peu mûri et soient en mesure de comprendre l'importance d'interagir avec vous d'une manière différente par rapport à ce que vous avez vécu comme enfant. Ils ont eux aussi profité d'années pour réfléchir sur le passé. Ils se retrouvent à un moment différent de leur vie et sont peut-être maintenant prêts à cultiver une relation plus saine avec vous. Imaginez que la chose ait été possible et bénéfique, mais que personne, ni vous ni votre parent, n'a fait les premiers pas. Vous ne sauriez jamais ce que vous avez perdu.

Donc, quelle est la première étape? Il faut carrément vous dire que vous désirez prendre le risque d'être effectivement blessé et abandonné encore une fois (ou plusieurs fois). Le risque consiste à investir dans un processus (non dans un *résultat*) qui soit vous confirmera que tout ce que vous savez sur ce parent est lacunaire, soit vous montrera qu'il a certaines caractéristiques valables. Le risque consiste à abandonner vos perceptions que vous croyez absolument véridiques à son sujet, et à courir plutôt la chance d'admettre que vous ne le connaissiez qu'à travers vos yeux d'enfant. Votre parent devra, bien sûr, prendre le même risque. Vous ne pouvez être responsable de leur volonté ou de leur réticence à chercher à reconstruire la relation. Vous pouvez seulement vous concentrer sur votre rôle et sur vos choix.

Par exemple, vous pourriez aborder ce parent, par la poste, au téléphone ou en personne, en lui disant que vous voulez disposer d'un bref moment pour parler. Il est possible qu'il soit réceptif, ou qu'il réagisse complètement à l'opposé. Il peut vous blâmer pour avoir laissé passer les années. Il peut ne pas se présenter à la rencontre, disant que c'est votre faute parce que vous lui avez donné de mauvais renseignements relatifs au lieu ou à l'heure du rendez-vous. Il peut se présenter à la rencontre, mais blâmer votre autre parent, être en colère ou agressif. Toutes ces possibilités sont en dehors de votre contrôle et ne relèvent pas de votre responsabilité. Vous pouvez seulement décider si vous voulez prendre le risque d'amorcer un dialogue.

Vous pouvez imaginer que votre parent agira de manière condescendante, indifférente ou hostile. Cette attitude peut correspondre au modèle que vous avez connu et auquel vous vous attendiez. Vous pouvez dire : « Eh, bien. C'est juste comme je croyais », et poursuivre en sachant qu'effectivement ce parent n'est pas encore prêt à effectuer un travail sur la relation.

Une perspective plus déconcertante peut consister à découvrir que le parent est rempli de remords et désireux de commencer à communiquer avec vous. Il est possible que cette situation vous apporte une bonne somme d'incertitude, puisque vous n'avez pas l'habitude d'interagir d'une telle manière avec ce parent. Pouvez-vous avoir confiance en ces comportements ? Vous en serez probablement incapable au début, ou même après un certain temps. Pourtant, vous pouvez décider d'avancer, peu importe la méfiance qui vous habite, et évaluer vos progrès avec le temps.

Le lien et la compréhension

Cette progression vers l'avant peut ressembler au fait de marcher les yeux bandés dans une maison étrange, mais vaguement familière. Vous pouvez dire : « Maintenant, où sont ces escaliers ? » en même temps que vous vous attendez à tout moment de tomber la tête la première dans le sous-sol. Il est au moins important de reconnaître, même s'il est négatif, qu'un lien unique et probablement inexploité vous relie, vous et vos enfants, au parent aliéné. C'est ce lien qui mène à la colère, à l'hostilité et au manque de respect. Maints enfants-adultes diront : « Je ne me soucie pas de mon parent. J'ai tellement souffert et trop de temps s'est écoulé. » Pourtant, il semble souvent qu'ils disent : « J'ai été tellement blessé parce que j'ai pris ça à cœur. Je souhaiterais ne pas me sentir concerné pour ne pas continuer à être blessé. » Le lien est à l'origine de la blessure. Si le lien n'existait vraiment pas, vous ne seriez probablement pas affecté par les gestes de ce parent. Les affronts et les agressions affectives dont vous avez été l'objet au cours des années de la part de gens à qui vous n'étiez vraiment pas attaché n'ont probablement pas eu autant d'impact sur vous que lorsque vous vous imaginez en situation de vulnérabilité avec le parent aliéné.

Ce lien peut constituer le pont entre la souffrance du passé et la possibilité d'établir une meilleure relation dans le présent. Il est d'abord nécessaire que cette meilleure relation se fonde sur une tentative de comprendre la situation. Les indications du début de ce chapitre sur une première communication avec un parent s'appliquent doublement dans le cas de la relation entre l'enfant et le parent aliéné. Ici aussi, la première étape devrait consister à essayer d'établir une certaine compréhension du passé et de ses impacts (même s'il ne s'agit pas d'un accord). Cette compréhension devrait permettre de susciter une prise de conscience mutuelle au sujet de l'impact du passé sur *chacun* de vous. C'est bien cela — vous devez vous rendre compte de l'impact du passé sur votre parent aussi. Il est probable que vous ne soyez pas d'accord avec la perception de votre parent ou avec la justification fournie pour les gestes qu'il a posés, mais vous avez besoin d'entendre son point de vue, comme il est nécessaire qu'il entende le vôtre. Vous pourriez être surpris d'apprendre comment son expérience du divorce et d'autres stress l'ont amené à se comporter d'une manière telle que vous

vous êtes senti tant méprisé. Cette révélation ne justifie pas ses gestes, mais elle les replace simplement en contexte.

Reconstruire le lien

Il est possible que votre parent puisse faire très peu de chose pour compenser la blessure et la déception du passé. Cette occasion peut s'être perdue depuis longtemps. Si vous cherchez à chasser l'ancienne douleur, vous serez probablement encore une fois déçu. À notre avis, la question se pose plutôt comme ceci : « Dans l'état actuel des choses, puis-je au moins établir une forme quelconque de relation raisonnable avec mon parent ? » Il ne s'agira probablement pas de la relation parent/enfant du siècle — certainement pas au début, si jamais il y en a une. C'est à peu près comme si maintenant vous vous familiarisiez avec cette personne pour la première fois. Un adulte plus jeune apprend à connaître un adulte plus âgé, et vice versa. Ces deux adultes ont jadis partagé un passé, mais, depuis lors, il s'est écoulé beaucoup de temps et de souffrances. Le défi consiste à évaluer le type de relation qu'il est possible de construire à présent.

Pourtant, comme nous l'avons dit plus tôt dans ce chapitre, la clé de la réussite consiste à éviter de glisser dans le rôle d'un jeune enfant. Vous êtes un adulte et vous devez aborder les interactions avec votre parent en adulte. Vous ne devez pas vous laisser intimider ou abuser par votre parent. Vous n'avez pas non plus à vous mettre en colère contre lui ou à lui donner une leçon. Apprenez à connaître ce parent comme il est aujourd'hui. Ressemble-t-il encore à la même terrible personne qu'il était auparavant ? Ou semble-t-il avoir pris de l'âge et être nettement moins intimidant ? Si vous aviez rencontré cette personne en tant qu'étranger dans une station d'autobus, auriez-vous été intimidé ? Cette personne aurait-elle été très menaçante ? De fait, à ce moment de votre vie, quel pouvoir détient-il vraiment sur vous ? Vous pouvez simplement apprendre à connaître cet adulte plus âgé comme il est maintenant, puis décider vous-même du degré de relation susceptible d'être bénéfique pour vous et pour vos enfants. Rappelez-vous, vous n'êtes plus pris au piège et vous n'êtes plus une victime. Vous êtes un individu à part entière et non un jeune enfant qui essaie de passer à travers un divorce impossible.

TRAITER AVEC LE PARENT ALIGNÉ – UNE CIRCONSTANCE PARTICULIÈRE

Lorsque vous parlez à votre parent aliéné, avez-vous l'impression d'être déloyal envers votre autre parent ? Vous sentez-vous coupable d'avoir partagé un repas avec votre parent aliéné et non avec votre parent aligné ? Comment se sentirait votre parent aligné si vous bâtissiez une relation neutre ou même positive avec votre parent aliéné ? Si ces questions, ou d'autres qui vous obsèdent, vous causent un certain degré de tension, il est très possible qu'il faille porter attention à votre relation avec votre parent aligné.

À mesure que vous commencez à explorer la possibilité d'établir une relation avec votre parent aliéné, vous découvrirez peut-être que cette situation ravive certains des vieux problèmes de votre enfance avec le parent aligné. Ce parent peut être en proie à une certaine anxiété à propos de la possibilité que vous établissiez des liens plus intimes avec le parent aliéné. Il peut s'inquiéter en pensant que vous êtes en train de « changer de côté » ou que vous entendrez parler de toutes ses erreurs de la bouche du parent aliéné. Votre parent aligné peut paraître triste, comme s'il vous perdait ou perdait votre amour. Il peut aller jusqu'à vous dire qu'il ne comprend pas pourquoi vous voulez voir l'autre parent après toutes ces années, et qu'il a l'impression que vous le blessez en cherchant à renouer avec l'autre parent.

Il est facile comme adulte de voir réapparaître la même dynamique familiale qu'à l'époque du divorce. Il existe pourtant une différence. C'est que maintenant vous êtes en mesure de voir le processus d'une manière plus objective et plus claire.

Cette objectivité peut vous aider à éviter de tomber dans les mêmes rôles que lorsque vous étiez enfant.

Comme adulte, vous devriez être libre d'entretenir une relation avec chacun de vos parents. Cette relation peut varier d'un parent à l'autre et, à mesure que les années passent, vous pouvez découvrir que les relations entre vous et chacun de vos deux parents se sont transformées. Pourtant, vous avez vraiment le droit d'établir des relations avec qui vous voulez. En outre, la relation avec un parent ne devrait pas empiéter sur la relation entre vous et l'autre parent. Dans un sens, il devrait y avoir une sorte de coupe-feu entre ces deux relations. Votre relation avec votre mère est aussi valable que celle que vous entretenez avec votre père, même si l'une de ces relations est plus satisfaisante, plus secourable ou plus saine que l'autre.

Il peut s'avérer nécessaire de discuter de certains des concepts décrits plus haut avec le parent avec lequel vous êtes le plus intimement aligné. De plus, vous pouvez dire au parent qui a l'impression de perdre votre amour que, peu importe ce que vous entendez du parent aliéné et peu importe ce que devient votre relation avec le parent aliéné, vous avez beaucoup d'amour à dispenser. Bien sûr, vous avez vous-même assez d'amour pour les deux parents. S'ils étaient demeurés mariés dans une famille saine et intacte, vous les aimeriez tous les deux et ils ne s'en sentiraient pas menacés. De fait, ils vous encourageraient probablement et se sentiraient inquiets si vous n'aimiez pas l'autre parent. Les sentiments d'un parent envers l'autre et leur situation de famille ne changent pas le fait que les deux sont vos parents, et que vous pouvez éprouver pour chacun d'eux des sentiments séparés et différents de leurs sentiments mutuels.

À d'autres moments, le parent aligné s'inquiétera peut-être du fait que vous puissiez être blessé sur le plan affectif en explorant la possibilité de construire une relation avec le parent aliéné. Vous pourrez entendre : « Ton père [ta mère] était tellement méchant avec toi pendant toutes ces années. Qu'est-ce qui te fait penser qu'il agira autrement maintenant? Tu t'arranges simplement pour être blessé de nouveau. Je t'aime, et je ne veux pas que tu souffres encore une fois. Je veux dire, regarde comment ton père [ta mère] a agi au cours du divorce. Ne vois-tu pas de quoi il est capable ? Je ne veux pas que ça t'arrive. »

Ce parent a besoin d'entendre que vous êtes pleinement conscient des risques affectifs que vous prenez et que vous êtes sensible à son inquiétude. Malgré tout, vous avez décidé d'effectuer le trajet que vous avez planifié et vous espérez au moins pouvoir compter sur son amour et son soutien affectif, même s'il croit que vous êtes téméraire.

Vous remarquerez peut-être que, si le parent avec lequel vous êtes bien aligné va trop loin, vous pouvez commencer à ressentir un sentiment de colère envers lui. Cette colère peut aussi constituer un indice d'une colère enfouie depuis des années. Souvent, les enfants pris dans la dynamique de l'aliénation parentale peuvent devenir assez en colère à cause des gestes du parent aligné. Vous pouvez, par exemple, commencer à penser que le parent aligné vous a manipulé pour vous éloigner du parent aliéné. Vous avez peut-être l'impression que le parent aligné vous prive de votre droit d'avoir une relation continue et viable avec votre autre parent. Si c'est le cas, il est important que vous essayiez d'éviter d'établir un processus de ricochet où vous passez simplement de la situation d'être aliéné d'un parent pour vous aliéner de l'autre. Dans ces circonstances, il est important de vous occuper de votre colère contre le parent aligné. À ces moments, une brève session de consultation à deux peut vous être utile alors qu'un facilitateur pourra vous aider, vous et votre parent aligné, à discuter et à résoudre les questions cruciales qui ont surgi.

ÉVITER LES CONFLITS DE LOYAUTÉ D'AUJOURD'HUI

Malheureusement, les systèmes familiaux n'ont pas le même type de loi naturelle qui impose une fin aux conflits de loyauté lorsque vous atteignez dix-huit ans. De fait, les familles intactes sont, elles aussi, prises dans des conflits de loyauté. Leurs membres se battent pour essayer d'organiser des soupers de l'Action de grâces, alors que les deux familles sont assez proches pour se voir (mais pas ensemble), lorsqu'ils ont à gérer deux obligations familiales qui surviennent le même week-end, ou lorsqu'ils doivent se rendre dans une église paroissiale ou à un service à la synagogue. Qui s'assoira avec qui? Qui se placera dans chaque sous-groupe de la famille? Oui, les enfants-adultes des familles intactes font face à de nombreuses exigences semblables.

Toutefois, en ce qui vous concerne, les demandes sont aggravées par le fait qu'il existe davantage de composantes du système familial susceptibles d'avoir des attentes ou des exigences à votre égard.

❖ ❖ *Est-ce nous ou eux?*

Paul et Stacey ont deux enfants, âgés de douze ans (Jessica) et quinze ans (Chris). Ce sont des enfants merveilleusement actifs et animés, engagés dans un certain nombre d'activités parascolaires durant le week-end. Les parents de Paul ont divorcé il y a bien des années et se sont depuis remariés à d'autres personnes. Un week-end, Jessica devait participer à un match de soccer à dix heures au terrain de la ville. Chris avait des pratiques de basket-ball à dix heures trente au gymnase du collège. Jessica devait aussi se rendre à une fête d'anniversaire dans l'après-midi, et Chris voulait recevoir la visite d'un ami. Pour compliquer les choses, durant ce week-end qui était tout sauf routinier, il y avait aussi l'anniversaire de la belle-mère de Paul. Paul et Stacey avaient planifié de s'arrêter chez elle pour une heure ou deux plus tard dans l'après-midi lorsqu'ils ramèneraient l'ami de Chris à la maison et iraient chercher Jessica à la fête.

Comme ils allaient quitter la maison pour le match de Jessica, la mère de Paul a téléphoné et a dit à Stacey qu'elle et son mari voulaient passer dans l'après-midi et peut-être souper tôt avec eux. Stacey a éclaté en larmes. « C'est beaucoup trop, a-t-elle dit. Je ne peux pas en faire plus. Comment puis-je venir à bout de tout ce casse-tête ? Il y a trop de choses en même temps. Ne pouvons-nous pas vivre une vie simplement à nous ? »

Stacey était coincée dans ses tentatives d'essayer de plaire à tout le monde, et pourtant elle avait l'impression qu'elle ne faisait plaisir à personne. Elle n'avait pas le sentiment qu'elle pouvait dire à la mère de Paul qu'elle ne pouvait la voir parce que c'était l'anniversaire de la belle-mère de Paul. Sa propre belle-mère aurait cru que la belle-mère de Paul était plus importante. Pourtant, en même temps, elle ne pouvait pas dire au père de Paul qu'ils ne s'arrêteraient pas pour la fête de son épouse parce que la mère de Paul venait leur rendre visite. Puis, bien sûr, il fallait considérer les sentiments des enfants. Ils étaient loin d'avoir projeté de rester à la maison avec leurs grands-parents. En un instant, Stacey s'est sentie débordée, voulant simplement fuir la ville toute seule pour éviter d'essayer de plaire à tout le monde.

❖ ❖

Il est loin d'être facile d'équilibrer ces besoins concurrentiels, mais nous pouvons vous donner quelques indications. Souvenez-vous cependant que ce sont des recommandations générales qui ne produiront probablement pas de résultats saisissants en une seule occasion. Ce sont plutôt des éléments à répéter régulièrement dans le temps.

Planifier, planifier, planifier

La planification à l'avance est cruciale lorsque le style de vie ou la constellation de la famille sont complexes. Si vous planifiez sur l'impulsion du moment, la situation se retournera probablement contre vous. Les enfants, les adultes et les grands-parents ont besoin de définir leurs attentes à l'avance. Les changements de dernière minute sont susceptibles de générer des conflits et de blesser les sentiments. Votre famille élargie tout comme vos enfants peuvent apprendre avec le temps qu'il leur faut essayer d'éviter de planifier à la dernière minute. Planifiez bien à l'avance et transmettez l'horaire à tout le monde.

Communiquer clairement les détails

L'expression « Se donner un mal du diable » est très pertinente lorsque vous essayez de coordonner les choses pour être en mesure de vous adapter aux multiples horaires et besoins. Dans les familles du divorce, maintes combinaisons d'individus peuvent se présenter dans une réunion familiale. Il existe beaucoup trop d'occasions susceptibles de conduire à un manque de communication. L'information précise doit être transmise clairement et rapidement aussitôt que possible et ne doit pas être laissée au hasard. Vous ne devriez pas penser ou entendre : « J'ai simplement cru que tu *saurais* que… ». Soyez clair et explicite avec toutes les parties. Quand les attentes ne sont pas comblées, de nombreuses personnes ont inutilement l'impression qu'elles ont été intentionnellement écartées pour « l'autre côté ». Si c'est vous qui planifiez, soyez clair et précis.

Établir des précédents

À mesure que le temps passe, les gens peuvent s'adapter à la plupart des routines. Tout comme vous avez dû vous adapter aux routines quand vous étiez enfant, vous pouvez maintenant en établir relativement à la façon dont vous passez votre temps avec chacun de vos parents. Par exemple, vous n'avez pas à refaire le scénario de l'Action de grâces chaque année. En tant qu'adulte, vous pouvez déterminer comment vous voulez passer l'Action de grâces et faire connaître à l'avance ce plan à toutes les personnes concernées. Vous n'avez pas besoin d'obtenir un ordre de la cour. Vous êtes la personne en mesure de décider pour vous-même. Vous pouvez commencer par établir des précédents en devenant prévisible d'une certaine manière, en faisant en sorte que vos parents sachent à quoi s'attendre de vous, d'une situation à l'autre. Grâce à cette constance, il est peu probable qu'on interprétera votre comportement comme une déclaration de loyauté envers un parent ou l'autre.

Établir ses limites et ses frontières

Vous devrez parfois être ferme lorsque vous traiterez avec vos parents, votre famille élargie, et même vos beaux-parents. Vous devrez clarifier le fait que vos sentiments envers chaque parent sont différents de leurs sentiments mutuels et que vous voulez avoir la relation que vous recherchez vous-même plutôt que la relation qu'ils auraient eux-mêmes. Par exemple, imaginez que vous planifiez votre mariage. Vos parents sont divorcés, et votre père et votre mère sont tous les deux remariés. De fait, votre mère s'est remariée une seconde fois. Votre premier beau-père était marié à votre mère durant la majeure partie de votre enfance, puisque vos parents ont divorcé lorsque vous étiez assez jeune. Vous vous sentez lié à vos parents, à votre belle-mère, et à vos *deux* beaux-pères. Vous vous sentez aussi lié à leurs propres parents ? N'est-ce pas la confusion ? Qui veulent-ils que vous invitiez au mariage ? Qui s'assoira avec qui ? Qui marchera dans l'allée ? Toute cette situation est-elle de votre ressort ? Ou devriez-vous inviter les gens que *vous* voulez voir présents à votre mariage et leur dire que vous invitez les gens qui sont importants pour vous en regard de votre relation avec chacun d'eux, et non par rapport au fait qu'ils s'aiment ou se détestent l'un l'autre ? Vous devrez parfois établir très clairement que c'est vous qui décidez et que vous ne basez pas vos décisions sur les besoins ou les désirs de tout un chacun.

S'attendre à créer des désappointements

Si vos parents sont sensibles aux questions de loyauté, vous devrez vous attendre à ne pas pouvoir leur plaire en tout temps. Vous ne pouvez les forcer à être d'accord avec vos décisions et à ne jamais se sentir blessés ou insultés ou méprisés. Cette situation survient même lorsque les enfants mariés issus de familles non divorcées choisissent quelle belle-famille ils verront. Vous devez faire attention de ne pas devenir responsable des sentiments de vos parents. Vous pouvez leur dire que vous regrettez qu'ils se sentent mal et que vous espérez qu'ils comprendront votre décision, mais vous ne pouvez faire en sorte qu'ils approuvent vos actions ou cessent d'agir d'une manière apparemment susceptible d'éveiller votre sentiment de culpabilité. D'un autre côté, vous devez vous libérer de la pression d'être l'enfant parfait qui fait toujours en sorte que personne ne se sente mal.

En résumé, vous avez le droit de saisir l'occasion d'avoir des relations saines avec vos deux parents. La construction de ces relations prend à la fois du temps et de l'énergie de la part de chacun. Vous devez vous rappeler que vous ne pouvez contrôler que votre partie de cette interaction, et qu'il vous est impossible de forcer vos parents à être ce que vous voudriez qu'ils soient ou à agir de la façon dont vous voudriez qu'ils se comportent. De même, ils ne peuvent vous obliger à être ou à agir selon leurs désirs. Comme adulte, vous n'avez pas toujours à leur plaire et à rechercher leur approbation. Vous pouvez cependant apprendre à vous connaître mutuellement comme vous êtes maintenant, et vous efforcer de construire une relation adulte cimentée par le passé, la souffrance et l'amour.

8

Lignes directrices pour des relations non amoureuses saines

Le divorce de vos parents comporte des ramifications. Que vous soyez d'accord ou non, il a un impact sur maints aspects différents de votre vie. Même lorsque vous ne souhaitez pas sa présence, il peut surgir et s'immiscer dans vos relations et dans vos décisions quotidiennes relatives à la conduite de votre vie. Ne soyez pas tenté de croire que vous avez complètement échappé à ses retombées. Il peut s'agir d'un merveilleux cas de déni et d'évitement, mais qu'aurait dit Freud à ce sujet? Le divorce de vos parents constitue votre héritage, et plus vous êtes conscient des causes, du processus et des conséquences de cet événement, plus vous serez en mesure de minimiser son impact négatif sur votre propre avenir.

LE BON ET LE MÉCHANT

Les retombées du divorce de vos parents sur vos relations peuvent être soit positives, soit négatives. Parfois, les enfants sont témoins de relations très conflictuelles, ou même de certaines autres qui sont simplement toujours irritantes et malheureuses. Peut-être avez-vous vécu dans un état d'agitation et n'avez-vous pu observer que peu de modèles de mariages affectueux, chaleureux et bien équilibrés. Si c'était le cas, il est possible que vous ignoriez ce qu'il vous faut chercher dans vos propres relations, et que vous disposiez de peu de références par lesquelles évaluer les hommes et les femmes qui se présentent dans votre vie.

À l'inverse, la fin du mariage de vos parents a probablement entraîné une cessation des hostilités, et il existe peut-être une meilleure collaboration entre vos parents. Il est possible qu'ils aient mieux réussi comme parents en étant séparés que pendant leur mariage. Si vous vous situez dans cette catégorie, vous avez vécu les conséquences saines d'une décision difficile à prendre. Vous avez appris qu'il était nécessaire d'effectuer certains changements pour pouvoir profiter d'un avenir positif. Vous avez peut-être aussi eu la chance de voir vos parents fonctionner comme des personnes indépendantes. Si vous êtes chanceux, il est possible que vous ayez vu vos parents négocier leur nouveau monde et établir des relations plus saines avec des gens qui les soutiennent et qui sont attentionnés.

Malheureusement, les aspects négatifs l'emportent souvent sur les aspects positifs du divorce de vos parents. Les conflits subsistants et les conséquences de toutes les années de disputes conjugales de vos parents ont peut-être fait en sorte que vous vous retrouvez face à nombre de questions irrésolues relatives aux différentes relations dans votre propre vie, et que vous manquiez d'habileté pour les résoudre. Prenez note que nous parlons ici de *toutes* les sortes de relations que vous rencontrez, pas seulement celles qui vous conduiront à l'amour romantique et peut-être au mariage. Le divorce de vos parents affecte probablement votre vie au travail, vos amitiés, vos relations avec votre famille élargie et même celles avec vos connaissances. Il est possible que toutes ces relations soient touchées par les mêmes problèmes qui sont susceptibles d'abonder dans votre vie amoureuse. Elles n'en sont pas exemptées.

Dans ce chapitre, nous examinerons certains des problèmes relationnels qui peuvent avoir un impact sur vos relations non amoureuses. Nous réserverons nos commentaires sur votre vie amoureuse pour le prochain chapitre. Bien sûr, les deux sujets se chevauchent. En fait, nous espérons élargir votre conception des conséquences du divorce de vos parents sur votre vie relationnelle en général, de façon à ne pas confiner ces problèmes dans le domaine de la relation intime.

LES LIMITES

Dans toute relation, le concept de limites implique des démarcations et des définitions qui nous permettent de fonctionner ensemble en toute sécurité. Dans une relation, les limites fournissent des paramètres, une clôture, une frontière et un terrain commun. Elles procurent la clarté et le confort nécessaires pour que la relation puisse grandir à l'intérieur des délimitations établies. Le problème survient quand les limites sont mal définies. Elles peuvent alors devenir trop fluides et trop flexibles, et faire en sorte que la relation soit déroutante et nébuleuse. Il est aussi possible qu'elles soient trop rigides, ce qui fait qu'une relation ne disposera peut-être pas d'assez de latitude pour établir sa propre identité ou se transformer avec le temps. Les enfants du divorce dénatureront peut-être les relations dans l'une ou l'autre de ces directions, et devront prendre conscience de l'existence de ces problèmes de limites. Après tout, vos propres limites relationnelles avec vos parents en conflit ont sans doute été déformées et n'ont pas été définies ni protégées par les adultes. Par exemple, il est possible que vous ayez été exposé au contact d'adultes qui sont allés au-delà de leur rôle de parents. Vous avez peut-être été leur confident, et non seulement leur enfant. Ou vous pouvez avoir été « protégé » du divorce de vos parents en étant tenu dans l'ignorance, où l'on ne vous a révélé que ce qu'ils estimaient important. Si c'était le cas, leur attitude devait être discrète, et les explications, rares. Les limites ressemblaient à des murs élevés, et vous étiez laissé à vous-même pour décoder leur divorce et ses impacts sur votre vie.

Maintenant, on vous demande de poser des limites appropriées dans les multiples relations de votre vie. Où apprendrez-vous la façon d'y arriver? Nos parents sont nos meilleurs modèles, mais ils peuvent aussi être nos pires professeurs. Les observations des autres, de leurs parents, de leurs partenaires, ainsi que la rétroaction utile des amis, de la famille, des collègues de travail et des thérapeutes, sont susceptibles de vous aider à vous rééduquer et à vous recycler afin d'établir de justes lignes de démarcation dans toutes les relations importantes de votre vie.

Mais, concernant ces limites, il existe des facteurs communs qui vous seront peut-être utiles à mesure que vous réfléchissez à certaines de vos relations. Vous pourriez mieux saisir ces facteurs si vous vous posiez régulièrement quelques questions importantes qui peuvent s'appliquer à presque tous les types de relations.

- *Type et but de la relation :* De quel type de relation s'agit-il? Est-ce une relation de travail, une connaissance, une amitié ou une relation familiale?

- *Rôles appropriés :* Quelles sont les attentes de chaque personne dans la relation? Est-ce qu'on s'attend à ce que l'une des deux personnes ou les deux jouent un rôle protecteur?

- *Risques et degré de confiance :* Quel degré d'intimité et de vulnérabilité devrait être présent dans la relation, et particulièrement à ce stade de la relation? Quels signes me disent qu'il est prudent de prendre des risques affectifs ou autrement? Qu'est-ce que je risque à ce stade-ci de la relation?

- *Partage approprié de la proximité et de l'intimité :* S'agit-il d'une relation où je me sens vraiment confortable d'être proche ou intime sur le plan émotionnel et/ou physique? Existe-t-il une pression pour l'intimité provenant de l'intérieur de moi ou de la part de l'autre personne? Suis-je prêt à vivre cette intimité et est-ce que je me sens à l'aise?

Ces questions de limites peuvent se rapporter à toutes sortes de relations. Vous voudrez peut-être réécrire ces questions dans votre journal de manière à pouvoir facilement les retrouver et les réviser à différents stades de vos relations actuelles et futures. Vous découvrirez peut-être qu'il s'agit d'indicateurs utiles dans votre voyage au pays des relations.

LA CONFIANCE

Le monde d'un enfant-adulte du divorce est basé sur l'expérience de ruptures majeures sur le plan de la confiance. À bien des égards, votre espoir que vos parents et votre famille dureraient en tant qu'unité indissociable a été détruit à jamais. Vous saviez que des promesses avaient été faites et qu'elles ont été brisées. Ce n'est pas ce que vos parents vous avaient appris à espérer. Maintenant, on vous dit que vous êtes censé avoir confiance que les autres relations dans votre vie seront loyales, utiles et sérieuses. Pourquoi devriez-vous croire cela? La plupart des choses et des gens dont vous avez appris à dépendre ont changé. Il est possible que vous ayez déménagé, changé d'école, de maison, d'amis et d'animaux de compagnie. De nouveaux frères et sœurs et de nouveaux beaux-parents se sont peut-être ajoutés. La situation financière de vos parents s'est probablement radicalement transformée. Il est possible que votre parent « à la maison » ait été obligé de retourner travailler. Vous n'avez peut-être pas pu participer à toutes les activités que vous aviez choisies, ni assister à des événements sociaux les week-ends. Vos parents agissaient peut-être d'une manière tellement opposée sur le plan des soins prodigués, que vous avez probablement fait l'expérience de deux approches distinctes dans deux maisons différentes au chapitre de la nourriture, des devoirs, de la discipline et de l'heure du coucher. Finalement, il est possible que vos parents stressés et déprimés n'aient pas été en mesure d'appliquer leur propre structure avec constance, même à l'intérieur de leur propre foyer. Il ne reste plus beaucoup de votre monde antérieur, et vous avez perdu l'expérience du confort que vous procurait l'homogénéité. Évidemment, votre lassitude et votre méfiance étaient prévisibles et probablement autoprotectrices. Mais dans la pratique, ces attitudes peuvent vous occasionner des problèmes.

Votre difficulté à faire confiance aux autres peut se manifester de bien des façons dans votre comportement. Vérifiez si vous pouvez vous retrouver dans les descriptions suivantes.

Les adeptes du changement

Une des manières de faire face aux problèmes de confiance consiste à ne pas demeurer trop longtemps au même endroit. De cette façon, vous n'avez pas à vous préoccuper de faire confiance à quelqu'un ou à quelque chose parce que vous ne vous accordez pas suffisamment de temps pour bâtir cette confiance. Les adeptes du changement ont des limites de temps intrinsèques dans leurs relations, dans leur cadre de vie ou dans leurs emplois. Lorsqu'ils ont l'impression qu'ils doivent s'engager avec confiance, ils plient habituellement bagage et se dirigent vers d'autres horizons. Ils préfèrent passer à l'action plutôt que d'examiner les peurs sous-jacentes au problème. La confiance à court terme ne pose pas de difficulté, mais la confiance à long terme, elle, est trop risquée.

Les crampons

Pour ceux d'entre vous qui correspondent à cette catégorie, vous paraissez ne pas éprouver de problème de confiance. Oh, mais il y en a un! Au premier coup d'œil, vous semblez vous investir facilement dans des relations. Le problème, c'est que vous collez comme du velcro, et parfois même que vous épuisez le meilleur des amis. Vous évaluez constamment vos relations avec les autres, en disséquant chaque petite parcelle, et vous ne renoncez jamais. Vous paraissez sans ressources, à cent lieues de l'indépendance appropriée dans la plupart des relations, et êtes incapable de reconnaître quand assez est assez. Les autres trouvent suffocante votre manière de vous cramponner. Ces attachements-crampons naissent du désespoir et de la peur de perdre. Vous n'êtes pas sûr de pouvoir vraiment vous fier à n'importe quelle relation, et vous savez que vous êtes incapable de supporter la fin d'un emploi, d'une amitié, et ainsi de suite ; vous vous battez donc de toutes vos forces pour éviter de les perdre. Essentiellement, les crampons s'attachent fermement à leurs relations, effrayés qu'ils sont à l'idée que la relation se terminera s'ils lâchent prise et lui permettent de simplement grandir à son propre rythme.

Les saboteurs

Ceux d'entre vous qui tombent sous cette catégorie, essayez de vous assurer que vous contrôlez toutes les relations de votre vie en les sabotant avant d'être vous-même blessé ou rejeté. Vous trouvez que les choses vont mal, vous brouillez tout, vous arrivez en retard au travail, vous oubliez les rendez-vous, et généralement vous créez de nombreuses raisons pour que les autres ne puissent vous faire confiance. Cette prophétie qui s'accomplit d'elle-même fonctionne très bien. Vous pouvez vous convaincre que les autres sont injustes, irraisonnables ou intolérants. Si vous êtes incapable de faire confiance que les autres sont là pour vous, alors vous vous assurerez de ne pas les mettre trop longtemps à l'épreuve, ou de ne pas être trop confiant ou vulnérable.

Les créateurs de distance

Pour certains, il est beaucoup plus facile de ne même pas essayer. Il s'agit ici d'une solution assez simple. Ne vous donnez pas la peine de trop vous engager dans quelque chose. Gardez vos distances. De cette manière, vous ne vous sentirez jamais blessé. Vous pouvez vous protéger à distance en n'interagissant avec les autres que si nécessaire. Les créateurs de distance ne s'attendent pas à faire confiance au-delà d'une certaine limite. Ils n'admettent pas qu'ils souhaitent avoir plus qu'ils en ont besoin. L'inconvénient ici, c'est que vous nouez rarement des relations permanentes dans votre vie, et celles que vous entretenez n'ont pas le degré d'intimité requise pour guérir vos blessures du passé. Quel ironique et malheureux sacrifice.

La confiance est un sentiment qui devrait se développer avec le temps dans les relations. Il faut lentement prendre des risques et augmenter sa vulnérabilité avec le temps, à mesure que se solidifient les sentiments de sécurité. Dans un sens, la construction de relations saines s'apparente au fait de travailler pour la CIA et d'obtenir progressivement des cotes de sécurité plus élevées. À mesure que la confiance se développe dans une relation, vous pouvez graduellement vous permettre de vous montrer plus vulnérable.

L'OUVERTURE AUX AUTRES

L'autre face de la médaille de la confiance est votre propre habileté à vous révéler aux autres. Votre capacité de vous ouvrir aux autres est probablement tout aussi abîmée que votre confiance a été compromise. Même si vous vous engagez avec d'autres personnes dignes de confiance et fiables, vous pouvez hésiter à vous révéler vous-même de telle façon que vous risquiez d'être blessé ou rejeté. À brève échéance, il peut être plus facile pour vous de vous protéger vous-même et d'être prudent que de prendre n'importe quel risque. Malheureusement, comme les enfants du divorce acceptent souvent de se blâmer eux-mêmes pour une partie sinon la totalité du divorce de leurs parents, leur estime de soi, leur assurance et leur confiance en soi sont grandement détériorées. Après tout, si vous avez l'impression que vous êtes tellement puissant que c'est votre faute si vos parents ne sont pas demeurés mariés, imaginez à quel point vous pouvez être destructif comme adulte. Ou, si vous croyez être tellement impuissant que vous avez été incapable de réunir vos parents, alors imaginez à quel point vous pouvez être faible et inefficace dans les autres relations de votre vie. Il devient alors préférable d'attendre, de surveiller et de vous poser des questions que d'établir un contact et de courir la chance dans votre vie. Il est possible que vous ayez si peur que les autres vous

« découvrent » qu'un engagement ne vaut simplement pas la peine peu importe le niveau.

Rappelez-vous aussi que le divorce lui-même, et c'était particulièrement vrai il y a des années, revêtait une connotation très négative et très honteuse. L'événement se produisait, mais personne n'en parlait, et le stigmate rattaché aux familles du divorce était énorme. Heureusement, dans le monde d'aujourd'hui, il existe une plus grande acceptation et une plus grande compréhension du divorce, des familles reconstituées et des foyers monoparentaux. Le divorce de vos parents vous a probablement fait du tort aussi, et par conséquent il est possible que vous ne souhaitiez pas que les autres sachent la vérité : que vous proveniez d'un « foyer brisé ».

Finalement, les modifications financières qui ont peut-être résulté du divorce de vos parents peuvent vous avoir donné l'impression que vous n'aviez pas votre place. Peut-être étiez-vous incapable d'aller aux mêmes endroits que les autres enfants, ou d'avoir les mêmes possibilités et le même équipement pour pratiquer un sport ou un passe-temps. Peut-être deviez-vous vous rendre chez un voisin ou une gardienne d'enfants après l'école parce que votre mère était retournée travailler à l'extérieur du foyer, contrairement aux autres enfants de cette époque. Il est aussi possible que l'un de vos parents ait quitté rapidement ou totalement à la fois le mariage et votre vie, vous laissant avec une « parentectomie », encore une fois à l'inverse de la plupart de vos autres amis. La colère et la tristesse étaient et sont probablement parfois accablantes. Peut-être est-ce plus simple de ne pas montrer vos véritables sentiments de peur qu'ils n'éclatent sans retenue et n'envahissent quelqu'un d'autre. Car les autres aussi risqueraient de partir.

Nous vous offrons aussi des descriptions de caractères dans le domaine de l'ouverture aux autres. Essayez encore une fois de découvrir dans quelle catégorie vous vous situez.

Les dissimulateurs

Ces personnes croient que l'ouverture ne vaut pas le risque. Elles peuvent paraître timides, mais elles sont en fait terrifiées à l'idée de se révéler aux autres. Le lien entre la vulnérabilité et le rejet est trop fort, et l'isolement est préférable au fait d'être blessé ou — pire encore — d'être abandonné.

Les surfeurs

La compagnie de ces individus est très plaisante, mais il ne faut pas les aimer profondément. Ces individus abordent le divorce de leurs parents en faisant semblant que l'événement n'était pas important. Ils prennent la vie comme elle vient, et ne s'engagent pas sur le plan affectif au-delà d'un certain niveau. Souvent, ils paraissent communiquer, ils sont enjoués et attachants, mais la voie la plus sécuritaire consiste à surfer sur le monde de leurs relations.

Les déverseurs

Ces individus sont presque à l'opposé des surfeurs. Ils disent tout et se lient instantanément, se plaçant à répétition sur la trajectoire d'une blessure potentielle. Ils manquent de jugement pour déterminer avec qui, quand et où s'ouvrir; et ainsi ils se laissent totalement aller. Même s'ils ont une certaine chance d'établir une relation, ils prennent l'énorme risque de s'exposer trop tôt et aux mauvaises personnes. Le divorce de leurs parents les a privés d'une bonne estime de soi, d'un bon sens de sécurité et d'un bon jugement en matière d'ouverture aux autres.

Les autosaboteurs

Malheureusement, ces individus utiliseront tout ce qu'ils peuvent pour se préserver d'avoir à s'ouvrir aux autres. Ceci inclut des méthodes autodestructrices comme la drogue, l'alcool, la colère et l'abus. Ils cherchent à éviter tout lien réel et ne veulent pas que les autres les connaissent d'une manière significative. Ils ont besoin d'ensevelir la souffrance pouvant résulter de la révélation de ce qu'ils sont vraiment par la consommation de substances ou des manifestations explosives de colère et d'hostilité. Ils matérialisent avec succès une prophétie qui s'accomplit d'elle-même. Il est possible qu'ils aient eu l'impression d'être responsables du divorce de leurs parents et sans recours; cette perception les conduit à s'assurer que les autres aussi restent éloignés. Ils se muent en êtres toxiques de telle manière que les autres finiront tôt ou tard par les rejeter.

Comme dans le cas de la confiance, l'ouverture aux autres doit se développer lentement dans les relations. Différents types de relations peuvent demander différents degrés d'ouverture. Par exemple, vous ne discuterez peut-être pas de votre salaire avec un ami, ou de votre mariage avec votre patron. Pourtant, l'inverse peut être vrai, comme de concevoir que vous pouvez discuter de votre mariage avec un ami et, bien sûr, de votre salaire avec votre patron. Il vous est possible de décider jusqu'à quel point et sur quels sujets vous serez ouvert dans vos différentes relations. Tout cela varie d'une situation à l'autre.

LA RÉSOLUTION DE CONFLIT

Toutes les relations saines et malsaines ont leur lot de conflits, ce qui fait naturellement partie des différentes sphères d'interaction avec les autres, comme le travail, la vie en commun, le jeu, l'amour. Les enfants-adultes du divorce trouveront sans doute difficile d'évaluer comment résoudre les disputes avec les autres. Cette difficulté s'étend à tous les types de relations, autant à l'intérieur qu'à l'extérieur de votre famille immédiate. Après tout, vous avez probablement été témoin de toutes sortes de conflits avant et après le divorce. De plus, vous avez probablement vu les conflits s'enliser et se transformer en une immense conflagration qui a anéanti votre vie et celle d'autres personnes que vous aimez. Il peut en résulter une croyance que tout conflit est une mauvaise chose, qu'il doit être évité à tout prix et qu'il ne se terminera jamais. D'un autre côté, il est possible que les enfants du divorce s'habituent tellement au conflit qu'ils grandissent en développant à peu près la même dépendance au conflit que celle qui accablait leurs parents des années auparavant. Certains de ces enfants du divorce auront peut-être l'impression qu'ils doivent « gagner à tout prix », et il sera peut-être très difficile pour eux d'abandonner, d'accommoder ou de dire « je suis désolé » lors d'une dispute.

Il arrive aussi souvent que les enfants-adultes du divorce ne disposent pas des modèles d'identification nécessaires qui leur enseigneront comment argumenter, être en désaccord, puis enfin parvenir à une résolution qui satisfait les deux parties. Ils seront peut-être invariablement exposés au type de désaccord qui conduit à une impasse plutôt qu'à une issue. Ils sont portés systématiquement vers les conflits qui s'autoalimentent et qui n'ont pas de fin. Ils s'attachent beaucoup plus à remporter la victoire qu'à chercher une solution. Trop souvent, vous avez vu vos parents ne pas trouver un terrain d'entente satisfaisant ou des compromis mutuels. Nombre de parents qui ont divorcé étaient de pauvres professeurs et de pauvres exemples en matière de résolution de conflits. Comment vous aurait-il été possible d'apprendre ces habiletés?

Encore une fois, voyez si vous pouvez vous reconnaître dans les prochaines descriptions de styles de résolution de conflits répandus chez les enfants-adultes du divorce.

Les agresseurs

Ces individus argumentent sur presque tout! Ils donnent l'impression que la plus grande partie de leur vie représente un défi, et ils dépensent une grande somme d'énergie à gagner des batailles. Ils sont susceptibles, s'enflamment facilement et tiennent peu compte des sentiments des autres. Ils sont peu empathiques, et par conséquent peu habiles à comprendre les diverses situations autour d'eux. Ces enfants-adultes du divorce ont appris leurs leçons de maîtres et perçoivent le conflit comme une guerre constante à engager et à gagner à tout prix.

Les agitateurs

Ces individus ne sont pas aussi extrémistes que les agresseurs, mais ils sont incapables de vivre sans susciter un niveau relativement constant d'agitation. Eux aussi sont habitués à vivre dans des conflits insolubles. Ils harcèlent les autres, examinent les opinions sous tous les angles, prennent trop de temps pour résoudre les problèmes, et créent de la tension simplement pour le plaisir de susciter une réaction. L'extrême inconfort que cette attitude engendre dans leur famille et dans d'autres relations de leur propre vie leur est bien connu.

Les partisans de la capitulation et du compromis

Ces individus excellent à imaginer les solutions qui permettraient de terminer rapidement le conflit. Malheureusement, ils y parviennent chaque fois en cédant et en renonçant. Il est facile de résoudre un conflit avec ces personnes, car elles sont aisément portées à faire des compromis ou à laisser gagner l'autre. Leurs propres opinions ne comptent pas assez. De fait, elles ne sont pas vraiment très expertes dans la véritable résolution de conflit, mais le sont plutôt dans la recherche de manières de calmer la tempête potentielle. Elles perdent souvent leur propre identité dans le processus. Ces enfants-adultes du divorce ont bien appris la façon d'attraper l'extincteur chimique et d'éteindre les flammes avant qu'elles ne deviennent trop incontrôlables.

Les adeptes de l'évitement

Ces individus s'éloignent habilement de la plupart des conflits et les évitent si c'est possible. Contrairement aux partisans du compromis et de la capitulation, les adeptes de l'évitement essaient de fuir toutes les formes de divergence d'opinions avant qu'elles ne surviennent. Ils sont passifs avec un « P » majuscule et n'expriment pas de fortes opinions, ou même ne sont jamais les premiers à les formuler. Ils peuvent manifester soit une trop grande dépendance, soit une trop grande indépendance dans leur comportement avec les autres. Il en résulte qu'ils sont contrôlés par les autres, mais n'offrent pas de résistance, ou qu'ils prennent la fuite lorsque les événements commencent à être trop conflictuels. Ces enfants-adultes du divorce ont très bien appris la façon d'éviter les conflits qu'ils ont vécus durant toute leur vie, et qui sont même susceptibles d'être encore présents dans leur vie adulte.

La goutte qui fait déborder le vase

Ces adultes réagissent d'abord comme les adeptes de l'évitement. Ils fuient les conflits et sont souvent passifs dans leurs interactions avec les autres jusqu'à ce qu'ils deviennent incapables d'en supporter davantage. Ils sont alors susceptibles de réagir à l'excès et de se transformer en agresseurs. Ce comportement peut mener à de la confusion et à de l'instabilité dans leurs relations, de même qu'à des sentiments de culpabilité lorsqu'ils vont trop loin.

Il n'existe pas de recette simple pour résoudre les conflits. Il est parfois peut-être vraiment avantageux de céder et d'éviter un conflit, mais à d'autres moments, il est préférable d'« aller au front ». L'astuce, c'est d'être capable de choisir la meilleure approche par rapport à une situation donnée. Par ailleurs, il est possible de résoudre un conflit en collaborant avec l'autre au lieu de simplement partir en guerre. Il est parfois préférable d'utiliser une méthode plus douce qu'une autre de nature hostile ou intimidante. Lorsque vous faites face à un conflit, il vous est possible de réfléchir au moment et à la manière de réagir, et d'éviter les réactions impulsives fondées sur votre expérience passée.

VOTRE MONDE PROFESSIONNEL

Vous vous demandez peut-être comment il peut se faire que le divorce de vos parents ait quelque chose à voir avec vous-même dans votre environnement de travail. En fait, il y a un lien. Les limites et les occasions de conflits se retrouvent partout et sont particulièrement importantes dans vos relations avec vos collègues de travail, vos superviseurs, vos directeurs et les personnes dont vous avez la charge. Les relations de travail exigent que les rôles soient clairs et qu'on soit habile à communiquer efficacement autant en bas qu'en haut de la chaîne hiérarchique. Dans les entreprises d'aujourd'hui, il est très fréquent de recevoir de la rétroaction sous la forme d'entretiens personnels avec votre supérieur, ou de sondages réalisés auprès de vos collègues de travail, ou de réunions avec des consultants. Il est souvent très difficile pour les employés et les employeurs d'établir de bonnes relations de travail qui comportent des limites professionnelles, qui favorisent la résolution des conflits et qui offrent une certaine marge de confort et d'intimité. Il est possible que les enfants-adultes du divorce soient déroutés par les messages, dépassant parfois les limites et devenant trop personnels, ou faisant preuve d'une trop grande réserve pour interagir et étant perçus comme distants et non motivés.

Par exemple, les enfants parentifiés du divorce ne respecteront peut-être pas les limites entre eux-mêmes et leurs patrons. Si vous avez appris tôt dans la vie qu'il existe très peu de différence entre vous et vos parents en ce qui concerne les rôles et les responsabilités, il est alors possible que vous perceviez mal la place que vous occupez dans votre environnement de travail et que vous brouilliez les rôles. Cette perception peut agir dans les deux sens et se manifester par un excès de familiarité, la distribution de conseils ou de suggestions disproportionnés par rapport à votre statut, ou la prise en charge de personnel mais non en tant que membre d'une équipe. Dans le cas des enfants-adultes du divorce de sexe féminin qui n'ont pu se lier de manière sécuritaire et constante à une figure mâle pertinente, l'interaction femme/homme dans le monde du travail est susceptible de les déconcerter. Le besoin d'être aimée peut prévaloir sur la simple reconnaissance de ses compétences et contaminer les relations de travail. Il est alors possible que les autres interprètent mal vos messages, ce qui pourrait vous occasionner d'être victime de harcèlement sexuel. À certains moments, vous pouvez découvrir que les autres profitent de vous. La vigilance est donc un élément essentiel. Il est important que vous demeuriez très conscient de vos gestes au travail et de la façon dont vos collègues de travail peuvent les percevoir.

Voici quelques indications utiles pour vous guider à travers le dédale des relations de travail.

Obtenir une définition de tâches claire

Avant de commencer, assurez-vous de savoir exactement ce qu'exige votre travail. Posez les questions nécessaires et obtenez les réponses requises. Ne lisez pas simplement la description de tâches, mais utilisez votre entrevue pour vous faire un portrait précis de vos tâches. Discutez avec vos autres collègues de leur expérience.

Communiquer avec vos supérieurs et vos confrères

La meilleure médecine préventive pour éviter les problèmes de limites professionnelles réside dans la rétroaction constante. Soyez prévoyant. Posez des questions sur votre travail et clarifiez fréquemment les limites attendues dans l'exercice de vos fonctions.

Séparer votre vie personnelle de votre vie professionnelle

Votre vie personnelle appartient à l'extérieur du bureau. Ce concept peut paraître insignifiant, mais en tant qu'enfant du divorce, il est possible que votre vie soit contaminée par le conflit sans fin entre vos parents. Appels téléphoniques inopportuns, lettres, problèmes juridiques, médisances, et quoi encore, ont caractérisé vos journées sans que vos besoins ne soient pris en compte. Peut-être que des messages laissés sur le répondeur et des courriels ont envahi votre monde sans règles ni respect.

Ne reproduisez pas ce modèle. Le temps de travail doit se passer à *travailler*. Vous devez apprendre aux autres personnes dans votre vie qu'il existe d'autres moments et d'autres endroits pour discuter de questions personnelles.

Apprendre à faire partie d'une équipe

Les enfants du divorce chercheront peut-être à se protéger à outrance, ou ils s'impliqueront de manière excessive dans la prise en charge d'un projet ou d'une réunion. Apprenez où se trouve votre place. Apprenez à déléguer. Apprenez à écouter. Apprenez à utiliser les ressources autour de vous. Faire confiance que les autres peuvent travailler honnêtement et efficacement avec vous peut être quelque chose de difficile pour vous, mais cette attitude est susceptible de vous apporter beaucoup de satisfaction.

Résoudre efficacement les conflits

Il s'agit certainement d'une tâche difficile pour les enfants-adultes du divorce. Si vous étiez pris dans la tornade de la dépendance de vos parents au conflit, il est alors possible que vous possédiez peu d'habileté pour négocier les désaccords au travail, ou même des conflits plus importants. Vous pouvez avoir besoin d'une forme de recyclage. Utilisez les ressources disponibles, ce qui inclut votre service des ressources humaines, un programme d'aide aux employés, les autres praticiens en santé mentale, et les mentors officiels ou non. Ils ont tous beaucoup à offrir. Regardez et écoutez les autres qui semblent avoir de la facilité à résoudre les conflits, et observez-vous avec attention. Il est possible que vous ayez été habitué à des communications visant à perpétuer les conflits, au lieu de communications axées sur la prise de décisions, la résolution de problèmes et la mise en œuvre efficace de solutions.

LES AMIS ET LA FAMILLE

Les mêmes facteurs, que ceux que nous retrouvons dans notre travail et dans nos relations amoureuses, s'appliquent aux limites, à l'ouverture, à la confiance, et aux autres questions liées à nos relations avec la famille élargie, les belles-familles et les amis. Il est facile de contaminer ces relations par de vieilles inquiétudes, d'anciennes expériences et des comportements passés. Il est difficile de nous sortir de tout cet apprentissage dépassé. Ces schèmes archaïques sont susceptibles d'engendrer un certain nombre de rôles qui se répètent dans un si grand nombre de secteurs de votre vie. Voyez si vous vous reconnaissez dans certains des personnages caractéristiques joués par les enfants-adultes du divorce que nous décrivons ci-après.

Le parfait pourvoyeur de soins

Nombre d'enfants du divorce sont placés inutilement dans des rôles adultes. L'absence d'un parent crée des besoins logistiques, et on exige des enfants, particulièrement ceux qui sont plus âgés, qu'ils agissent à sa place. Parfois, les parents travaillent de longues heures, et on demande aux enfants de se débrouiller seuls et de s'occuper de leurs frères et sœurs. Parfois, les parents entretiennent des relations trop adultes avec leurs enfants, discutant de sujets comme les finances, les rendez-vous amoureux et d'autres questions adultes habituellement réservées à l'autre époux.

Comme résultat positif de cette pratique de donner des soins, vous devenez vous-même un parent consciencieux, vous êtes un bon ami compatissant et vous connaissez les principes fondamentaux pour mener efficacement votre vie et celle d'autres personnes. Le résultat négatif, bien sûr, c'est que vous vous octroyez peut-être le contrôle de ce qui ne vous appartient pas, vous devenez submergé par ce que vous « devez » faire et pouvez ne pas reconnaître que les autres ont besoin d'apprendre à être responsable, autant que vous.

Voici certaines étapes à suivre pour que vous puissiez vous libérer du rôle de dispensateur de soins :

- *Établir quotidiennement des objectifs réalistes :* Faites en sorte que votre liste de choses à faire soit courte, et ne terminez que ce que vous aviez projeté de faire. Ne laissez pas les autres ajouter inutilement des points à votre agenda sans tenir compte de vos besoins et de vos désirs. Certains enfants-adultes du divorce, particulièrement les femmes, agissent à la manière d'un élastique. Ces élastiques s'étirent constamment au-delà de l'imagination. Attention, car ils pourraient lâcher !

- *Prendre bien soin de vous-même :* Prenez le temps de faire quotidiennement au moins une chose juste pour vous, et au moins quelque chose d'encore plus important chaque semaine. Il peut s'agir d'exercices, de lecture, d'un massage, d'un lunch avec un ami, ou simplement de s'asseoir tranquillement pendant quinze minutes. Les enfants-adultes du divorce se sentent souvent coupables de s'occuper d'eux-mêmes. Les besoins des autres *peuvent* attendre pendant que vous prenez raisonnablement soin de vous-même.

- *Laisser les autres prendre soin de vous :* Croyez-le ou non, il est possible que les autres veuillent prendre soin de vous. Ils le font parfois de façon spontanée, mais de temps à autre, vous devez leur donner l'occasion de vous demander ce dont vous avez besoin, même s'il ne s'agit que d'une tasse de thé. Votre manière désintéressée bien ancrée de prendre tout en charge peut donner l'impression erronée que vous n'avez besoin de rien du tout. Ne craignez pas de montrer votre vulnérabilité ou de demander de l'aide.

La tortue autoprotectrice

Certains enfants-adultes du divorce ont trop peur pour se permettre d'avoir besoin des autres, ou pour accepter que les autres aient besoin d'eux d'une quelconque manière fiable et tangible. Vous évitez ce qui fait envie aux autres. Vous ne vous attendez pas à ce que les autres comptent sur vous de quelque manière que ce soit, ni ne leur permettez de faire un geste significatif à votre endroit. Peut-être arriverez-vous à temps pour le repas du dîner. Peut-être vous rappellerez-vous l'anniversaire de votre frère ou de votre sœur. Peut-être leur rendrez-vous visite régulièrement au centre de soins. Ou encore, peut-être que vous ne le ferez pas ! D'autre part, si personne ne s'attend à rien de vous, vous ne pourrez les décevoir. Et si vous n'attendez rien d'eux, *vous* ne serez pas déçu, comme cela vous est arrivé si souvent dans le passé.

Il existe des moyens de sortir de votre coquille et d'établir des relations avec les autres dans votre monde plus intime d'amis et dans votre famille.

- *Planifier à l'avance et être réaliste :* Évitez de vous engager à l'excès. Évitez d'approuver des plans lorsque vous savez que vous ne les réaliserez peut-être pas. Vous craignez peut-être de décevoir, mais vous risquez de passer pour quelqu'un d'indifférent ou indigne de confiance. Suscitez chez les autres des attentes raisonnables concernant la manière dont ils peuvent compter sur vous. Engagez-vous dans des activités, acceptez les invitations — et allez-y. Centrez-vous sur les aspects positifs de l'événement, et ne vous donnez aucune porte de sortie une fois la décision prise.

- *Écouter et apprendre :* La meilleure manière de commencer à former des relations ou à cultiver celles déjà existantes consiste à écouter et à poser des questions aux autres. De cette manière, vous leur démontrez de l'intérêt tout en parvenant à mieux les connaître. Soyez quand même prudent, car ils peuvent alors vouloir vous connaître. Prenez un risque et permettez-vous en retour de partager une parcelle de vous-même. Vous ne vous entendrez pas bien avec tout le monde, ni eux non plus, mais ce n'est que normal.

- *Se rappeler que vous avez aussi des besoins :* Il est très vrai qu'« aucun homme [ou aucune femme] n'est une île ». Vous avez aussi besoin qu'on prenne soin de vous et qu'on vous aide, et d'accepter qu'on ait de l'affection pour vous. Il est possible que l'exercice soit difficile dans votre cas, mais permettez-vous de sortir de votre coquille assez pour apprécier les bienfaits d'une relation. Dans divers types de relations, l'interdépendance des concessions mutuelles équilibrées constitue une merveilleuse et essentielle expérience humaine.

- *Dire ce que vous pensez :* Personne ne peut parvenir à vous connaître ou à connaître votre opinion si vous ne dites pas ce que vous pensez avec assurance. Il est possible que votre habileté à faire confiance en votre propre jugement ait subi des dommages, mais votre jugement en lui-même est probablement très lucide. Saisissez l'occasion d'avoir peut-être quelque chose de valable à dire et d'obtenir l'attention des autres.

- *Éviter de simplement céder :* Il est impossible aux gens de s'engager avec vous si vous cédez toujours à l'opinion des autres. Votre propre identité demeure insaisissable et personne ne sait vraiment qui vous êtes. C'est peut-être pour cette raison que vous conservez votre carapace protectrice de tortue, mais vous devez engager un dialogue constructif et chercher des solutions raisonnables aux conflits, sinon vous demeurerez toujours une victime passive.

VOUS AVEZ LE POUVOIR DE CHANGER

À mesure que vous avancez dans la vie et interagissez avec les autres, vous aurez besoin de faire attention aux écueils et aux retombées qui guettent l'enfant-adulte du divorce. Souvenez-vous toujours que vous possédez les outils et le pouvoir nécessaires pour changer le cours de votre propre vie. Les conséquences du divorce sont peut-être très concrètes, mais la mise en œuvre de solutions saines et constructives vous appartient. Vous *pouvez* transformer les modèles de comportement que vous avez appris dans l'enfance si vous canalisez votre attention à mettre au point de nouvelles et meilleures façons de vous engager dans votre travail, dans votre famille et dans vos relations amicales. Oui, vous prenez le risque de vivre des pertes, et d'être accablé par la douleur et la souffrance inhérentes à chaque circonstance de la vie, mais la gestion du risque ne constitue certainement pas l'essentiel des relations. Si vous évitez de risquer et de vous montrer vulnérable en vous protégeant vous-même et en explosant dans vos relations pour être le premier à rejeter les autres ou vous assurer qu'ils vous rejetteront, vous n'en serez que plus perdu et plus solitaire encore. Il s'agit de sentiments bien connus des enfants-adultes du divorce, mais la fausse sécurité que vous procure cet isolement ne vaut pas les pertes réelles. Les relations saines de votre vie peuvent contribuer à la reconstruction de votre monde, de vous-même, de votre famille, et de votre emploi ou profession, en même temps qu'elles peuvent vous guérir des blessures causées par le divorce de vos parents. Vous aurez besoin d'une bonne dose de confiance, d'une pincée de risque, d'une portion de prise de conscience et d'une bonne ration de désir pour vous rétablir du passé.

9

RECONQUÉRIR
VOTRE VIE AMOUREUSE

Mais qu'en est-il de l'amour? Dans le domaine du cœur, les enfants-adultes du divorce ont souvent beaucoup à apprendre. C'est une chose de travailler sur vos relations dans toutes les autres sphères de votre vie, mais l'amour romantique en est une autre. On ne vous a pas proposé le meilleur des modèles d'identification, et peut-être croyez-vous très peu au concept de l'engagement à long terme. Si tout ce que vous avez vu (et que vous continuez peut-être de voir) se résume à des conflits et à de l'hostilité, il est possible que vous décidiez que les relations amoureuses durables n'en valent pas la peine. De fait, certains chercheurs (Willetts-Bloom et Nock, 1992) ont découvert que la perception d'un enfant au sujet de la satisfaction conjugale de ses parents est un facteur clé qui détermine l'âge auquel l'enfant (en tant qu'adulte) souhaite se marier ou commence à avoir des enfants. Ce facteur était même plus important que le fait que les parents aient été mariés ou divorcés.

D'un autre côté, peut-être aspirez-vous à obtenir tout ce que vous n'avez pas vu dans la relation de vos parents et sautez-vous sans hésiter dans des relations qui paraissent ou semblent prometteuses. En dépit de l'importance d'autres éléments, l'habileté de former des relations amoureuses durables et engagées est la principale préoccupation de nombreux enfants-adultes du divorce. La conscience, la compréhension, des choix prudents et réfléchis, ainsi qu'un fervent désir de changer les modèles de comportement ou les dynamiques qui détériorent les relations interpersonnelles, sont tous nécessaires dans la formation d'une base solide pour le développement de relations amoureuses saines et permanentes.

OÙ VOUS SITUEZ-VOUS ?

Commençons par étudier ce concept délicat et complexe avec l'examen de certaines de vos opinions et croyances au sujet des relations amoureuses. Dans leur ensemble, ces concepts sont susceptibles d'avoir profondément influencé vos sentiments sur vous-même, vos relations avec des personnes importantes et votre capacité d'être vulnérable. Ils ont peut-être eu une influence sur votre manière de vous exprimer et de traiter avec la personne la plus proche de vous, et sur l'essence même de la relation.

Exercice 9.1

Veuillez répondre aux questions suivantes ici ou dans votre journal pour déterminer où vous vous situez sur l'échelle de l'engagement dans une relation. Cet exercice vous aidera à répondre à la grande question : « À quel point suis-je blessé et effrayé ? »

1. Je crois que la plupart des relations   Oui/Non
   ne réussissent pas à fonctionner.

2. Je crois que le fait de devenir intime avec   Oui/Non
   quelqu'un que j'aime est susceptible de devenir
   potentiellement blessant et dangereux.

3. Je crois que la meilleure façon de préserver   Oui/Non
une relation est de bien s'y accrocher.

4. Je crois que mon partenaire doit prouver   Oui/Non
qu'il m'aime vraiment.

5. Je crois que l'argent est synonyme de pouvoir   Oui/Non
dans les relations.

6. Je crois que la meilleure protection dans   Oui/Non
une relation est d'être indépendant et responsable de moi-même.

7. Je crois que c'est en évitant les conflits presque   Oui/Non
à tout prix que les relations sont sécuritaires.

8. J'ai peu d'idée sur ce que devrait vraiment être   Oui/Non
une relation.

9. Je crois que de toute façon je finirai proba-   Oui/Non
blement comme ma mère ou mon père.

10. Je crois que le fait d'attendre longtemps pour se   Oui/Non
marier constitue un véritable test pour la
relation.

11. Je n'aime pas avoir besoin de quiconque,   Oui/Non
et je n'aime pas que quelqu'un ait trop besoin
de moi.

12. Peu importe ce que je fais, il y a des risques   Oui/Non
que mes relations ne durent pas à long terme.
Il existe une forte probabilité que le divorce
soit inévitable.

Maintenant, examinez les points où vous avez répondu « oui ». Ils vous fourniront probablement des indices de ces schèmes de pensée fondamentaux qui vous empêchent de vous ouvrir et de maintenir des relations durables.

Les affirmations contenues dans l'exercice représentent toutes des préoccupations légitimes des enfants-adultes du divorce. Il est important de distinguer les secteurs qui affectent vos relations et de les explorer résolument afin que vous puissiez établir de nouveaux modèles d'intimité. On peut comprendre votre méfiance à vous engager ou votre désir intense de sauter dans des relations malsaines pour vous ou d'y demeurer. *Vous* êtes la seule personne qui pouvez modifier cette trajectoire et vous donner la chance de vivre une vie remplie, ce qui inclut une relation amoureuse durable.

L'INTIMITÉ ET LA VULNÉRABILITÉ

Le facteur de la crainte dans les relations intimes provient certainement d'expériences réelles dans votre vie et de l'histoire de votre passé. Cette peur forme un ensemble de connaissances, de pensées ou de perceptions qui déterminent ensuite votre façon d'aborder la relation amoureuse dans votre vie. La peur a peut-être une influence paralysante sur votre comportement. Il vous est possible d'y échapper en évitant fermement l'engagement, ou de réagir en se jetant tête baissée dans des relations, espérant ainsi vaincre votre anxiété au moyen du déni. De toute évidence, aucune de ces approches ne vous apportera le résultat que vous méritez — réussir une relation durable et engagée.

Exercice 9.2

Alors, de quelles peurs s'agit-il? Laquelle de ces peurs vivez-vous? Cochez les éléments qui semblent s'appliquer à votre situation.

❑ *On vous laissera seul.* Les enfants-adultes du divorce ne veulent pas revivre la solitude qu'ils ont vue et expérimentée pendant le divorce de leurs parents.

❑ *Vous échouerez, alors pourquoi essayer?* Il est possible que les enfants du divorce se protègent contre leurs propres peurs en s'attendant au pire.

❑ *Vous serez une victime.* Votre expérience vous informe que vous avez une très faible maîtrise de votre vie et que vous manquez d'habileté pour transformer les situations qui vous entourent.

❑ *Vous êtes une marchandise endommagée.* Les enfants-adultes du divorce craindront peut-être que le divorce de leurs parents les ait déformés et qu'ils soient marqués comme étant des êtres inférieurs.

❑ *Vous blesserez vos propres enfants.* Vous vous inquiétez que vos enfants puissent ne pas échapper à la contamination de l'épidémie du divorce.

❑ *Vous vous perdrez vous-même si vous vous permettez d'avoir besoin de quelqu'un d'autre.* Vous craignez que la dépendance résulte en la perte de votre identité et de votre sens du soi, et que tout cela se termine par du rejet.

❑ *Vous contaminerez toutes vos relations.* Comme vous n'avez aucune idée de ce que devraient être les relations, vous croyez que vous finirez chaque fois par les saboter.

Les modèles cognitifs qui découlent des peurs précédemment décrites créent un ensemble de croyances irrationnelles qui tendent à s'enraciner lorsqu'une relation menace de se concrétiser. Ces croyances irrationnelles sont basées sur les expériences de votre enfance et ont une forte influence sur la manière dont vous abordez les nouvelles relations et dont vous évaluez vos relations actuelles. Cet ensemble de croyances est en place bien avant votre rencontre avec une autre personne. De fait, les croyances agissent sur vous, même lorsque vous n'en avez pas conscience. Il est faux de croire qu'elles vous protègent d'une certaine manière d'une éventuelle souffrance et déception — et peut-être même de votre propre divorce. Elles peuvent produire, en fait, exactement l'effet contraire. Si vous les laissez prendre trop de votre temps et de votre énergie, elles se transformeront peut-être en une prophétie qui s'accomplit d'elle-même. Elles ne vous donnent pas la chance d'exercer votre bon jugement, de voir fleurir l'espérance ou d'effectuer des changements. Ce sont elles qui vous mènent plutôt que le contraire.

❖ ❖ *J'aime trop*

Kirsten avait vingt-cinq ans lorsqu'elle est venue en consultation. Elle venait tout juste de vivre la rupture d'une relation de quinze mois avec Paul et elle était déprimée. Elle avait pensé que Paul la demanderait en mariage quand il l'a emmenée souper un samedi soir, mais, au lieu de cela, elle a failli tomber à la renverse quand il l'a informée qu'il voulait rompre. Elle l'avait aimé de tout son cœur, passait rarement un moment sans penser à lui et avait essayé d'aller au-devant de tous ses désirs. Comment cela avait-il pu se produire ? Comment Paul pouvait-il lui dire qu'il lui semblait qu'elle l'aimait trop, que c'était trop de « travail » d'être en relation avec elle et qu'il ne pouvait être lui-même ? Kirsten était consternée et anéantie.

Au tout début de la thérapie, Kirsten a décrit le divorce de ses parents. Ils avaient divorcé alors qu'elle avait neuf ans. Elle a d'abord vécu avec sa mère et ne voyait son père (qui était pilote) que rarement lorsqu'il était en ville le « bon » week-end. Parfois, elle allait souper avec lui durant la semaine. Kirsten décrivait sa relation avec son père comme « incroyablement solide et merveilleuse ». Elle a dit : « Notre lien était étonnant. Nous pensions tous les deux à l'autre en même temps. En fait, mon père a toujours collé ma photographie dans le poste de pilotage de l'avion pour être plus près de moi quand il volait. Chaque fois qu'un avion volait au-dessus de ma tête, je savais que mon père pensait à moi. Quand je le voyais, il s'assurait toujours de me donner toute sa petite monnaie pour que je puisse lui téléphoner et lui laisser un message chaque fois que je le voulais. Je l'appelais tout le temps, même lorsque je le savais absent ou incapable de me rappeler. »

❖   ❖

Vos profils de comportement peuvent être aussi évidents que ceux de Kirsten. Vous avez rencontré quelqu'un et tout semble bien aller pour un temps. Vous faites connaissance, vous avez du plaisir ensemble et vous devenez de plus en plus intimes. Vous commencez à parler de vos familles, de vos espoirs et de vos relations passées. Mais, à mesure que se développe l'intimité, surviennent vos « amies » — les peurs irrationnelles. Elles font tellement partie intégrante de vous qu'il peut vous sembler que vous êtes perdu et nu en leur absence. Elles sont familières et peuvent vous entraîner à croire à tort qu'elles vous procurent un filet de sécurité susceptible de vous empêcher de tomber dans l'abîme de l'intimité et de la vulnérabilité. Pourtant, au lieu de vous guider vers une relation, elles vous enveloppent comme une couverture de plastique et empêchent les autres de réellement vous toucher. Quelle façon de vivre ! Avec ce scénario, vous finirez sûrement par vous retrouver seul, une situation qui confirmera justement votre crainte que, de toute façon, vous n'avez pas assez de valeur, que vous n'êtes pas assez bon ou assez aimable pour vivre une relation. « Vous voyez, je vous ai dit que les relations, ça ne fonctionne jamais pour moi ! » devient votre litanie.

Examinons quelques-unes des dynamiques dans les types de relations fréquemment entretenues par les enfants-adultes du divorce.

Je suis un caméléon

De nombreux enfants-adultes du divorce éprouvent souvent de la difficulté à simplement être eux-mêmes. Les enfants qui ont vécu une expérience de parentification peuvent trouver la situation particulièrement complexe, étant donné qu'ils ont souvent placé leurs propres besoins au second plan par rapport à ceux de leurs parents. Les enfants qui ont dû s'occuper de leurs plus jeunes frères et sœurs éprouveront peut-être aussi de la difficulté à s'occuper de leurs propres besoins. Certainement, si vous vous blâmez vous-même, d'une certaine façon, pour le divorce de vos parents et le départ d'un parent, vous penserez peut-être : « Si seulement j'étais tout ce qu'ils voulaient, ils ne partiraient pas. » Malheureusement, cette stratégie est susceptible d'empêcher le « vrai vous » d'être présent dans la relation. Vous pouvez finir par être « gentil » mais difficile à aimer, parce que le « vrai vous » est inaccessible puisqu'il se cache derrière le masque de la personne que vous tentez d'être.

Tester, tester, tester

La peur de la perte peut être si puissante pour l'enfant-adulte du divorce qu'il est susceptible de tester une relation sous tous ses angles. Supposons que vous rencontrez quelqu'un et que tout semble bien fonctionner. Vous pouvez croire que vous et votre partenaire êtes tombés amoureux. C'est maintenant le moment de soumettre la relation au test ultime. Vous commencez par tout remettre en question. Comme un vrai détective, vous regardez sous chaque pierre et dans chaque recoin. Vous examinez chaque petit détail et mettez en doute chaque déclaration d'amour. Vous détectez les éléments négatifs tout en ignorant de plus en plus ceux qui sont positifs. Vous décortiquez sans arrêt la relation. Essentiellement, vous la ravagerez peut-être avec la force d'un ouragan pour voir si elle peut résister à l'assaut. Cette mise à l'épreuve peut prendre différentes formes.

- *Les sempiternelles questions :* Vous testerez peut-être la relation en demandant constamment à votre partenaire de vous dire et de vous *redire* comment il se sent à votre sujet. Vous êtes incapable d'obtenir suffisamment de déclaration positive de son amour parce qu'il vous est très difficile de croire que quelqu'un peut *réellement* vous aimer. Cela ne rentre pas ou ne s'imprime pas dans votre cerveau, vous devez donc l'entendre sans arrêt. Si vous trouvez un partenaire qui éprouve de la difficulté à exprimer ses pensées et ses sentiments, la relation ne durera pas. Pourtant, même le plus articulé et le plus expressif des partenaires peut se lasser de ce jeu de questionnement et renoncer à essayer de vous faire entendre ce que vous avez de la difficulté à croire.

- *Prouve-le-moi :* Vous demanderez peut-être à votre partenaire de prouver son amour pour vous en vous engageant dans une série de comportements. En d'autres mots, vous créez une succession de défis — une course à obstacles de preuves d'amour. « Quelle est la date anniversaire de notre premier rendez-vous ? » « Vas-tu me téléphoner tous les matins, et le midi, et le soir, et entre ces moments ? » « Prouve-moi que, si tu sors avec tes collègues de travail, ils ne sont pas plus importants que moi à tes yeux. » Et nous pourrions continuer encore et encore, mais le fait est que les défis deviennent habituellement de plus en plus difficiles à relever. Il n'y a souvent pas de limite aux demandes de preuves et pas de ligne d'arrivée à la course à obstacles. Inévitablement, ce processus vous conduit à un moment donné à rejeter votre partenaire parce qu'il a échoué au test, s'il n'est pas parti avant.

- *Mets-toi en garde :* Vous êtes toujours prêt pour un bon combat. Vous testez les relations en mettant des gants de boxe et en sortant de votre coin sur le ring. Votre partenaire peut-il résister aux coups de poing ? Se bat-il ou abandonne-t-il ? Vous créez le conflit parce que c'est ce que vous a appris votre propre expérience. Vous connaissez trop bien l'art du combat, mais pas tellement celui de sa résolution. Par conséquent, ces combats peuvent sembler interminables, réapparaissant sans cesse dans toute leur horreur. Il arrive même que vous ne combattiez pas honnêtement, invitant votre partenaire à vous frapper à son tour de la même manière. Vous disposez alors d'une excuse pour courir dans l'autre direction, hors de la relation, évitant ainsi de trouver un moyen pour régler vos différends.

De toute façon, pourquoi prenez-vous la peine d'effectuer tous ces tests? Vous cherchez probablement le partenaire idéal susceptible de combler tous vos besoins, de connaître la moindre de vos pensées et même de prédire chacun de vos gestes. Vous croyez que cette personne vous connaîtra si bien que vous finirez par retrouver tout ce dont le divorce de vos parents vous a privé. Cela sera un amour comme vous n'en avez jamais connu auparavant, et vous vivrez heureux jusqu'à la fin des temps. Toutes les chansons d'amour parleront de vous et de votre bien-aimé, et toute la poésie du monde dépeindra un amour comme le vôtre. Le problème ici, c'est que vous croyez peut-être que c'est ce que vous recherchez vraiment, mais vos gestes font en sorte de rendre impossible la véritable intimité. Personne, incluant vous, ne pourrait réussir ces tests, spécialement s'il n'y a aucune ligne d'arrivée. Vos attentes du partenaire parfait et de la relation parfaite ne vous donnent que l'assurance que vous ne trouverez jamais de relation durable.

Ne jamais dire jamais

Croyez-vous que vous ne rencontrerez jamais l'amour ou des relations durables, ou pensez-vous que vous n'avez besoin de personne dans votre vie parce que de toute manière vous fonctionnez bien par vous-même? Le désir d'éviter la vulnérabilité et la souffrance est si puissant que beaucoup d'enfants-adultes du divorce sont incapables de se laisser aller à aimer les autres avec tout ce que cela implique. Ils ne peuvent s'ouvrir au véritable amour de peur d'être de nouveau blessés et abandonnés. Pourtant, l'ironie, c'est qu'il ne vous est pas possible d'obtenir ce que vous voulez sans risquer de souffrir. Aucune relation ne s'accompagne d'une carte routière qui permet d'éviter toute douleur et toute déception.

Vos vieilles blessures peuvent être si profondes que de nouvelles souffrances peuvent rapidement pénétrer votre réserve d'autoprotection, et vous risquez de fuir dans la direction opposée. Ceci est particulièrement vrai quand vous commencez à vous reposer sur une personne pour combler vos besoins et pour recevoir de l'amour. Il est possible que la dépendance provoque un sentiment de panique, faisant en sorte que vous commencez à regarder frénétiquement ce qui ne va pas plutôt que ce qui pourrait être valorisé. Essentiellement, vous vous servez peut-être de votre anxiété pour vous assurer que vous n'avez pas à envisager la possibilité d'un abandon. Vous serez peut-être le premier à terminer la relation afin que l'autre personne ne puisse vous blesser comme vos parents l'ont fait à l'un l'autre ou à vous-même. Vous craignez peut-être que, si quelqu'un s'en va, vous ne pourrez plus avancer; vous vous assurez donc de maîtriser la situation à tout prix. Malheureusement, cette attitude peut vous coûter votre relation. Vous pouvez finir par passer d'une relation à l'autre sans vous engager, proclamant souvent que vous n'avez besoin de personne de permanent dans votre vie, alors que, à un degré plus profond, vous vous sentez peut-être seul, effrayé et déconnecté. Quel énorme prix à payer pour ce qui se révèle être une bien piètre autoprotection.

Les enfants-adultes du divorce qui se retrouvent dans cette catégorie sont aussi susceptibles de s'assurer que les relations demeurent des relations « amicales » plutôt que de devenir plus intimes. Pour certains, un deuxième rendez-vous peut être hors de question, alors que vous veillez à demeurer très très occupé. Est-il difficile de vous rejoindre et semblez-vous doté de l'agenda le plus compliqué du monde? Vous retrouve-t-on partout et n'avez-vous que très peu de temps à accorder aux gens qui vous entourent? Ce comportement vous garantit que vous ne pouvez même pas vous concentrer sur une relation assez longtemps pour déterminer si elle a le potentiel de conduire à un engagement à long terme. Êtes-vous le bénévole par excellence? Êtes-vous le meilleur ami de tout le monde? Êtes-vous un travailleur fabuleux et engagé dans tout, sauf dans une relation significative? Quand toute l'agitation de la journée se dissipe et que les lumières s'éteignent, êtes-vous encore vraiment seul? Vous pouvez vous convaincre que les choses doivent se passer de cette façon, croyant qu'il vous sera toujours impossible d'avoir une véritable relation, mais pensez-y encore. Il n'est pas nécessaire qu'il en soit ainsi.

Sauter dans la relation et y demeurer

Devant leur peur de l'intimité, certains enfants-adultes du divorce réagissent au moyen du déni, sautant tête baissée dans des relations et s'y accrochant de toutes leurs forces. Vous espérez peut-être mettre en place un dispositif de sécurité pour neutraliser le manque de tranquillité d'esprit résultant du divorce de vos parents. Il est possible que vous n'évaluiez pas assez soigneusement les relations et que, ainsi, vous ne voyiez pas les difficultés et les indices de problèmes imminents. Vous utiliserez peut-être l'intellectualisation et la rationalisation pour demeurer dans la relation plutôt que de risquer d'être seul. Si vous craignez d'être incapable de trouver une autre relation intime, vous attraperez peut-être la première personne qui se présentera et vous vous convaincrez que « c'est satisfaisant ». Après tout, vous n'êtes même pas certain de savoir à quoi ressemble une « bonne » relation ou quel effet cela fait. Vous pouvez vous y installer sans vous en rendre compte, vous casant avec la mauvaise personne. Vous resterez même parfois dans des relations destructrices et irez au-delà de la limite où quelqu'un d'autre serait probablement parti.

Votre désir d'avoir quelqu'un qui vous aime est peut-être si puissant que vous feriez presque n'importe quoi pour le retenir. Vous retournez tout sens dessus dessous pour lui plaire et pour faire vivre la relation. Vous évitez le conflit à tout prix et vous vous astreignez à un processus détaillé d'autoexamen au moindre signe de difficulté. Vous croyez que vous n'avez pas d'autre choix que de rester, tout comme vous n'aviez pas le choix de dire oui en premier lieu. Après tout, « vous n'êtes *personne* à moins que quelqu'un vous aime ». Il est possible que cela vous soit très difficile d'envisager un changement dans une relation parce que cela ravive le même vieux sentiment de responsabilité que vous avez ressenti lors de la rupture de vos parents dans votre enfance. Vous êtes convaincu que ce serait, bien sûr, *entièrement* votre faute si les choses ne fonctionnaient pas. Il ne peut exister d'autres raisons. Vous avez la certitude que vous avez dû faire quelque chose de méchant pour mériter d'être traité de cette façon et, en conséquence, vous détenez la clé pour rétablir la situation.

Malheureusement, cette attitude fait en sorte que les enfants-adultes du divorce sont susceptibles de demeurer dans des relations abusives ou dysfonctionnelles. Ils ne croient pas qu'ils devraient partir, ou mériteraient de le faire, et ils ne peuvent s'imaginer être seuls encore une fois. Quelque chose est mieux que rien du tout, et ce que vous connaissez est préférable à l'inconnu. La peur entraîne l'inertie et permet à la pensée irrationnelle de prédominer. « Les choses ne sont pas aussi mauvaises. » « Si j'essaie seulement un peu plus fort, il changera. » « Je ne veux pas faire subir un divorce à mes enfants, alors je m'y accrocherai. » « Personne d'autre ne m'aimera réellement. » Ce sont les mêmes vieux schèmes de pensée usés.

Les enfants-adultes du divorce ne partent pas pour une autre raison : ils croient en fait qu'il leur faut prendre soin des autres. Il est possible que vous soyez attiré par ceux qui ont besoin d'attention. Les autres se fient-ils sur vous pour presque tout? Vous connaissez peut-être assez bien ce jeu alors que vous étendez votre rôle d'enfant parentifié à votre relation amoureuse adulte. Croyez-vous que votre départ serait le signe que vous abandonnez votre partenaire, tout comme vous avez eu l'impression que vous abandonniez votre parent si vous essayiez d'être seulement un enfant ou de revendiquer votre niveau d'indépendance dans le monde extérieur approprié à votre développement?

Une bonne somme de travail cognitif reste à accomplir dans ce secteur. Vous découvrirez peut-être qu'il est difficile de croire que votre jugement n'est pas affaibli et que vous *pouvez* prendre vos propres décisions. Le risque est un choix difficile, car vous pourriez vous retrouver seul et souffrir encore plus d'isolement. « Un tiens vaut mieux que deux tu l'auras » peut vous sembler un mot d'ordre moins déplaisant et plus sûr afin de ne pas être un laissé-pour-compte. Peut-être que le plus important à vos yeux, c'est que quelqu'un (*n'importe qui*) vous aime et accepte d'être avec vous pour toujours.

Les multiples relations

Certains enfants-adultes du divorce jouent le jeu des portes tournantes des multiples relations pour éviter le risque de l'intimité. Si ce profil vous ressemble, il est possible que vous changiez de relation comme les adolescentes changent de vêtements. Vous faites toujours en sorte qu'un partenaire ne reste pas assez longtemps pour que vous ayez besoin de lui ou qu'un degré quelconque de dépendance envers lui puisse se développer. De cette manière, vous n'avez pas à éprouver la perte potentielle, et votre cœur sera peut-être apparemment protégé des blessures et de la souffrance.

Malheureusement, il est possible que vous ne demeuriez pas assez longtemps dans une relation pour obtenir une bonne évaluation de sa véritable viabilité. Là encore, vous découvrirez peut-être des fautes là où il n'y en a pas, et chercherez des occasions de rencontrer d'autres personnes, étant donné que chacune possède certains traits ou caractéristiques que vous êtes *incapable* de supporter. Vous pouvez aussi être infidèle à l'intérieur d'une relation de manière à vous doter d'une excuse pratique pour partir, ou pour vous faire vous-même virer. Lorsqu'une relation commence à glisser dans le territoire plus complexe de l'intimité, vous ne voulez tout simplement pas y mettre les *efforts* nécessaires. Vous croyez probablement que les relations devraient être faciles à cultiver, et si ce n'est pas le cas, vous vous éjectez vous-même aussitôt que vous le pouvez.

Les enfants-adultes du divorce qui recherchent constamment des relations multiples sont habituellement dépendants de l'idée d'*être* amoureux, plutôt que de croire que la meilleure part réside dans l'idée de *demeurer* amoureux. Vous idéalisez la relation et espérez qu'elle demeurera à jamais aussi idéale. Il est fort séduisant d'avoir l'impression de se perdre dans les bras d'un autre, et vous faites presque tout pour que cela arrive. Les premiers stades d'une relation vous procureront peut-être l'occasion de vous sentir fusionné et lié. Lorsque ce sentiment intense commence à décliner, vous sentez le besoin de vous enfuir — avant que les effets anesthésiques de l'engouement se dissipent. Les relations ont l'effet d'une drogue sur vous. Plus il y en a, mieux c'est, étant donné que prédomine votre besoin de trouver de nouvelles, différentes et meilleures personnes. Quel terrible prix à payer pour les décisions de vos parents et l'échec de leur mariage ! Si vous sautez constamment d'une relation à l'autre, vous ne connaîtrez jamais les joies d'une vraie relation fondée sur un véritable engagement.

Il est probable que les relations et les composantes d'une relation saine soulèvent de nombreuses questions. Nous vous donnons ici certaines lignes directrices pour vous aider à évaluer vos relations et les risques que vous prenez, et à utiliser votre bon jugement, pas seulement votre cœur ou l'héritage de votre enfance.

Lignes directrices relatives à l'intimité et à la vulnérabilité

- *Soyez vous-même :* La bonne personne vous aimera comme vous êtes et pour ce que vous êtes, non pour ce que vous pensez qu'elle voudra que vous soyez. Elle vous aimera avec vos forces et vos faiblesses, vos grains de beauté et vos verrues.

- *Permettez à la relation de se développer :* Donnez du temps à la relation. Vous ne pouvez probablement prédire au début s'il s'agira de la bonne relation. Vous serez peut-être certain que quelqu'un n'est pas fait pour vous, mais comment pouvez-vous vraiment savoir que c'est le cas après seulement un ou deux rendez-vous ? Tout comme cette personne ne vous connaît pas vraiment, vous ne la connaissez pas.

- *Prenez lentement des risques* : Lors d'une première rencontre, vous n'êtes pas obligé de partager cent pour cent de vous-même, de votre histoire, de vos émotions et de votre âme avec une autre personne. Prenez votre temps. Lorsque vous constatez que vous pouvez faire confiance à l'autre personne dans une relation, il vous est alors possible de prendre progressivement plus de risques affectifs. Cette prise de risques ne doit pas constituer un signe de votre attachement. Il s'agirait plutôt d'un processus naturel fondé sur la confiance, le confort et la sécurité qui se cultivent à mesure que vous apprenez à vous connaître l'un l'autre.

- *Ne testez pas la relation* : Si vous n'êtes pas certain de l'engagement de l'autre personne dans la relation, c'est une très bonne idée de le lui demander. Il n'est pas nécessaire que vous élaboriez une série de tests à lui faire passer. Ces tests pourront sembler arbitraires et manipulateurs pour l'autre, qui se sentira peut-être finalement moins à l'aise avec vous et perdra éventuellement confiance en vous. Il serait très regrettable que vous sabotiez accidentellement la relation en la testant.

- *Ne rejouez pas le passé* : Vivez dans le présent. Une relation significative dans le présent *ne* vous guérira *pas* des blessures du passé. Vous ne devriez pas être « l'enfant » dans cette relation pour réparer ce que vous avez été incapable d'obtenir quand vous étiez enfant. Soyez l'adulte que vous êtes, et permettez à la relation de s'épanouir selon ses qualités propres. Voyez à ce que la relation comble vos besoins adultes, et non des besoins que vous éprouviez quand vous étiez enfant.

- *Rappelez-vous que vous serez blessé* : Tout n'est pas aussi négatif que cela peut d'abord paraître. Dans presque toutes les relations, nous pouvons nous attendre à des malentendus. Vous devez reconnaître que vous et l'autre personne importante à vos yeux ne serez pas synchronisés à un moment ou à un autre. Il est possible que vous éprouviez différents besoins et différents désirs un jour en particulier, ou à propos d'un sujet spécifique. Vous pouvez accidentellement vous marcher sur les pieds dans la danse de la vie. Vous ressentirez (et probablement provoquerez) de la souffrance affective au cours d'une relation. Ce n'est pas la présence ou l'absence de souffrance qui est la clé, mais plutôt la manière dont on traite cette souffrance. Est-ce qu'il y a des excuses ? Vous efforcez-vous tous les deux de permettre à la blessure de guérir ? Faites-vous attention tous les deux d'éviter de refaire toujours les mêmes erreurs ?

• *Rappelez-vous, vous ne pouvez avoir d'intimité sans vulnérabilité :* Dans une relation saine, il est crucial que chaque personne soit vulnérable, aussi difficile que cela puisse paraître. Plus vous vous approchez de l'autre, plus chacun est vulnérable à la douleur qui pourrait survenir. Si vous êtes toujours prudent, vous garderez votre distance dans vos relations et vous vous priverez de la chaleur, de la connexion et de l'intimité susceptibles d'être éminemment merveilleuses.

LES FINANCES

Alors que la peur de l'intimité et la vulnérabilité sont les premiers inhibiteurs des relations amoureuses, l'argent constitue aussi un sujet très sensible pour beaucoup d'enfants du divorce, particulièrement dans le domaine des relations intimes adultes. Il peut évoquer la vaste disparité des questions problématiques de l'enfance dont nous avons parlé dans la première section de cet ouvrage. L'argent pourra devenir le symbole de la quantité d'amour que l'on vous porte. Il est possible qu'il soit devenu un moyen d'arracher « l'amour » de vos parents, poussés à offrir des dons matériels à cause de leur sentiment de culpabilité. Vos parents et vous-même pouviez alors confondre affection et achat d'objets matériels. Si vous transférez ce type de comportement dans des relations adultes, vous découvrez peut-être que l'argent est synonyme d'amour.

Lorsque les enfants-adultes du divorce nouent des relations amoureuses, il est possible que l'argent ait un impact sur leur sentiment de puissance et d'intimité dans la relation. Vous commencerez peut-être à croire que, si quelqu'un vous aime vraiment beaucoup, il vous donnera alors ce dont vous avez besoin. Si quelqu'un vous aime vraiment, il devrait alors vous démontrer cet amour en comblant tous vos désirs financiers ou matériels. S'il ne le fait pas, alors cela doit vouloir dire que vous n'avez pas réellement de valeur.

Durant le divorce de vos parents et pendant les années où vous avez grandi dans une famille divorcée, vous souvenez-vous à quel point l'argent comptait? Comptabilisait-on une grande partie de votre vie à l'aide d'une calculatrice et cette même vie se trouvait-elle divisée entre vos deux parents suivant un certain pourcentage? Au lieu d'avoir deux parents qui finançaient en commun vos activités, il est possible que vous ayez eu deux parents qui devaient mutuellement se rendre des comptes pour chaque sou dépensé et pour chaque demande de financement. L'argent a probablement constitué un lien et un engagement continuels entre vos parents. En outre, puisque le calcul de la pension alimentaire d'un enfant est en partie basé sur la quantité de temps que les enfants passent avec chacun des parents, vous avez pu avoir l'impression que vous aussi étiez doté d'une valeur financière, particulièrement fondée sur *l'endroit* où vous étiez plutôt que sur *qui* vous étiez comme personne. Il est possible que vous transfériez ce concept dans vos relations adultes, vous valorisant vous-même et ceux que vous aimez suivant la même équation.

Lorsque les enfants-adultes du divorce grandissent dans des ménages où l'argent se fait rare après un divorce, la sécurité financière occupe une place prépondérante. Vous avez peut-être l'impression que, pour réussir à se sentir en sécurité dans une relation, il faut gagner assez d'argent pour éviter d'avoir besoin qu'on prenne soin de vous. Il est aussi possible que vous ayez appris que la valeur d'une personne dans une relation se mesure à la somme d'argent qu'elle peut contribuer. Vous aurez aussi peut-être appris que des sentiments intenses de colère et d'impuissance peuvent être associés au fait de ne pas être un bon pourvoyeur dans une relation. Vous pouvez penser : « Alors, pourquoi est-ce que je m'en ferais ? Je gagnerai tout par moi-même et je garderai mes finances séparées de celles de mon partenaire. Des comptes de banque individuels, une comptabilité distincte pour les dépenses, des cartes de crédit séparées et des vies économiques divisées me protégeront très bien ! » Bien entendu, le problème, c'est que la séparation des finances n'est peut-être simplement qu'une autre manière d'éviter l'engagement total dans une relation. Il est possible que le renoncement au contrôle sur l'argent fasse peur, mais il est souvent crucial d'établir une relation vraiment interdépendante.

Lorsque les enfants-adultes du divorce grandissent dans des foyers où ils sont exposés à des parents qui utilisent l'argent dans un objectif de contrôle mutuel, et où l'un des parents a l'impression d'être sensiblement désavantagé sur le plan financier, il peut sembler d'une importance capitale de gagner, gagner et toujours gagner. Vous deviendrez peut-être un obsédé du travail, négligeant ainsi d'équilibrer vos engagements avec la nécessité de cultiver la relation intime dans votre vie. Étant donné la panique que vous ressentez à l'idée de ne pas avoir assez d'argent et votre besoin de vous protéger au moyen d'une sécurité financière, il est possible que vous soyez porté à travailler trop d'heures et à vous concentrer sur le travail d'une façon exagérée au détriment de votre principale relation amoureuse. De plus, vous avez peut-être l'impression que votre valeur dans une relation est déterminée dans une large mesure par la somme d'argent que vous y apportez.

L'argent deviendra peut-être une excuse commode pour garder vos distances. Vous devez reconnaître l'importance de cette excuse et l'irrationalité de vos conceptions derrière vos craintes sur le plan financier. La sécurité est importante, mais si votre quête de sécurité financière est basée sur votre besoin de vous protéger vous-même contre les vieilles blessures, les sentiments de honte et de peur, elle sera interminable et impossible à réaliser.

Vous pouvez utiliser ces lignes directrices pour structurer votre pensée et votre approche au sujet de l'argent et de son impact sur le pouvoir et l'égalité dans vos relations.

Lignes directrices relatives aux finances

- *Équilibrez votre investissement à gagner de l'argent avec votre investissement dans la relation :* Trop de gens s'inquiètent de leur besoin de gagner encore plus d'argent, à tel point qu'ils feront presque tout pour obtenir plus d'argent ou pour préserver leur situation de manière à maintenir leurs gains au même niveau. Pourtant, il arrive si fréquemment que la relation ne reçoit qu'une très petite partie du temps, de l'énergie et de l'attention accordés à un emploi ou à une carrière. Il est nécessaire de cultiver ses relations et de ne pas toujours faire en sorte qu'elles s'effacent derrière votre emploi ou votre carrière.

- *Partagez la richesse :* Dans une relation permanente à long terme, nous vous recommandons fortement d'envisager de fusionner plutôt que de séparer vos finances. Les ententes prénuptiales et les comptes séparés donnent l'impression que chacun s'attend à l'échec de la relation. Nous nous demandons souvent : si vous n'êtes pas à l'aise pour risquer votre sécurité financière dans une relation, comment est-il possible que vous soyez à l'aise de prendre les risques affectifs nécessaires pour bâtir une relation intime commune ?

- *Partagez les responsabilités et les valeurs relatives aux finances :* Il faut établir sans ambiguïté que vous partagez généralement des croyances et des valeurs communes à propos de l'argent. Il n'est pas nécessaire que vous produisiez tous les deux les mêmes revenus pour être conjointement responsables de la gestion de ces revenus combinés. Le divorce de vos parents vous a peut-être appris que l'argent est synonyme de pouvoir dans une relation. La confusion ici trouve sa source dans un système de croyances qui soutient que le montant d'argent produit est égal au pouvoir d'une personne dans une relation. Répartissez les responsabilités, ayez des valeurs communes et partagez le pouvoir, peu importe la contribution de chacun dans l'ensemble de vos revenus.

- *Recherchez l'honnêteté concernant l'argent :* On peut trouver un indice d'une relation menacée lorsque l'une ou les deux personnes doivent mentir à propos de l'argent. Ici encore, s'il existe de l'inconfort à propos de qui dépense combien, ou de qui possède combien, comment peut-on être à l'aise dans un partage plus personnel, plus intime et plus vulnérable? La malhonnêteté liée aux questions financières peut constituer une enseigne au néon clignotante indiquant la présence d'une difficulté à faire confiance ou d'une difficulté à partager des valeurs sur la manière de dépenser l'argent. Autant vous que votre partenaire devriez vous sentir assez à l'aise pour vous faire implicitement et mutuellement confiance au sujet de l'argent (dépenser, épargner et en parler).

LA SEXUALITÉ

L'expression de l'intimité par la sexualité peut paraître spécialement effrayante pour les enfants-adultes du divorce. Il est possible que vous confondiez sexe et intimité, ou vous pouvez craindre de vous donner totalement dans une relation physique. Vous avez peut-être peur de fusionner avec un autre par crainte que la blessure de quelque perte potentielle soit alors trop importante. Il est souvent facile de confondre le concept de sexualité avec celui totalement opposé entourant l'acte d'amour.

Certains enfants-adultes du divorce ont des relations sexuelles trop rapidement et trop tôt. Le sexe devient un moyen de plaire aux autres et à vous-même, étant donné que le pur plaisir physique devient le principal centre d'intérêt. L'objectif ici est de se sentir bien et de faire en sorte que les autres se sentent bien. Cette perception risque de conduire à un comportement débridé avec des partenaires multiples ou séquentiels.

Il est possible que vos parents n'aient pas été de bons modèles d'identification en ce qui concerne l'expression directe de l'amour, de l'attention, de l'affection et de l'intimité dans les relations adultes. Vous confondez peut-être alors sexualité et besoin d'être réconforté et en sécurité. Lorsque vous plongez trop tôt dans une relation, il est possible que vous cherchiez à vous abandonner et à vous endormir dans la douce étreinte de l'autre personne. Même si vous vous investissez dans une relation engagée, vous ne saurez peut-être pas comment exprimer votre amour autrement. Vous ignorez peut-être quelles paroles utiliser ou quels gestes d'affection prodiguer pour que l'autre personne puisse connaître vos pensées et vos désirs les plus intimes.

Certains enfants-adultes du divorce essaieront plutôt d'éviter les relations sexuelles avec un partenaire qui recherche un degré élevé d'intimité affective. Si c'est votre cas, vous aurez peut-être l'impression de vous sentir à l'aise dans une relation sexuelle jusqu'au moment où le reste de la relation prend figure d'un véritable engagement. Vous vous apercevrez peut-être alors que vous évitez le plus possible les relations sexuelles. En d'autres mots, la sexualité, c'est bien avant le mariage, mais après avoir prononcé les mots « Je le veux », vous ne pouvez vous empêcher de fuir dans la direction opposée. En lui-même, le sexe est une bonne chose, mais la sexualité sans intimité ni engagement peut être incroyablement angoissante! Il peut vous sembler tellement difficile de vraiment permettre à quelqu'un de vous aimer complètement et d'avoir besoin de vous que vous trouverez plus simple de demeurer à la surface dans une relation. Malheureusement, vous perdez alors énormément. Vous pouvez toujours demeurer sur vos gardes, ou bien courir la chance de vous permettre d'aimer pleinement quelqu'un et ne pas séparer la sexualité du reste des expressions intimes de votre amour. Si vous évitez de prendre des risques, vous payez un prix beaucoup trop élevé pour le divorce de vos parents.

Donner trop

Le syndrome du gardien peut compromettre la sexualité d'une personne. Il se peut que les enfants-adultes du divorce sentent le besoin de plaire aux autres pour qu'ils demeurent dans la relation. Trop souvent, vous pouvez sublimer vos propres besoins et vous-même pour vous centrer sur l'autre et l'assouvissement de ses besoins, au détriment des vôtres. Ce comportement est susceptible de contaminer une relation sexuelle et de la transformer plutôt en une transaction, où vous vous sentirez ultimement utilisé ou tenu pour acquis. L'acte physique de l'amour se trouve ainsi dépouillé de toute intimité et de toute tendresse.

Il peut être plus facile de donner que de recevoir, car vous craignez peut-être d'avoir à définir vos besoins et vos désirs, et de les voir comblés par une personne qui vous aime et qui veut vous plaire, ce qui vous placerait dans une position de vulnérabilité et même de dépendance envers votre partenaire. Ou pire encore, si vous vous concentrez sur vos besoins, il est possible que vous craigniez le rejet de votre partenaire qui pourrait vous dire que vous en voulez trop. Il est facile de vous inquiéter de trop vous habituer aux marques d'amour que vous recevez, de peur d'être trop blessé si la relation se transforme et si votre partenaire vous quitte. Il semble plus sûr de travailler fort à prendre soin de l'autre personne et d'éviter de penser à vous-même. La sexualité deviendra plutôt insatisfaisante si vous essayez toujours de prévoir les besoins de votre partenaire au lieu de lui permettre de vous faire plaisir, ce qui, encore une fois, nuit sérieusement à une authentique intimité mutuelle.

Voici quelques éléments utiles à considérer lorsque vous vous engagez dans une relation intime de nature sexuelle.

Servez-vous-en pour vous aider à penser clairement lorsqu'il vous semble difficile de résister à vos impulsions.

Lignes directrices relatives à la sexualité

- *Allez lentement dans vos relations :* Il est important de faire particulièrement attention au choix de la personne avec laquelle vous aurez des relations physiques intimes et au déroulement des choses. C'est avec ce partenaire que vous ferez don réciproque et mutuel non seulement de vos corps, mais aussi de vos cœurs et de vos âmes. La véritable intimité dans la sexualité se nourrit d'un profond respect. Elle ne peut être expédiée, mais est quelque chose qui se développe avec le temps de manière progressive vers un plus grand partage, un plus grand rapprochement et une plus grande vulnérabilité. Votre besoin de vous sentir près de quelqu'un et celui de vous lier rapidement de peur que cette personne vous abandonne ne doivent pas constituer le moteur de votre décision de vivre une intimité physique.

- *Sentez-vous à l'aise et en sécurité :* Lors d'une relation sexuelle avec un partenaire significatif, vous devriez vous sentir à l'aise et en sécurité. Vous devriez vous sentir respecté et compris concernant votre niveau de confort avec la sexualité et ses différents aspects. Vous ne devriez pas vous sentir obligé ou coupable, mais plutôt vivre la sexualité comme la confluence de besoins et d'attentes dans l'expression de l'amour.

- *Communiquez vos sentiments, ce que vous aimez et ce que vous n'aimez pas :* Dans une relation saine, il est nécessaire que vous puissiez communiquer librement au sujet de la sexualité. Vous ne devez pas avoir à vous battre pour être « assez bon » ni être mal à l'aise de peur de dire la mauvaise chose. Le bon amoureux veut savoir ce que vous aimez et ce que vous n'aimez pas, et respecte vos sentiments et vous-même.

- *Faites l'amour d'innombrables façons :* Non, il ne s'agit pas de provocation de notre part. Nous vous suggérons plutôt d'élargir au-delà de la sexualité votre perception de l'acte d'amour. De l'affection, des petits noms doux, des gestes prévenants, de bons rires intensément partagés, une tasse de thé apportée sans qu'on vous le demande ou une petite tape sur l'épaule juste au bon moment ne sont que quelques façons de faire l'amour en dehors de la chambre à coucher. Les enfants du divorce n'ont probablement pas eu la chance de voir leurs parents faire l'amour de manières très diversifiées et croient que la seule façon d'exprimer son amour réside virtuellement dans la sexualité. Cherchez un partenaire avec lequel il vous sera possible d'explorer les merveilles d'une tendresse et d'un amour mutuels de façon novatrice et créatrice.

LA COMMUNICATION

Les enfants-adultes du divorce ont souvent été témoins du pire en ce qui concerne les techniques et les habiletés de communication utilisées par leurs parents divorcés. Cette communication a pu être caractérisée par le conflit ou son extrême, le silence, avec peu ou pas de terrain commun pour une communication efficace. À l'intérieur de votre propre relation, vous pouvez vous donner beaucoup de peine pour imaginer comment aborder les inévitables problèmes et conflits. Pourtant, vous échouez à cause de la piètre qualité de vos modèles d'identification. C'est comme essayer de marcher quand personne ne vous l'a enseigné ni ne vous a aidé à développer vos muscles pour vous tenir debout. Il n'est que trop facile de trébucher et de perdre pied, en essayant de dire ce que vous pensez, d'exprimer vos émotions et de réclamer ce dont vous avez besoin sans disposer d'une carte routière et sans en avoir appris les règles.

Certains enfants-adultes du divorce se lancent à fond dans la communication, disant tout ce qui leur vient à l'esprit sans retenue ni censure. Ils n'ont tout simplement pas de point de référence pour mesurer puis pour filtrer leurs pensées, et finir par les organiser dans un message cohérent. Cela ressemble plus à un flot de conscience qui coule librement plutôt qu'à une présentation d'idées consistantes. Ceci peut faire en sorte que vous dites presque tout ce qui vous vient à l'esprit sans tenir compte de l'impact sur votre partenaire ou sur votre relation. Ce type de comportement risque de donner lieu à des relations tumultueuses marquées par des paroles et des gestes cruels. Il se peut que votre communication soit très sommaire et ne transmette pas toujours le message souhaité. Après tout, vous avez vu vos parents exprimer beaucoup d'émotion brute, et vous croyez peut-être qu'il est normal de livrer votre pensée en conséquence. Étant donné les innombrables exemples très blessants et irraisonnés qui ont caractérisé le conflit entre vos parents, il est possible que votre propre habileté à décrire vos sentiments — particulièrement vos sentiments de colère — soit sérieusement handicapée.

Demeurer secret

On retrouve un autre type de difficulté en matière de communication dans les relations chez les enfants-adultes du divorce qui ont tendance à garder tout pour eux et qui hésitent à exprimer leurs émotions de peur d'être rejetés ou d'éloigner les autres. Si cette description s'applique à vous, vous êtes probablement silencieux, timide et prudent. Vous préférez ne rien dire plutôt que de risquer de dire la mauvaise chose, et de provoquer la colère ou la contrariété de votre partenaire. Il est possible que vous niiez vos propres besoins et sentiments, et que vous réprimiez tout désir de les communiquer. Vous évitez probablement à tout prix les conflits interpersonnels. Quand vous étiez enfant, vous n'avez peut-être jamais appris à communiquer avec assurance, à préciser vos propres désirs d'une manière succincte, respectueuse et bien réfléchie. Si ces modèles persistent invariablement, vous découvrirez sans doute que vous n'avez pas conscience de ce que vous pensez et de ce que vous ressentez, ce qui peut créer un certain degré de dépendance affective et compromettre vos relations intimes. Votre anonymat sur le plan émotionnel, votre désir de plaire et votre inquiétude devant la bonne chose à dire sont finalement susceptibles d'éloigner les autres. Il ne reste à vos partenaires qu'à lire dans vos pensées aussi longtemps qu'ils seront disposés à deviner ce que vous ressentez et ce dont vous avez besoin. Ils peuvent finir par se lasser et décider qu'il leur faut trouver quelqu'un qui exprime des sentiments authentiques et interagit d'une manière plus constante. D'autres peuvent profiter de cette tendance en formant une relation autocratique où leurs sentiments et désirs ont préséance sur les vôtres. Lorsque vous finissez par comprendre la situation et commencez à vous exprimer, il est possible que vous découvriez que la relation se termine parce qu'elle n'a pas assez mûri pour être en mesure de s'adapter au changement de rôles et de dynamiques. Si vous avez trouvé quelqu'un qui aime mener le jeu, vous n'aurez peut-être d'autre choix que de reculer ou de partir. N'était-ce pas ce que vous vouliez éviter en premier lieu? La pratique d'un style de communication clair constitue la meilleure manière d'investir dans vos relations.

Mais il n'est pas toujours facile de mettre en pratique une communication claire, qui exige que l'on soit très conscient de soi et qu'on se concentre constamment sur certains éléments fondamentaux. Nous vous offrons les lignes directrices suivantes qui vous aideront à examiner quelques approches générales pour une saine communication et à vous exprimer clairement dans vos relations amoureuses. Utilisez ces lignes directrices afin d'éviter de communiquer de manière impulsive ou de vous retrancher derrière votre silence, tous deux des comportements fréquents lorsque la seule idée de communiquer vous effraie.

Lignes directrices relatives à la communication

- *Diminuez le plus possible les bruits de fond :* C'est bien de vous exprimer, mais vous devriez faire attention de vous assurer que vous dites exactement ce que vous voulez et non tous les autres éléments superflus si facilement accolés à cette expression. La communication assertive est réfléchie, dosée, succincte et très respectueuse. Elle est centrée sur le développement d'une présentation claire du problème tout en offrant une solution réalisable.

• *Cherchez des modèles et des professeurs de communication saine :* Il est probable que vos parents n'étaient pas les meilleurs modèles d'identification en matière de communication efficace et de résolution de conflit. Il vous faut trouver de nouveaux professeurs qui vous aideront à apprendre à réfléchir et à communiquer avec assurance et de manière appropriée. Votre partenaire ou d'autres personnes qui peuvent vous offrir de la rétroaction et vous écouter, et qui emploient des stratégies de communication efficace, peuvent tenir ce rôle de professeur.

• *Abstenez-vous de fuir :* La fuite, le déni ou la passivité ne feront que simplement fragiliser votre position dans vos relations. Changer ce modèle peut être quelque chose d'inconnu et, à l'occasion, de terrifiant, particulièrement si vous avez survécu au divorce de vos parents en essayant de demeurer à l'écart et en cherchant à ne pas vous faire remarquer. Avec l'aide et l'amour de votre partenaire (et peut-être même éventuellement d'un thérapeute), vous apprendrez à exprimer votre pensée et vos besoins affectifs de manière efficace et appropriée. La communication ne peut être plus blessante que la confusion, le ressentiment et la vacuité du silence présents dans les relations où les partenaires craignent de prendre le risque de s'ouvrir et d'être honnêtes l'un envers l'autre.

CULTIVER L'ENGAGEMENT – CROIRE EN VOUS-MÊME

Étant donné tout ce qu'on a discuté dans les sections précédentes de ce chapitre, vous aurez peut-être l'impression que la reconquête de votre vie amoureuse constituera une tâche décourageante. Il est possible que vous vous sentiez accablé et démoralisé, et que vous pressentiez le chemin qu'il vous reste à parcourir comme une escalade sinueuse et difficile sans garde-fous. Vous vous sentez peut-être terrifié, menacé et très peu sûr de vous dans ce domaine. Mais prenez courage, car si vous en avez l'audace, vous aurez la possibilité de vivre le meilleur de ce que la vie a à vous offrir — une véritable relation amoureuse. Oui, cela vous est aussi accessible même si vous vous considérez encore comme un enfant-adulte blessé du divorce. Vous ne le croyez peut-être pas, mais l'amour d'une personne pourrait bien vous attendre dans toute son intégrité et durer pour toujours.

Vous direz probablement : « Comment puis-je me retrouver dans une relation amoureuse permanente alors que j'ai été handicapé par le divorce de mes parents, et peut-être même plus à cause de l'incessant conflit qui les divisait, et de leur incapacité d'être des parents pour moi et pour mes frères et sœurs? Ils ne m'ont aucunement enseigné comment aimer quelqu'un totalement et sans réserve. J'ignore donc tout de la manière de former et d'entretenir une véritable relation amoureuse aujourd'hui et même dans l'avenir. » Encore une fois, vous laissez vos anciens schèmes de pensée vous contrôler. Même si vous étiez un enfant vivant dans une famille très conflictuelle, vous avez eu l'occasion d'apprendre sur l'amour au cours de votre vie.

Exercice 9.3

Pensez à ce que vous avez vécu dans votre famille concernant les relations amoureuses. Écrivez vos réflexions dans votre journal.

- Décrivez ce qui a fait en sorte que vous vous sentiez mal.
- Qu'auriez-vous aimé avoir vécu?
- Comment la relation amoureuse aurait-elle dû se manifester?

- À quoi devrait ressembler une relation amoureuse engagée?

———

En répondant aux questions de cet exercice, vous pourrez trouver des indices concernant ce que vous avez vraiment appris sur les relations. Vous n'êtes pas aussi ignorant et impuissant que vous pourriez d'abord le croire. Même les jeunes enfants peuvent avoir une idée de la façon dont devraient fonctionner les relations. Ils sont certes capables de dire clairement ce qui est mal, injuste ou cruel. Vous aviez probablement accès à cette perception lorsque vous étiez enfant. Elle est simplement recouverte par la souffrance et l'apprentissage subséquent qui vous a incorrectement suggéré que vous ne pouviez faire confiance à ce que votre moi intérieur sait être vrai.

Nous vous présentons ci-après des lignes directrices fondamentales vous permettant de cultiver une relation engagée avec une personne que vous aimez et qui dit aussi vous aimer. Une enfant-adulte du divorce perspicace l'a décrit avec justesse lorsqu'elle a déclaré : « Je ne sais pas comment aimer. Mes parents étaient divorcés. » Donc, commençons dans la bonne direction. Les lignes directrices suivantes vous y conduiront.

Lignes directrices relatives à l'engagement

- *Abandonnez vos vieilles peurs :* Appuyez sur le bouton « arrêt » du magnétophone qui joue vos anciennes chansons négatives et dépressives. Il est vrai qu'il peut paraître plus facile de répéter ces vieilles rengaines. Elles vous sont déjà si familières et cette familiarité est *tellement* confortable. Mais ce degré de confort ne fera que vous empêcher d'oser croire et d'oser essayer. Il vous faut reconnaître que la peur paralyse et fait stagner votre vie amoureuse. Alors saisissez l'occasion d'entrer dans un nouvel univers. Permettez à quelqu'un d'avoir la chance de vous aider à grandir, d'être vulnérable et de vous aimer totalement. Votre peur est compréhensible, mais vous n'avez pas à la laisser tétaniser votre relation. Vous pouvez vivre de la peur et toujours décider de courir la chance de vivre aussi l'excitation, la chaleur, et la sécurité en puissance, d'une relation amoureuse intime. S'il ne vous est pas possible de le faire par vous-même ou avec l'aide d'une personne significative, il vous faudra peut-être consulter un thérapeute compétent qui vous aidera à clarifier les choses, à découvrir l'origine de vos difficultés et à prendre les mesures qui transformeront votre vie et permettront aux semences d'un amour authentique, de l'affection et de l'interdépendance de fleurir.

- *Courez la chance :* Afin de trouver l'amour dans votre vie, il vous faut vouloir courir la chance ! Peut-être saurez-vous réaliser quelque chose que vos parents n'ont pas réussi à préserver ou n'ont même jamais eu en premier lieu. Mais cela ne peut se faire sans prendre le risque d'être blessé, et il ne fait pas de doute que vous vous sentirez vulnérable. Vous aurez peut-être l'impression que vous vous tenez sur le bord d'un immense ravin avec la chance de trouver l'amour de l'autre côté. Vous avez peur des hauteurs, mais vous savez que, en traversant le pont délabré devant vous, vous sauverez votre vie. Quelqu'un que vous croyez aimer et en qui vous avez confiance vous dit : « Tiens ma main et nous traverserons ensemble. » Les risques à prendre ici sont grands, mais les récompenses en valent plus que la peine.

- *Voyez les aspects positifs de votre partenaire :* Il est trop facile de vous concentrer sur les aspects négatifs d'une personne dans votre vie. Il est facile de trouver des erreurs, mais la recherche des aspects positifs est une bien meilleure façon de construire une relation, même si cela vous fait peur. Si vous vous concentrez sur ce qui est bon, vous pourrez ensuite décider de préserver la relation et de ne pas l'écarter trop rapidement.

- *Il n'existe pas de relation parfaite :* Il est possible que vous ayez grandi dans un foyer où abondait le conflit et où on plaçait l'accent sur le mauvais plutôt que sur le bon. Il est même possible que le mauvais ait primé, au point que vous n'êtes même pas certain que quelque chose est bon quand vous le voyez. Essayez de repérer ce qui pourrait fonctionner pour vous, et non le contraire. Cherchez des raisons de dire oui. Vous craignez peut-être de dire oui, mais songez simplement aux conséquences positives.

- *Prenez votre temps mais pas trop :* Il est certainement important de réfléchir et d'appliquer des critères à vos choix de partenaires amoureux. Malgré tout, il est possible que vous preniez trop de temps pour choisir. Si vous avez tendance à trop hésiter et à évaluer chaque petite parcelle d'une personne et de votre relation, vous passerez peut-être à côté de l'amour de votre vie. La majorité des partenaires de vie potentiels ne vous attendront pas pour toujours. Non plus qu'ils ne supporteront de subir d'interminables tests pour prouver leur valeur et leur amour. Tôt ou tard, vous en viendrez tous deux à devoir choisir entre aller pêcher ou couper l'hameçon, entre vivre à l'intérieur ou à l'extérieur de la relation. Ceux d'entre vous qui sont plus réticents à s'engager découvrent toutes sortes d'excuses pour se contenter d'évaluer et d'attendre. Vous disposez devant vous d'innombrables cerceaux dans lesquels vous sautez sans jamais en apercevoir la fin. Il est important d'être rationnel, mais peu utile d'analyser à répétition chaque petit détail sous chaque angle. Ne laissez pas la relation s'évanouir à l'horizon! Tôt ou tard, vous devrez suivre votre cœur.

- *Portez attention au « nous » :* Dans une relation, il est question du « nous » et non du « je ». Si vous voulez réussir une relation, il vous faut commencer à penser différemment. Le fait d'avoir grandi dans une famille mono-parentale transforme votre perspective alors que vous apprenez à vous concentrer sur vous-même, sans avoir l'occasion d'observer un mariage qui fonctionne où les partenaires ont comme but commun de se soutenir et de s'aimer mutuellement. Lorsque les partenaires prennent soin l'un de l'autre, les deux ressentent qu'on leur porte attention. Chaque personne n'a plus à s'occuper égoïste-ment de ses propres besoins en premier lieu, puisque cha-cune d'elles est trop absorbée à le faire pour l'autre. Il est possible de cultiver avec soin une relation engagée lors-que les deux partenaires donnent au « nous » (le couple) et cessent d'essayer de combler à tout prix leurs propres besoins individuels. Le « nous » ressemble à un compte de banque affectif qui, lorsqu'il est constamment appro-visionné, permet à la relation de demeurer solide et saine pendant longtemps. Trop de relations échouent parce que les partenaires sont trop occupés à prendre soin d'eux-mêmes comme individus au lieu de nourrir l'entité com-mune composée des deux partenaires.

• *Fermez la porte arrière appelée « D » :* Les relations amoureuses n'ont pas besoin de portes arrière ouvertes et de simples clauses dérogatoires. Si un partenaire a l'impression qu'il existe une sortie facile, il lui est impos-sible de travailler à la réussite de la relation avec tout le temps, toute l'énergie et tout l'engagement disponibles et nécessaires pour une relation d'une telle importance. La porte arrière semble assez séduisante et beaucoup plus simple à choisir que d'essayer de travailler à quelque chose durant les moments difficiles. Beaucoup plus que dans le cas des adultes issus de familles intactes, les enfants-adultes du divorce considèrent la porte « D » (divorce) comme une option valable. Cette possibilité vous est trop familière et vous êtes bien au courant de toutes les statistiques concernant la probabilité qu'un tel événement se produise. Même si vous connaissez sans doute très bien le conflit douloureux associé au divorce, vous pensez peut-être qu'il est plus facile de partir que de rester et de passer à travers les périodes difficiles. Il est important que vous et votre partenaire considériez la relation engagée comme un circuit fermé, de façon à ce que vous vous y consacriez entièrement et ne cherchiez pas à en sortir dès que des embûches se présentent.

RECONNAÎTRE L'AMOUR DANS VOTRE CŒUR

Les relations sont les semences mêmes de votre âme. Les relations amoureuses sont la nourriture même de votre cœur. Ne craignez pas d'aimer et d'être aimé. Votre vie passée a peut-être été minée par la souffrance et la peur, mais pour avancer, vous devez croire en la possibilité que vous pouvez aimer et être aimé mieux que vos parents ne l'ont fait. Lorsque vous permettez au passé, à vos expériences et à vos émotions de l'enfance de dicter le présent, vous renoncez à votre pouvoir sur votre propre vie, que vous remettez entre les mains de vos parents. Il vous est possible de transformer la situation si vous le décidez, et si vous aspirez vous-même à quelque chose de mieux. Les relations saines peuvent contribuer à rebâtir la confiance, l'espoir et les rêves. Décidez de vivre vos plus importantes relations à votre manière et non à celle de vos parents. Il n'est *pas* nécessaire que leur divorce ou la vie seule soient votre destin. Vous avez le choix. Faites un choix empreint de sagesse, et choisissez d'aimer de tout votre cœur et de toute votre âme.

10

AVOIR DES ENFANTS : RAVIVER VOTRE DÉSIR D'ÊTRE PARENT

Comme enfant-adulte du divorce, vous pouvez découvrir que vous êtes déchiré entre deux perspectives : avoir ou non des enfants. Vous avez vécu tellement de douleur lors de la rupture de vos parents et vous vous questionnez peut-être sur ce qui pourrait amener une personne ayant tous ses esprits à vouloir mettre un enfant au monde seulement pour se retrouver face au même destin éventuel. Peut-être vous demandez-vous : « Pourquoi prendrais-je le risque d'aimer un enfant, et finalement le voir passer cinquante pour cent de son temps loin de moi si je divorce ? » Vous songerez peut-être à votre colère contre l'un de vos parents ou les deux, et vous craindrez de voir survenir la possibilité que vos enfants cultivent aussi de la colère ou de la haine contre vous. Il semble que vous seriez incapable d'en endurer autant.

D'un autre côté, les enfants sont bien plus que des êtres criards, exigeants et distants. Ils peuvent vous apporter beaucoup de joie alors que vous participez à la vie avec eux. Vous les aidez à grandir, à apprendre sur la vie, à relever des défis, et vous vivez le plaisir de leurs réussites. Le lien unique entre un parent et un enfant dans une relation saine ne ressemble à rien d'autre. Il est différent de celui dans les relations adultes ou toutes vos autres relations, et peut certainement l'être de ce qui prévalait dans vos relations avec vos parents. Pendant que vous luttez pour apprendre à être parent, votre enfant vous fait confiance dès sa venue au monde. Alors que vous vous posez des questions sur vos propres habiletés et traversez vos propres défis en tant qu'adulte, votre jeune enfant apprend de vous. À partir des habiletés complexes associées avec les mouvements physiques et le langage jusqu'aux exigences de l'apprentissage des interactions avec les autres, vos enfants prendront exemple sur vous. Ce sont de parfaits observateurs, même lorsqu'ils ne semblent pas s'en soucier ou y porter attention. Les enfants plus âgés vous critiqueront et découvriront chacune de vos faiblesses (même celles que vous ne croyez pas avoir), pourtant, le lien entre un parent et un enfant restera toujours unique. Ce lien est si profond que, comme nous l'avons dit plutôt, les enfants aliénés ressentent souvent une immense colère plutôt que l'indifférence à laquelle on pourrait s'attendre devant un manque de respect à un individu avec qui aucun lien affectif n'a été établi. Autrement dit, c'est le puissant lien affectif sous-jacent qui est à l'origine de l'émotion forte de la colère.

Donc, ferez-vous preuve de prudence ou prendrez-vous le risque d'avoir l'occasion de vivre un lien incroyable et d'aider à l'épanouissement d'un nouvel être humain? Si vous faites le choix d'être parent, vous devriez vous assurer que vous avez intégré certaines règles de base pour vous aider le long du parcours. Gardez en tête que « le long du parcours » ne signifie pas simplement du moment de la conception jusqu'au dix-huitième anniversaire de votre enfant. Cela s'applique plutôt à la totalité de la vie de votre enfant. Ou du moins à l'espace de votre propre vie dans le contexte de celle de votre enfant. Votre relation avec votre enfant peut aisément durer cinquante à soixante ans. De fait, la plus grande partie de la relation se déroulera après (non durant) la jeunesse de votre enfant. Pourtant, les événements qui surviennent durant cette jeunesse auront un profond impact sur la relation ultérieure parent/enfant.

Certaines des règles de base dont nous avons discuté dans ce chapitre sont liées au fait :

- de créer votre propre réseau de soutien parental ;
- de construire une relation de coparentage avec votre partenaire ;
- d'apprendre à montrer votre amour parental ;
- de construire de saines relations parent/enfant ;
- de favoriser des relations adultes saines avec vos enfants.

Nous croyons que ces règles contribueront largement à vous aider dans votre voyage sur la route de la paternité ou de la maternité. Pourtant, comme enfant-adulte du divorce, il est possible que vous n'ayez pas pu observer la manifestation de certaines de ces règles de base chez vos parents. Peut-être n'avez-vous même pas cru qu'il était possible d'appliquer ces règles étant donné vos expériences et les croyances négatives qu'elles ont engendrées.

Par exemple, si vous croyez encore que d'une certaine manière vous étiez responsable du divorce de vos parents ou de l'échec de leur réconciliation, vous pouvez vous dire : « J'ai ruiné la relation de mes parents. Si j'ai ruiné leur relation et leur vie, je sais que je ruinerai la vie de tout enfant que j'essaierai d'élever. » Il est essentiel de remettre en question cette croyance et de vous répéter que vous n'étiez *pas*, en aucune façon, responsable du divorce de vos parents et de ses conséquences sur leur vie et sur leurs relations. Les enfants ne causent pas le divorce — ce sont les parents qui le font. Les enfants sont incapables de ruiner un mariage. Vous n'étiez pas « celui qui a tout gâché ». Vous n'en aviez tout simplement pas le pouvoir. Vous n'aviez pas non plus le pouvoir de gâcher votre relation avec l'un de vos parents ou les deux. Vos relations avec vos enfants peuvent être tout à fait différentes de celles avec vos parents.

La remise en cause de vos croyances irrationnelles négatives et la mise en place des éléments décrits dans ce chapitre faciliteront votre voyage sur la route de la paternité ou de la maternité, et vous aideront à faire face aux imprévus avec plus de facilité et plus de succès.

CRÉER VOTRE PROPRE RÉSEAU DE SOUTIEN PARENTAL

Parlez à n'importe quel parent et il vous dira que les joies du parentage ont parfois comme contre-pied ses exigences et ses stress. Vous pouvez vous épuiser facilement. Que vous soyez seul ou avec un partenaire, à la maison ou sur le marché du travail, homosexuel ou hétérosexuel, dans une relation misérable ou saine, que vous éleviez un enfant ou plusieurs, ou un adolescent en voie de devenir un adulte indépendant, vous devez constamment donner du soutien affectif et, à certaines occasions, physique. Cette situation vous oblige constamment à différer vos propres besoins pour vous occuper de votre enfant, de votre famille, de votre travail et de vos amis. « Plus tard » finit par devenir un mantra familier lorsqu'il est question de vos propres besoins. Si vous pensez à vous, les autres risquent même de vous accuser d'égoïsme. Comment pouvez-vous faire de l'exercice, aller en vacances ou être avec des amis quand vos responsabilités sont si nombreuses ?

Ajoutez à cela les questions et l'incertitude associées au fait d'élever un enfant. Vous pouvez vous demander : « Est-ce que je fais ça correctement ? » ou « Comment devrais-je traiter telle ou telle chose ? » Pour les nouveaux parents, les décisions les plus élémentaires sont susceptibles de prendre une importance incroyable, que vous soyez aux prises avec le choix de la sorte de couches à acheter et en train de vous demander pourquoi le bébé dort depuis si longtemps alors que vous vous apprêtez à le réveiller.

Le stress, l'épuisement émotionnel et physique, la confusion et l'incertitude sont tous ces éléments qui vous guettent et qui peuvent vous mener au bord de l'abîme et vous faire perdre votre capacité de relativiser les choses. Si vous vous sentez exténué dans votre rôle de parent, vous vous retrouverez peut-être en train de vous demander, d'une manière susceptible d'aiguiser votre sentiment de culpabilité : « Finalement, qu'y a-t-il de si bon dans le fait d'être parent ? »

Vous serez peut-être surpris de découvrir que vous n'êtes pas seul. La plupart des parents (qu'il s'agisse d'enfants-adultes du divorce ou non) se démènent avec les mêmes problèmes ou d'autres questions semblables. Certains se sentent seuls et isolés, bénéficiant de peu d'encouragements et de peu d'occasions de profiter de l'amitié, de la camaraderie et des conseils d'autres parents. Mais, éventuellement, pour la plupart des parents, trouver le soutien d'autres personnes compréhensives se révélera capital pour les aider à traverser les moments difficiles du parentage.

La création de votre propre réseau de soutien n'a rien de magique. Si vous en avez déjà un en place ou que vous tombez sur un groupe d'entraide composé d'autres parents, peut-être que la chance y est pour quelque chose. Cependant, la plupart du temps, la recherche d'un groupe de soutien adéquat nécessite un peu plus de travail, de même que de la patience, de la persévérance, et une volonté d'être flexible et ouvert. À certains moments, vous devrez peut-être changer de groupes ou vous adresser à d'autres individus pour obtenir du soutien. À d'autres moments, vous devrez reconnaître que votre réseau de soutien laisse entrevoir des faiblesses et ne peut satisfaire suffisamment (encore moins parfaitement) à tous vos besoins. Malgré tout, un réseau de soutien peut constituer pour les parents une importante composante de base ou pierre angulaire pendant la période où ils élèvent leurs enfants.

Nous avons dressé ci-après la liste de différents types de relations où il vous serait possible de trouver du soutien comme parent. La plupart sont des réseaux non officiels de deux personnes ou plus. Certains sont des groupes de soutien plus officiels :

- vos confrères de travail lors des pauses-repas ;
- d'autres parents dans des activités communautaires ;
- des parents dans le groupe d'amis de votre enfant ;
- vos propres amis et possiblement la famille ;
- des adultes plus âgés qui sont déjà « passés par là » ;
- des membres de la famille immédiate et de la famille élargie ;
- des parents sans partenaires ;
- le groupe Parents Anonymes ;
- des groupes de soutien dirigés par des thérapeutes ;
- des parents que vous voyez régulièrement dans vos activités paraprofessionnelles ;
- votre principal partenaire.

L'astuce consiste à se montrer ouvert à trouver la ou les bonnes personnes pour vous. Vous devez sentir que vous pouvez poser des questions en toute sécurité ou parler de vos sentiments avec les personnes dont vous recherchez le soutien. Ce soutien est susceptible de vous aider à combler les lacunes résultant de l'inévitable épuisement de vos ressources qui vous attend comme parent et des doutes de vous-même qui vous assaillent comme conséquence de vos propres expériences durant et après le divorce de vos parents.

COLLABORER COMME PARENT AVEC VOTRE PARTENAIRE

Vous et votre partenaire commencez une relation engagée l'un envers l'autre, deux personnes dans un monde immense. Vous êtes ensemble, vous vous soutenez et vous renforcez l'un l'autre. Le « nous » est une danse à deux. Il est facile de se centrer sur l'autre, car les autres distractions sont rares. On dirait presque une danse sans fin où vous et votre partenaire prenez toujours soin l'un de l'autre. Ces circonstances sont susceptibles de construire un lien solide entre vous deux. Malheureusement, de nombreux couples sont mal préparés à l'impact de la paternité ou de la maternité sur leur relation et peu conscients de la nécessité que la relation prenne un tournant particulier pour s'adapter à l'arrivée d'un enfant.

La présence d'un enfant rompt immédiatement l'équilibre dans la relation de deux partenaires qui se soutiennent mutuellement et prennent soin l'un de l'autre, alors que les besoins de l'enfant supplantent les leurs. De fait, dans bien des familles, il est possible que les deux partenaires se sentent ignorés ou banalisés alors qu'ils se consacrent presque exclusivement au soin de l'enfant. Les nouveaux parents peuvent ne disposer que rarement des services d'une gardienne. Eux qui étaient d'abord presque exclusivement centrés l'un sur l'autre en arrivent à ne presque jamais l'être. Imaginez que quatre-vingt-dix pour cent de l'énergie émotionnelle du couple se divisait entre les partenaires avant la naissance de l'enfant (quarante-cinq/quarante-cinq). Après la naissance de l'enfant, supposons que la même quantité d'énergie émotionnelle (quatre-vingt-dix pour cent) va vers l'enfant. Seulement cinq pour cent de l'énergie émotionnelle totale est alors impartie à chaque parent. Même les parents qui sont loin d'être centrés sur eux-mêmes peuvent se sentir délaissés et dire : « Hé, j'existe moi aussi, non ? Quand est-ce que c'est mon tour ? » Ils peuvent éprouver du ressentiment l'un envers l'autre, et même, dans une certaine mesure, envers l'enfant, puis se sentir coupables de ressentir ces émotions.

Cette dynamique peut vous rappeler comment vos parents ont pu sembler se sentir. Vous pouvez même dire : « Je sais comment maman et papa pouvaient se sentir — délaissés et peu importants. J'ai l'impression d'être laissé à moi-même et insignifiant, tout comme c'était le cas pour eux. Où s'en va mon propre mariage ? Comment en suis-je arrivé là ? Je sais que je suis dans le même bateau que mes parents avant leur divorce. »

L'ensemble de cette situation exerce une pression sur vous, sur votre partenaire et sur votre relation, en même temps que vous avez un enfant qui requiert que vous vous concentriez tous les deux sur lui et que vous donniez le meilleur de vous-mêmes comme parents. Il peut être utile de construire une relation de parentage en collaboration, mais cela exige une grande cohésion dans la visée ou la mission que vous poursuivez.

Vous trouverez ci-dessous certaines lignes directrices vous permettant de structurer une saine relation de coparentage. N'hésitez pas à vous sentir libre de parler de cette situation avec votre partenaire afin d'en arriver à un certain terrain d'entente.

Lignes directrices relatives à un coparentage sain

- *Séparez votre relation comme coparents de votre relation de couple :* Reconnaissez que, du point de vue de votre enfant ou de vos enfants, vous êtes des parents beaucoup plus que vous ne formez un couple. Même si le « couple » n'est plus présent, l'amour que votre enfant vous porte comme parent doit toujours demeurer. De plus, si vous reconnaissez que vous jouez réellement deux rôles (parents et couple), il vous est possible de concentrer votre attention à différents moments sur chacun de ces différents rôles et sur vos besoins à l'intérieur de chaque rôle.

- *Acceptez de toujours être des parents collaborant ensemble pour votre enfant :* Votre rôle de parents doit avoir la priorité sur tout ce qui arrive dans votre rôle comme partenaires. Même sur une base quotidienne, votre engagement envers votre enfant doit constituer le facteur dominant, où ce sont les besoins de votre enfant qui retiendront votre attention appropriée et non vos problèmes d'adultes.

- *Mettez-vous d'accord sur des valeurs communes :* Bien des parents s'égarent dans des disputes concernant les aspects du parentage sur lesquels ils ne sont pas d'accord et, conséquemment, perdent de vue les nombreuses valeurs qu'ils partagent. D'une certaine manière, il est plus important de bien connaître ces domaines du parentage que vous et votre partenaire avez en commun. Cela pourra vous aider à vous orienter dans vos gestes routiniers et aussi dans les décisions difficiles que vous devrez prendre.

- *Reconnaissez que le parentage est l'une des tâches les plus émotionnelles qui vous attendent :* Aucune autre tâche dans la vie n'est probablement aussi subjective que le parentage. Vos expériences d'enfance, vos valeurs personnelles, votre investissement émotionnel ou personnel dans votre rôle de parent, et votre amour pour votre enfant peuvent facilement faire en sorte que vous soyez tous les deux beaucoup moins objectifs à ce sujet que dans d'autres secteurs de votre vie. Laissez-vous l'un l'autre l'espace pour faire preuve de plus de sensibilité et peut-être d'un peu moins de rationalité par moments.

- *Communiquez fréquemment :* Tant de parents négligent de communiquer fréquemment ou efficacement, donnant lieu à de la confusion et à du ressentiment. Il peut être utile de mettre en place une routine où vous communiquerez régulièrement l'un l'autre au sujet de votre enfant ou de vos enfants. Certains parents trouvent qu'ils disposent de peu de rituels, comme boire leur café ensemble le matin, laver la vaisselle ensemble le soir, ou s'asseoir sur le canapé après le souper, où ils peuvent parler des événements de la journée et des besoins des enfants. Cette initiative permet de construire une structure qui vous prépare à communiquer mutuellement et qui évite que vous ne le fassiez à des moments mal choisis (pour vous retrouver ensuite surpris si la communication est inefficace).

- *Partagez les fardeaux et les plaisirs :* Définissez clairement qui fera quoi, mais n'instaurez pas une feuille de comptage. Le parentage n'est pas une question de justice. Il est ici question d'amour et de gestes qui doivent être accomplis. Votre travail commun consiste à vous occuper des besoins de votre enfant et à faire en sorte que votre enfant ressente l'amour que vous lui portez tous les deux. D'un autre côté, assurez-vous de partager aussi les plaisirs de la maternité et de la paternité. Alors qu'il y aura des moments où vous aurez l'impression que les fardeaux sont inégalement répartis, vous devriez toujours chercher des moyens pour inclure l'autre parent dans les plaisirs et les bons moments du parentage. Au lieu de dire : « Je suis désolée que tu aies manqué le récital de danse de Rebecca aujourd'hui! Elle était formidable! », vous pourriez suggérer : « Après le souper, je voudrais qu'on s'assoie avec Rebecca. C'était son récital de danse aujourd'hui et je l'ai enregistré pour que tu puisses avoir la chance de la voir comme je l'ai vue aujourd'hui. » De cette manière, l'autre parent et Rebecca partagent les joies de cet événement spécial.

• *N'oubliez pas de prendre soin du couple :* Il est très important de prendre soin du couple. Alors que les enfants peuvent très bien s'en sortir dans des familles monoparentales et dans des familles où les mariages sont dysfonctionnels, ils profiteront clairement aussi de l'intimité et de la chaleur qu'ils sentent entre leurs parents. Portez-vous mutuellement attention et vous offrirez d'importants cadeaux à vos enfants — des parents dont la relation leur procure de la satisfaction et qui sont des modèles d'identification pour les relations ultérieures de l'enfant-adulte.

Plus vous travaillez en équipe tous les deux, plus vos enfants en profiteront. Votre relation adulte en tant que partenaires devrait améliorer votre habileté à être en harmonie comme parents qui fournissent une atmosphère chaleureuse où votre enfant grandira et se développera.

S'ENGAGER ENVERS LES ENFANTS

Les parents nous disent souvent à quel point ils sont engagés envers leurs enfants. Ils confient : « Je donnerais ma vie pour mon enfant » ou « Je me jetterais devant un camion pour sauver la vie de mon enfant ». Ce sont de merveilleuses expressions d'amour; cependant, le coparentage n'est pas aussi simple qu'un unique geste spectaculaire. Ce type d'engagement exige plusieurs éléments : communication de qualité, respect mutuel, prise de décisions et résolution de problèmes efficaces, tous centrés sur les besoins des enfants.

Repensez à votre propre enfance pour un moment. Aviez-vous l'impression que vos parents étaient engagés envers vous, peu importe la situation? Ou que, dans un sens, on tenait peu compte de vous, alors qu'ils se disputaient, divorçaient, puis se faisaient concurrence dans le but de remporter le titre de « parent de l'année »? Leur engagement envers vous faisait-il en sorte qu'ils transcendaient leur propre anxiété, leurs souffrances et leur dépression, ou étiez-vous laissé à vous-même pour prendre soin de vous, et d'eux par la même occasion? Vous pouvez trouver difficile de croire qu'il est vraiment possible de s'engager comme parent.

Même les engagements dont on a parlé plus haut ne sont que des actes ponctuels. Il est relativement facile de foncer à travers le feu pour sauver votre enfant à une occasion donnée. Cependant, sur une base quotidienne, un travail en collaboration avec l'autre parent de votre enfant exige un autre type d'engagement ferme. Que vous soyez marié ou non au parent de votre enfant, le coparentage requiert de vous que vous compreniez bien vos rôles conjoints et la nécessité de travailler en collaboration. L'engagement envers votre enfant est essentiel non seulement les bons jours, mais aussi les jours où vous êtes fatigué, où votre patron vous a crié après, où vous faites face à du stress financier, où vous êtes en colère contre votre partenaire et où vous vous sentez isolé, fragile et seul. L'engagement à travailler en collaboration pour le bien-être des enfants exige de vous deux que vous fassiez abstraction de ces problèmes pour le moment et que vous cherchiez le meilleur moyen de répondre aux besoins de votre enfant à un moment donné.

La meilleure manière d'y arriver, c'est d'examiner la situation et vous-mêmes à travers les yeux de votre enfant. Cela ne veut pas dire que vous pensez comme un enfant de neuf ans. Cela signifie plutôt que vous vous servez du point de vue de votre enfant pour vous aider à guider vos actions, sur la base que votre comportement adulte sera interprété par le système de perception puéril de votre enfant. Par exemple, supposons que la pratique de soccer a lieu tous les samedis matin. Votre partenaire travaille de longues heures et, même avant la naissance de l'enfant, il adorait dormir tard le samedi matin. C'est un petit plaisir qu'il s'accordait. Peut-être avez-vous joué au soccer quand vous étiez enfant et que vous adorez encore ce jeu. Il serait relativement facile pour vous de prendre charge de la partie de soccer, et de tomber dans le piège de laisser votre partenaire dormir tard et de rarement assister à un match du samedi. Votre partenaire peut être engagé dans de nombreux autres secteurs de la vie de votre enfant, et vous pouvez tous les deux avoir l'impression qu'il s'agit d'un compromis raisonnable ou d'une bonne répartition des responsabilités. Cependant, les choses ne sont pas si simples, car votre enfant peut croire que ce parent porte peu d'intérêt autant à lui qu'au soccer qui est si important pour lui. Il est possible que votre enfant soit incapable d'avoir un point de vue adulte (même si vous lui expliquez la situation). Dans de tels cas, votre engagement dans le coparentage devrait vous inspirer tous les deux en tant que parents à ouvrir la discussion sur la décision de dormir le samedi matin pendant la saison de soccer. Il est grandement préférable de montrer à l'enfant qu'il est assez important pour que ses parents se réveillent plus tôt ces matins-là. Votre engagement envers votre enfant fait en sorte que vous vous assoyez, que vous vous parlez et que vous risquez de ne pas emprunter la voie facile en évitant la discussion.

Maintenant, imaginez que la situation est plus complexe. Peut-être que vous vivez tous les deux des sentiments forts et contradictoires. Est-ce que cela change l'importance de travailler ensemble ? Est-ce que cela change votre engagement à collaborer pour votre enfant ? Ou est-ce que cela signifie que c'est carrément le moment de témoigner cet engagement? Autrement dit, l'engagement doit se manifester durant les moments difficiles, pas seulement dans les moments faciles. Par exemple, les parents divorcés nous racontent souvent avec fierté qu'ils assistent tous les deux aux spectacles donnés à l'école. Pourtant, quand nous leur demandons où ils se placent, nous découvrons qu'ils s'assoient dans deux côtés opposés de la salle. Donc, quand le spectacle est terminé, l'enfant descend de la scène, doit repérer où chacun de vous est assis, puis se retrouve face à la menaçante décision de choisir vers qui il ira en premier. Est-ce que ces parents sont vraiment engagés envers leur enfant à ce moment-là, ou en sont-ils encore à penser à leurs propres besoins (le besoin de voir jouer l'enfant mais de ne pas s'asseoir près de l'autre parent). S'ils travaillaient de manière optimale comme coparents, ne s'assoiraient-ils pas assez près l'un de l'autre pour pouvoir être debout l'un près de l'autre dans la même allée lorsque les lumières s'allumeraient après le spectacle? De cette manière, l'enfant peut courir vers eux sans être enfermé dans un conflit de loyauté. L'engagement doit être manifesté même pendant les spectacles scolaires, même dans les petites choses, et même quand ce n'est *pas* facile ni confortable ni urgent.

Comme parents, il vous est possible de souligner cet engagement en examinant différentes situations à l'intérieur des simples balises suivantes:

- Qu'est-ce qui serait le meilleur pour notre enfant?
- Que voulons-nous que notre enfant apprenne ou vive dans cette situation?
- Comment notre enfant interprétera-t-il nos actions et nos paroles?

En amorçant les discussions sur les nombreuses décisions parentales à venir à l'aide de ces questions, vous pouvez vous assurer que vous témoignez votre engagement en travaillant en collaboration dans le meilleur intérêt de votre enfant et non seulement à partir de votre propre perspective.

TÉMOIGNER L'AMOUR

Certaines de ces phrases vous semblent-elles familières ?

- « Bien sûr que je t'aime. »
- « Ne te rends-tu pas compte que la raison pour laquelle je travaille si fort, c'est parce que je t'aime et que j'essaie de subvenir à tes besoins le mieux possible ? »
- « Si je te dis non, c'est parce que je t'aime. »
- « Si je cède, tu penseras que je suis faible. »
- « Je ne peux être affectueux avec mes enfants parce que mes parents n'étaient pas affectueux avec moi. Nous ne nous témoignons pas l'amour de cette manière, mais mes enfants savent que je les aime. »

Pensez-vous que les enfants « savent » simplement qu'on les aime ? Ou les déclarations ci-haut ne sont-elles que de simples rationalisations des parents pour éviter de prendre le risque émotionnel de communiquer leur amour d'une manière significative, d'une façon qui soit clairement comprise par les enfants ?

Dans votre journal ou ci-dessous, dressez la liste de ce que vous faites pour votre enfant (ou ce que vous ferez lorsque vous aurez des enfants) parce que vous les aimez.

Exercice 10.1

1. ....
2. ....
3. ....
4. ....
5. ....

Parmi les comportements énumérés dans votre liste, lesquels pensez-vous qu'un enfant devrait instinctivement reconnaître comme un signe de votre amour ? Quelle est la similarité ou la différence entre vos comportements et ceux de vos parents ?

Ci-après, vous trouverez une liste de certains comportements que les parents croient qu'ils adoptent parce qu'ils aiment leur enfant, mais que l'enfant peut difficilement reconnaître comme une marque d'« amour ». Certains de ces comportements font-ils partie de votre liste ?

- Épargner de l'argent pour les études universitaires ;
- Discipliner votre enfant ;
- Taquiner affectueusement votre enfant ;
- Travailler fort ;
- Accomplir des tâches domestiques qui profitent à l'enfant ;
- Inscrire l'enfant dans des activités parascolaires spéciales ou dispendieuses ;
- Montrer à votre enfant à quel point sa vie est meilleure que la vôtre à leur âge ;
- Enseigner des valeurs à votre enfant ;
- Vous assurer que votre enfant nettoie sa chambre et fasse ses devoirs de façon régulière ;
- Emmener votre enfant en vacances.

Imaginez à quel point certains parents peuvent être frustrés de poser tous ces gestes et de voir que leurs enfants n'apprécient pas ou ne reconnaissent pas l'amour sous-jacent. Nous ne prétendons pas que ces comportements sont mauvais. Au contraire, ce sont des comportements importants dans lesquels les parents devraient s'engager. Mais il serait profitable de garder à l'esprit qu'il est peu probable que les enfants apprécieront ces comportements (particulièrement avant qu'ils ne deviennent des adultes).

Sous un angle différent, utilisez l'espace ci-dessous ou votre journal pour dresser la liste de cinq choses que vos parents ont faites quand vous étiez un enfant qui vous ont montré à cette époque qu'ils vous aimaient.

Exercice 10.2

1. ....
2. ....
3. ....
4. ....
5. ....

Si vos parents ont vécu un divorce très conflictuel, vous trouverez peut-être que l'exercice ci-dessus était difficile à réaliser.

Maintenant, dressez la liste de cinq comportements que vous auriez aimé les voir adopter.

Exercice 10.3

1. ....
2. ....
3. ....
4. ....
5. ....

Serait-il difficile de prendre les devants et de mettre en pratique sur une base régulière des comportements qui témoignent de votre amour ? Il est fort probable que ces comportements n'entraînent pas trop de dépenses et ne requièrent pas beaucoup de votre temps. Il vous est possible de vous servir de votre engagement envers votre enfant pour vous motiver à adopter des comportements qui montrent clairement votre amour pour lui. Votre enfant doit-il faire des efforts pour percevoir cet amour, ou le lui témoignez-vous de telle façon qu'il puisse facilement le reconnaître ? Bien sûr que vous le pouvez ! Il n'existe probablement pas de justifications suffisantes qui peuvent rationaliser le fait que vous ne manifestez pas votre amour d'une façon claire et évidente.

Certains parents pourront finalement s'aider mutuellement en incitant l'autre à montrer son amour de la manière qui ne lui paraît peu naturelle. Par exemple, si je ne suis pas très démonstratif et que vous l'êtes, il peut être réellement utile de votre part de me suggérer que notre enfant a besoin d'une étreinte après une déception majeure. Je serais peut-être tenté de simplement dire à notre enfant : « C'est dommage. Peut-être que tu feras mieux la prochaine fois. » Mais c'est sans doute clairement insuffisant. Une suggestion comme « Je pense qu'une étreinte pourrait vraiment faire du bien à l'enfant maintenant » pourrait lui être très profitable.

Voici une courte liste de comportements qui peuvent être perçus par l'enfant comme un signe de votre amour :

- Donner une étreinte spontanée « juste parce que » ;
- Dire : « Je t'aime » ;
- Être engagé dans des activités parascolaires ;
- Dire à votre enfant : « Je suis fier de toi » ;
- Dire : « Je suis désolé » ;
- Dire : « Tu avais raison » ;

- Porter attention à ce que dit votre enfant et ne pas lui poser des questions auxquelles il vient tout juste de répondre;
- Avoir du temps seul avec votre enfant (sans votre partenaire ou les frères et sœurs de votre enfant);
- Prendre un repas avec un enfant sur une base régulière;
- Laisser la boîte vocale prendre l'appel lorsque vous êtes avec votre enfant;
- Embrasser votre enfant *chaque* soir pour lui dire bonne nuit.

Maintenant, faites la liste de cinq autres comportements qui ne vous sont pas coutumiers actuellement, mais que vous pourriez adopter et qui seraient des signes évidents (même aux yeux d'un jeune enfant) de votre amour.

Exercice 10.4

1. ....
2. ....
3. ....
4. ....
5. ....

Bien sûr, vous êtes capable de démontrer votre amour. Votre vie affairée, votre histoire douloureuse et vos autres distractions ne doivent pas vous empêcher de témoigner votre amour à votre enfant de façon à ce qu'il puisse le voir et le ressentir au plus profond de lui.

CONSTRUIRE DE SAINES RELATIONS PARENT/ENFANT

À partir du moment de la conception débute un processus de croissance, de développement, d'individuation et d'indépendance. La vie de votre enfant se forme avec seulement deux cellules. Lorsqu'elles séjournent dans l'utérus, ces cellules croissent et sont totalement dépendantes de la mère. À la naissance s'amorce une étape majeure vers l'indépendance, alors que le bébé commence à respirer par lui-même et à faire connaître ses besoins. Pourtant, il est encore très dépendant des autres (principalement de ses parents) pour sa nourriture, son hygiène, son logement et sa survie à long terme. À mesure que votre enfant grandit, il commence à être capable de combler ses besoins et désirs fondamentaux. Votre enfant apprend à se déplacer dans l'espace, à étendre ses bras pour saisir ce qu'il veut et à se nourrir par lui-même. Votre enfant apprend alors à manipuler son environnement (et vous aussi) et formule des opinions. Il commence à différencier sa propre personne des autres qui l'entourent et reçoit la difficile leçon qu'il n'est pas le centre de l'univers. Avec le temps et grâce à un apprentissage officiel et non officiel, votre enfant continue à grandir, apprenant à lire, à s'entendre avec les autres, et à s'occuper de besoins sociaux et intellectuels plus complexes. Finalement, votre enfant quitte votre maison et devient même plus indépendant au moment où il se lance dans sa vie adulte, et recommence lui-même le cycle en devenant parent à son tour.

Alors qu'il existe une grande diversité de parcours vers la vie adulte, la plupart des enfants et leurs parents accomplissent ensemble ce voyage. On peut alors se demander *comment* le voyage se déroulera et à quoi ressemblera la relation parent/enfant à chaque étape de leur vie.

Lorsque nous étions en train de rédiger cette partie du chapitre, nous craignions de tomber dans le piège de tenter de vous enseigner comment devenir le « parfait » parent. Mais nous avons rapidement pris conscience que, même si de nombreux auteurs ont apparemment essayé de transmettre ce type de sagesse, il n'existe pourtant aucun modèle pour élever des enfants qui fait autorité. Nous avons décidé que ni les autres auteurs ni nous-mêmes ne pouvions transmettre à quiconque la recette précise pour être des parents. Il n'existe pas de formule particulière qui conduirait infailliblement à la réussite. Nous avons plutôt décidé d'utiliser cette partie du chapitre pour dresser la liste de certaines lignes directrices permettant d'établir de saines relations parent/enfant. Vous devrez décider comment et quand utiliser ces lignes directrices et lesquelles vous seront le plus utiles dans votre propre parentage. Ces balises sont loin d'être nouvelles ou uniques. Nous les avons acquises par des années d'expérience clinique et personnelle et la consultation d'écrits de nombreux auteurs. Nous espérons que vous pourrez vous en servir comme cadres utiles afin de compléter vos habiletés parentales actuelles. En lisant les pages qui suivent, examinez quelles habiletés possédaient vos parents. Vous voudrez peut-être porter une attention spéciale aux secteurs dans lesquels vous estimez que vos parents présentaient une certaine déficience ou aux secteurs qui ont été particulièrement négligés à cause de leur divorce.

Construire la confiance

L'une des principales caractéristiques d'une saine relation parent/enfant est la confiance. Vous bâtirez cette confiance en montrant à votre enfant que vous prenez correctement soin de lui et que vous l'aimez. C'est à travers l'expérience constante et positive de la cohérence entre vos paroles et vos actions dans le temps que l'enfant l'acquiert. Dans le concept de confiance entre parent et enfant, le mot « positive » est assez important. La confiance entre un parent et un enfant est nettement rehaussée lorsque les parents sont perçus comme offrant soutien, attentions et soins, dédiés à s'occuper de leurs enfants et non seulement de leurs propres besoins.

Témoigner un amour inconditionnel

Imaginez que vous sentiez deux personnes vous aimant simplement comme vous êtes, juste parce que c'est *vous*. Si vous avez connu ce sentiment comme enfant, vous devez en être très reconnaissant. Malheureusement, même si cet amour est là, beaucoup d'enfants ne se sentent pas aimés inconditionnellement. Nous soupçonnons que c'est parce que les parents arrivent difficilement à témoigner leur amour inconditionnel. Comme parents, nous essayons parfois de donner trop rapidement des leçons à notre enfant lorsqu'il passe des moments difficiles. Alors nous disons des choses comme : « C'est bien. Je sais que tu n'es pas heureux à cause de [la situation]. Peut-être que la prochaine fois, si tu [fais telle chose], tout ira beaucoup mieux. » Qu'est-ce que l'enfant entend le plus ? Selon toutes probabilités, l'enfant entend : « Je suis désolé que tu n'aies pas fait mieux dans [la situation]. Si tu avais fait simplement cela, nous aurions été tous les deux bien plus contents. » Si vous voulez témoigner votre amour inconditionnel, vous envisagerez peut-être de ne pas tenter de résoudre immédiatement le problème. Au lieu de cela, vous pouvez essayer d'être compréhensif, afin d'éviter que le message de soutien soit confondu avec le geste différent que l'enfant aurait pu poser. Vous pouvez tout simplement placer votre bras autour de l'enfant et dire : « Je suis tellement désolé que tu sois déçu. Tu sais, pour moi ça ne change rien. Je t'aime et je suis là pour toi si tu as besoin d'aide. » Vous ne serez pas capable de résoudre tous les problèmes de votre enfant. Le fait de vous concentrer de manière routinière sur les solutions risque de vous éloigner du principe fondamental que vous aimez votre enfant. Est-il plus important pour votre enfant de disposer d'une solution (en passant, il l'a peut-être déjà trouvée) ou de savoir sans équivoque que vous l'appuyez ? Nous croyons que le message important, c'est qu'il ait la certitude qu'il a votre soutien, spécialement lorsqu'il vient de faire une erreur.

Établir des limites

Certains parents (et certains professionnels) semblent confondre amour inconditionnel et parentage inconditionnel. Comme parent, vous avez la responsabilité d'enseigner à votre enfant la retenue et la maîtrise de ses impulsions. Une société civilisée est basée sur une combinaison de libertés et de contraintes. Les enfants ont besoin de connaître les limites appropriées pour qu'ils puissent éviter le danger, être socialement adéquats et apprendre à ne pas simplement réagir sur l'impulsion du moment, mais plutôt prendre des décisions dans leurs meilleurs intérêts. Le parent qui gronde un enfant de cinq ans parce qu'il court dans la rue ou qu'il frappe ses frères et sœurs impose une limite par amour pour son enfant. Cependant, il est très peu probable que l'enfant percevra ce comportement du parent comme de l'amour. Il est aussi possible que l'établissement des limites ait une forte connotation conditionnelle et que cet aspect conditionnel soit même clairement énoncé. Par exemple, vous direz peut-être : « Si tu veux te coucher plus tard ce soir, tu dois terminer ton souper. » C'est le privilège de demeurer debout plus tard le soir qui est en question et non l'amour du parent.

Conserver des limites saines

C'est un aspect souvent difficile à traiter pour les parents, tout particulièrement durant les moments de stress. Vos parents divorcés ont peut-être connu des problèmes particuliers concernant les limites. Les parents peuvent être trop distants ou trop proches. Il est possible qu'ils soient inattentifs ou qu'ils étouffent leur enfant avec leur attention. Ils peuvent être incapables de partager leurs sentiments avec leur enfant ou laisser leur enfant seul avec ses propres peurs, ses propres tristesses et autres aspects sombres de son âme. Les parents peuvent soit généralement éviter de donner de l'affection, soit être si affectueux que leurs enfants commencent à se sentir mal à l'aise ou responsables de réconforter leur parent. Il est difficile de savoir exactement où tracer la ligne de démarcation. De plus, à mesure que votre enfant grandit, la ligne ne cesse de se déplacer. Par exemple, il est peut-être bien de prendre un bain avec votre bébé. Mais à un moment donné, vous cessez d'accompagner votre enfant dans le bain. À un autre moment, vous ne restez même pas dans la salle de bains lorsqu'il prend son bain. Au lieu de cela, vous frappez à la porte avant d'entrer et vous dites : « Es-tu habillé ? Est-ce que je peux entrer ? » Sous un certain aspect, la chose peut sembler un peu ridicule. Après tout, vous avez élevé cet enfant depuis qu'il est né. Mais il est essentiel que vous modifiiez les limites et en établissiez de nouvelles à mesure que l'enfant grandit.

Respecter votre enfant

Nombre de parents s'attendent à ce que leurs enfants soient des versions réduites mais améliorées de ce qu'ils sont eux-mêmes. Les enfants sont pourtant par essence très différents de leurs parents. De fait, à mesure qu'un enfant évolue vers son adolescence et qu'il devient plus indépendant, il peut vouloir accentuer la différence. Vous découvrirez peut-être que votre enfant ne partage pas vos goûts et vos aversions. Vous aimez le golf, il le déteste. Vous étiez un bon étudiant dédié à ses études, ce n'est pas son cas. Vous n'avez que très peu de fondements spirituels, et il commence à devenir profondément religieux. Vous êtes ouvert et sociable, et il est timide. Vous êtes comptable, et votre enfant veut devenir professeur d'éducation physique. Qui a raison ? Il est à espérer que vos propres choix vous conviennent. Le plus important, c'est que votre enfant a besoin de sentir que vous respectez le processus l'amenant à effectuer des choix pour lui-même et que vous le respectez même s'il est différent de vous.

Distinguer la valeur de votre enfant de ses réalisations

Presque tout ce que nous voyons et entendons nous informe que notre valeur individuelle est fondée sur nos réalisations.

Même au moment où vous lisez cette dernière phrase, vous pouvez vous demander : « Bien, si ce n'est pas ça, c'est quoi au juste ? » Pourtant, si vous pensez à la valeur d'un nouveau-né (spécialement s'il s'agissait du *vôtre*), vous pouvez facilement déclarer que l'enfant a de la valeur même s'il a réalisé bien peu de choses et qu'il en sera incapable pour un bon moment. En d'autres mots, vous reconnaîtrez probablement que l'enfant possède une valeur inhérente. Malheureusement, ce principe de valeur inhérente se perd rapidement dans les dynamiques sociales de notre culture. Alors que vous et votre enfant observez votre environnement, vous voyez tout autour de vous des gens qui excellent. Vos pairs épellent mieux, attrapent mieux la balle, obtiennent de meilleures notes, fréquentent de meilleurs collèges, occupent de meilleurs emplois, gagnent plus d'argent, ont des vies familiales plus réussies, ont plus de prestige et obtiennent plus de respect des autres (incluant leurs parents et leurs enfants). Et vous savez, vous avez raison ! Où que vous jetiez votre regard, vous êtes susceptible de trouver quelqu'un qui fait ou qui a fait quelque chose de plus (ou de moins) que vous. Mais cela ne change pas la valeur inhérente présente depuis (ou même avant) la naissance. La *valeur* ne change pas. Ce que nous *faisons* change et sera peut-être plus ou moins réussi. Nous pouvons échouer dans l'exécution d'une tâche, mais cela ne nous transforme pas en « ratés ». Les enfants ont besoin de nous pour contrebalancer les messages sociaux qui obscurcissent ce concept et détériorent leur estime d'eux-mêmes.

Laisser vos enfants prendre des risques en tant que personnes indépendantes

L'un de nos instincts parentaux fondamentaux consiste à préserver nos enfants du mal, particulièrement le mal prévisible. Nous ne voulons certainement pas voir nos enfants souffrir comme nous et commettre les mêmes erreurs que nous. Comme parent, nous pouvons souvent facilement voir les « oui, mais » ou les choses qui peuvent aller mal. Nous les programmons en nous-mêmes à partir du jour où nous ramenons le bébé à la maison en revenant de l'hôpital et où nous commençons à penser à la nourriture, aux couvertures, aux fenêtres ouvertes, à la largeur entre les barreaux du lit d'enfant, et ainsi de suite. Pourtant, un surcroît de protection fait en sorte que nos enfants apprennent à être trop dépendants de nous et à éviter des risques raisonnables. Ils se percevront peut-être même comme des êtres faibles et incapables d'essayer de nouvelles choses. Le truc dans une telle situation consiste à aider les enfants à apprendre la manière de prendre des décisions raisonnables. Cependant, encore une fois, la ligne de démarcation ne cesse de se déplacer, car ce qui n'est pas raisonnable à un certain âge peut être très approprié à un autre. Nous devons laisser les enfants grandir en leur permettant d'essayer de nouvelles choses et même, à certains moments, au propre comme au figuré, de se meurtrir un genou ou deux alors qu'ils apprennent à conduire la bicyclette de leur vie.

Choisir vos batailles

Le processus du parentage comporte une tension très normale. À mesure que les enfants apprennent à penser par eux-mêmes, ils contesteront naturellement des valeurs essentielles à vos yeux. Ils vous diront peut-être : « Je veux trois biscuits, pas deux » ou « C'est ma chambre, je peux la maintenir comme je veux. » Ou vous pouvez entendre : « C'est mon corps, si je veux le percer, je le ferai. » Si vous vous battez continuellement ou jamais, vous n'apprendrez pas à votre enfant ce qui compte réellement à vos yeux. Ils apprendront que tout est pareil, que ce soit un « dix » ou un « zéro » sur une échelle de dix points. En choisissant soigneusement vos batailles, vos enfants pourront apprendre qu'ils sont libres de commettre quelques erreurs pour eux-mêmes, et que lorsque vous vous engagez vraiment dans la bataille, il doit y avoir une très bonne raison. Ce concept peut vous paraître très différent si vos parents ont vécu un divorce très conflictuel, et que vous avez tout expérimenté comme une bataille ou un « dix ».

Rappelez-vous, il n'existe pas de recettes précises pour réussir comme parent. Cependant, si vous gardez en tête le caractère unique de vos enfants tout au long de la période où vous et votre partenaire les élevez, vous ouvrez la voie pour que vos enfants puissent retirer les bienfaits de pouvoir voir et constater l'amour que vous avez pour eux. Mais les choses ne s'arrêtent pas là.

DE SAINES RELATIONS ADULTES AVEC VOS ENFANTS

Alors que le processus de croissance, d'indépendance et d'individuation se poursuit tout le long de la vie, il existe un élément étonnant que les humains sont seuls à partager, sinon quelques rares autres espèces. Le lien parent/enfant peut demeurer intact même après que l'enfant a terminé sa croissance et qu'il est devenu autosuffisant. Même dans des familles très dysfonctionnelles, il est possible que les liens entre les parents et les enfants soient toujours présents. Peut-être que l'une des plus grandes joies de la maternité et de la paternité, mais à la fois méconnues, réside dans la possibilité de passer vingt à trente années de vie adulte dans une relation avec vos enfants et leurs familles nucléaires respectives. Dans ce contexte, le lien familial peut procurer une intimité et une joie toutes spéciales, en même temps que le soutien, l'amitié et le respect mutuel associés à une relation parent/enfant adulte chaleureuse et aimante.

Là encore, nous découvrons que les mêmes principes de confiance, de limites, de communication et autres établis plus avant acquièrent toute leur pertinence, et peut-être même plus encore. Les enfants-adultes sont peut-être moins tolérants que les jeunes enfants. Ils ne sont pas obligés de demeurer en relation avec nous et subissent maintes influences concurrentielles susceptibles de les distraire ou de les éloigner de nous. Comme parents, nous devons reconnaître l'importance de travailler sur la relation et d'être une source agréable de soutien pour nos enfants. Nous ne pouvons partir du principe que c'est leur tour de nous tolérer et de prendre soin de nous. Plutôt, nous devons supposer que nos enfants ont encore besoin de notre soutien, de notre amour et de notre respect. Ils ont toujours besoin de sentir que nous nous soucions d'eux.

Ci-dessous, vous trouverez des lignes directrices pour établir une relation avec vos enfants-adultes. Comme dans le cas des lignes directrices de la section précédente, elles ne sont pas exhaustives et elles visent à vous familiariser avec les choix et les priorités qui sont à votre portée dans votre lien avec vos enfants-adultes.

Offrir librement du soutien

Les enfants de tout âge ont besoin de pouvoir compter sur leurs parents. La plupart du temps, ils ont peut-être simplement besoin de savoir que vous êtes là s'ils requièrent votre aide. Cette certitude les aidera peut-être à se sentir assez en sécurité pour prendre le risque de résoudre eux-mêmes leurs problèmes et pourra faire en sorte qu'ils vous diront : « C'est bien, je suis capable de prendre soin de moi-même. » Sentez-vous donc libre de leur répéter : « Tu sais, je suis là pour toi. Dis-moi simplement si je peux aider. »

Donner des suggestions avec parcimonie

Les enfants-adultes n'aiment pas beaucoup se faire dire quoi faire ou que vous savez mieux qu'eux ce qui est bon pour eux. Plutôt que de formuler immédiatement des suggestions, vous trouverez peut-être utile de dire quelque chose comme : « Laisse-moi savoir si tu as besoin que je te donne des idées sur ce sujet » ou « Veux-tu des suggestions à ce propos ? »

Avoir du plaisir avec vos enfants

Oui, c'est ça — ayez du plaisir. Vous n'avez pas à être un parent austère pour vos enfants-adultes. Ils aimeront probablement vous voir sourire et vous amuser. Vous leur montrerez aussi qu'ils peuvent avoir du plaisir avec leurs enfants. Les grands-parents n'ont pas à s'asseoir sur le canapé ou à se tenir à l'écart. Ils peuvent eux aussi se coucher sur le plancher, faire du traîneau ou donner un coup de pied sur le ballon de soccer.

Donner de l'espace à vos enfants

Tout comme il vous est nécessaire d'établir des limites appropriées avec vos parents, c'est aussi le cas de vos enfants qui ont besoin que vous respectiez les leurs. Vous pouvez certainement constituer une partie importante de leur vie, mais il importe aussi que vous respectiez leur besoin d'agir à leur guise certains jours et de prendre des décisions que vous pourriez ne pas approuver totalement. Ils choisiront à certains moments de se retrouver avec d'autres membres de leur famille élargie ou avec des amis, plutôt qu'avec vous. Il est possible qu'ils prennent des décisions relatives à leur style de vie différentes de ce que vous auriez vous-même voulu pour eux. Ils ont malgré tout besoin d'être libres de bâtir leur propre vie, sachant pourtant qu'il existe un lien solide (et non votre influence directe) entre vous et eux.

Ne pas laisser l'argent devenir un problème

Vos enfants-adultes n'ont pas toujours besoin de se faire donner des leçons à propos de l'argent. Parfois, votre générosité peut régler bien des problèmes, facilitant ainsi les choses pour qu'ils puissent passer du temps avec vous, avoir du plaisir ou offrir à leurs enfants l'occasion de vivre une expérience spéciale. D'autres fois, le fait de permettre à vos enfants de payer pour quelque chose est susceptible de leur donner l'impression que vous respectez ce qu'ils sont dans la vie et leur propre habileté à jouer un rôle adulte en votre compagnie. Ne permettez pas aux questions financières de devenir des facteurs d'éloignement entre vous et vos enfants.

Respecter une confidence

Si vous voulez que vos enfants aient confiance en vous et soient ouverts avec vous, vous devez alors vous assurer que vous agissez de façon à favoriser ces sentiments. Vous devez faire extrêmement attention de ne pas révéler des confidences sans la permission de votre enfant. Même un « faux pas » accidentel érodera peut-être sérieusement la confiance entre vous. Assurez-vous de demander si vous devez être discret au sujet d'une question délicate. Ne supposez pas que, étant donné qu'ils ne vous ont pas demandé d'être discrets, vos enfants ne s'attendent pas à ce que vous le soyez. Par ailleurs, ne présumez pas que, parce qu'ils vous ont parlé d'un sujet épineux, ils en ont aussi parlé à leur partenaire ou à quelqu'un d'autre. Il est possible à certains moments que vous soyez le seul à qui ils révèlent un secret, ou de qui ils sollicitent un conseil.

Éviter les « Oui, mais »

C'est vrai, il est possible que vous demandiez de l'aide et des conseils à vos enfants. Cela ne vous fera pas perdre la face. De fait, ils verront peut-être ainsi que vous êtes humain et que vous avez besoin d'eux. Ils auront peut-être aussi le sentiment que vous reconnaissez leurs compétences et que vous valorisez leurs forces et leurs habiletés. Faites attention, cependant, de vous assurer d'éviter de demander leur avis, puis de leur déclarer que leurs idées ne sont pas utiles. Dire : « C'est une bonne idée, mais... » est une bonne façon de donner involontairement à votre enfant le message que vous n'accordez pas réellement de valeur à son opinion. Il peut parfois être préférable de simplement écouter ses suggestions et de lui dire que vous allez y penser sans vous engager à les suivre.

Exprimer votre amour

La plupart des enfants ne sont jamais trop vieux pour entendre leurs parents leur dire qu'ils les aiment et qu'ils sont fiers d'eux. Vous pouvez penser : « Bien sûr, mon enfant le sait. »

Pourtant, de nombreux enfants ne se rendent tout simplement pas compte que leurs parents sont fiers d'eux. Ils diront : « Mes parents disent aux autres personnes qu'ils sont fiers de moi, mais c'est pour leur propre ego. Pourquoi est-ce qu'ils ne me le disent pas à moi ? » Expliquez à vos enfants ce que vous reconnaissez comme leurs forces et leurs réalisations. Laissez-leur savoir que vous les respectez. Dites-leur que vous les aimez. Et redites-leur encore.

Vous avez une merveilleuse occasion comme parent de briser le cycle des expériences et des événements négatifs, qui parfois se transmettent d'une génération à l'autre dans les familles et qui ont probablement été intensifiés par le divorce de vos parents et les expériences et croyances qui y étaient associées. Vous ne réussirez pas invariablement à chaque coup, mais les relations sont rarement basées sur un seul événement. Vous construirez plutôt avec vos enfants une histoire d'amour, d'intimité et de respect qui confirme et reconfirme à quel point vos enfants et votre relation sont importants pour vous. Vous pouvez reproduire les expériences positives que vous avez vécues avec vos parents et réécrire le scénario des événements négatifs afin de vivre la joie de la paternité ou de la maternité, et de donner à vos enfants et à vos petits-enfants le cadeau de votre amour. Comme nous a confié un père, lui-même un enfant du divorce : « Je veux donner à mes enfants une enfance différente et meilleure que celle que j'ai vécue. »

CONCLUSION

Votre expérience durant et après le divorce de vos parents ne s'est pas vécue sans souffrances et autres effets négatifs. C'était une situation stressante qui a façonné votre perception de vous-même et de vos relations avec les autres. Pourtant, il s'agit simplement de l'expérience d'un enfant dans une famille qui a traversé une incroyable série d'événements stressants de la vie sur une longue période de temps, pour laquelle la plupart des protagonistes étaient mal préparés. Nous espérons que la lecture de cet ouvrage et l'examen de certains événements de votre propre vie vous ont amené à vous considérer comme un individu indépendant, capable d'aimer et d'être aimé, capable de vivre convenablement l'intimité et la vulnérabilité dans vos relations, et capable d'entretenir des relations saines avec vos parents, les personnes importantes de votre vie et vos propres enfants.

Le divorce de vos parents a constitué une étape importante de votre vie, mais ne doit pas devenir l'élément qui définit qui vous êtes. Comme adulte, vous pouvez vous définir, vous et vos relations, de manière saine, en accueillant votre souffrance tout en recherchant et en appréciant les joies que la vie et vos relations vous offrent.

RÉFÉRENCES ET LECTURES SUGGÉRÉES

RÉFÉRENCES

BLAU, M. *Families Apart : Ten Keys to Successful Co-Parenting,* New York : The Berkley Publishing Group, 1993.

HETHERINGTON, E.M. et J. KELLY. *For Better or for Worse : Divorce Reconsidered,* New York : W.W. Norton & Company, 2002.

KELLY, J. et J. JOHNSTON. A Reformulation of Parental Alienation Syndrome, *Family Court Review* 39 : 249-266, 2001.

THAYER E. et J. ZIMMERMAN. *The Co-Parenting Survival Guide : Letting Go of Conflict after a Difficult Divorce,* Oakland, CA : New Harbinger Publications, 2001.

WALLERSTEIN, J., J. LEWIS et J. BLAKESLEE. *The Unexpected Legacy of Divorce,* New York : Hyperion, 2000.

WILLETTS-BLOOM, M. et S. NOCK. The Effects of Childhood Family Structure and Perceptions of Parents' Marital Happiness on Familial Aspirations. In *Divorce and the Next Generation : Effects on Young Adults' Patterns of Intimacy and Expectations for Marriage,* New York : The Haworth Press, Inc., 1992.

LECTURES SUGGÉRÉES

BERNER, R.T. *Parents Whose Parents Were Divorced,* New York : The Haworth Press, 1992.

BURNS, B. et M. BRISSETT, Jr. *The Adult Child of Divorce : A Recovery Handbook,* Nashville : Thomas Nelson Publishers, 1991.

CONWAY, J. *Adult Children of Legal or Emotional Divorce : Healing Your Long-Term Hurt,* Downers Grove, IL : InterVarsity Press, 1990.

HIRSCHFELD, M. *The Adult Children of Divorce Workbook : A Compassionate Program for Healing from Your Parents' Divorce,* Los Angeles : Jeremy P. Tarcher, Inc., 1992.

SANDVIG, K. *Adult Children of Divorce : Haunting Problems and Healthy Solutions,* Dallas : Word Publishing, 1990.

STAAL, S. *The Love They Lost : Living with the Legacy of Our Parents' Divorce,* New York : Delacorte Press, 2000.

À PROPOS DES AUTEURS

Jeffrey Zimmerman, Ph.D., est président et cofondateur de Beacon Behavioral Services, LLC (Avon, CT) et du programme P.E.A.C.E. (Parents Equally Allied to Co-parent Effectively), qui est un service spécialisé offert aux parents divorcés qui vivent ou ont vécu un divorce très conflictuel. Il est aussi coauteur de *The Co-Parenting Survival Guide : Letting Go of Conflict after a Difficult Divorce.* Dr Zimmerman est membre de l'American Psychological Association, ainsi que membre, ancien président et Fellow de la Connecticut Psychological Association. Il est aussi diplomate et membre fondateur de l'American College of Advanced Practice Psychologists et professeur clinicien de l'University of Connecticut Health Center

Elizabeth S. Thayer, Ph.D., est vice-présidente et cofondatrice de Beacon Behavioral Services, LLC (Avon, CT) et du programme P.E.A.C.E. (Parents Equally Allied to Co-parent Effectively), qui est un service spécialisé offert aux parents divorcés qui vivent ou ont vécu un divorce très conflictuel. Elle est aussi coauteure de *The Co-Parenting Survival Guide : Letting Go of Conflict after a Difficult Divorce.* Dr Thayer est membre de l'American Psychological Association et de la Connecticut Psychological Association. Elle fait aussi partie du Board of Examiners in Psychology de l'État du Connecticut.

Enfants-adultes d'alcooliques

Pour les enfants de familles dysfonctionnelles
rendus à l'âge adulte

Grandir au sein d'une famille dysfonctionnelle laisse un héritage qui peut nous suivre jusque dans notre vie adulte, apportant des conséquences sur notre vie.

Plutôt que de continuer à laisser notre enfance malsaine contrôler nos actions et nos réactions, l'auteure nous montre comment reconnaître, changer et prévenir l'influence nuisible que notre passé peut avoir sur le présent et le futur.

AUTEURE : JANET GERINGER WOITITZ
ÉDITION REVUE ET AUGMENTÉE
ISBN 2-89092-296-0 • 224 PAGES

Tirer profit de son passé familial

*Croissance personnelle pour l'adulte qui a vécu
dans une famille alcoolique ou dysfonctionnelle*

Cet ouvrage met bien en évidence la dynamique des familles dysfonctionnelles et l'impact d'y avoir grandi.

Il pourrait vous être utile si vous en avez assez de souffrir. Il est un instrument concret et puissant dans une démarche visant à faire le ménage des comportements et attitudes néfastes dans votre vie.

Il vous aidera de plus à prendre de saines décisions au sujet de vos comportements et de vos relations.

AUTEUR : EARNIE LARSEN
ISBN 2-89092-219-7 • 160 PAGES

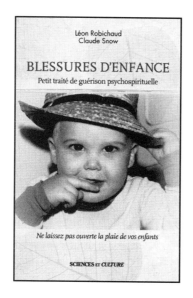

Blessures d'enfance

Petit traité de guérison psychospirituelle

À la suite de nombreuses rencontres avec des personnes qui portent en elles des blessures d'enfance, les auteurs font ressortir divers types de blessures qui démobilisent la vie intérieure et qui empêchent de marcher droit quand elles ne sont pas bien soignées.

Ils nous amènent ensuite à prendre conscience du rôle de parent qui consiste aussi à fournir à l'enfant les briques et le mortier nécessaires pour construire sa vie affective, émotionnelle, sociale et spirituelle sur du solide.

Ceux qui voient leur vie intérieure hypothéquée par des blessures non soignées y trouveront des chemins qui mènent à la guérison.

AUTEURS : LÉON ROBICHAUD ET CLAUDE SNOW
ISBN 2-89092-331-2 • 136 PAGES

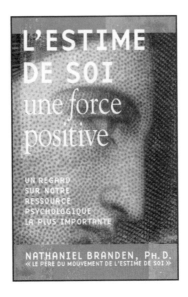

L'estime de soi, une force positive

*Un regard sur notre ressource psychologique
la plus importante*

Bien que la plupart d'entre nous proviennent de familles dysfonctionnelles, Branden, psychologue de réputation mondiale,
soutient qu'il demeure possible de développer une estime de soi
positive.

L'estime de soi joue un rôle primordial dans les principaux
choix et décisions qui façonnent notre vie. Mais comment
savoir si le pouvoir de l'estime de soi agit pour nous?

Si vous voulez savoir sur quoi repose l'estime de soi, la développer en vous et en vos enfants, *il vous faut ce livre*.

AUTEUR : NATHANIEL BRANDEN, PH.D.
« LE PÈRE DU MOUVEMENT DE L'ESTIME DE SOI »
ISBN 2-89092-326-6 • 136 PAGES

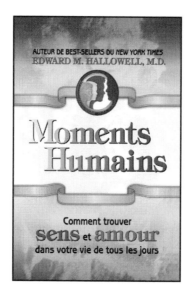

Moments humains

*Comment trouver sens et amour
dans votre vie de tous les jours*

Dans notre monde, les choses simples de la vie sont trop souvent sous-estimées.

L'auteur définit ce qu'il appelle un « moment humain » – cet instant au cours duquel une personne prend conscience de ce qui compte le plus dans la vie, ce qui rend cette vie vivable. Il vous indique ensuite comment reconnaître ces moments humains, comment les savourer et les chérir.

Le plus beau dans les moments humains, c'est qu'ils se produisent en tout temps.

AUTEUR : EDWARD M. HALLOWELL
ISBN 2-89092-308-8 • 320 PAGES

La famille

Une nouvelle façon
de créer une solide estime de soi

Dans cette œuvre déterminante de Bradshaw sur les relations familiales, **édition revue et corrigée**, vous découvrirez pourquoi certaines familles sont abîmées sur le plan affectif. Vous apprendrez comment les règles malsaines de comportement se sont transmises des parents aux enfants, et comment cette transmission a eu un effet destructeur sur notre société.

Inspiré des plus récents travaux de recherche sur la famille et de matériel thérapeutique qui a fait ses preuves, l'auteur vous montre comment effectuer des choix conscients qui transformeront votre vie et celle de ceux que vous aimez.

AUTEUR : JOHN BRADSHAW
ISBN 2-89092-319-3 • 368 PAGES